基礎・展開・実践

コミュニティ心理学への招待

安藤延男

新曜社

コミュニティ心理学への招待——序に代えて

　「コミュニティ心理学」に、ようこそ。まず、興味と関心のあるところから、気ままに読み始めること、そして飽きたらすぐに休憩すること。これが読書上手のコツだと言ったのは、『幸福論』の著者カール・ヒルティだったか。
　さて、そもそもコミュニティ心理学は、21世紀の「人と社会の諸問題」に挑戦しようとする心理学者にとって、文字どおり不可欠の視座である。もちろん、「人と社会の諸問題」の解決にコミットしている他分野の人々にとっても、有用な示唆が含まれている。
　この視座の一方の極には、「個人」の健康と成長に資するための心理治療的アプローチがあり、他の極には、個人を「環境」という「社会システム」の下位システムとして捉え、当該の「環境」を変革して、地域住民の健康と福祉と安寧を向上させることを目ざすアプローチがある。
　「コミュニティ心理学」とは何かについて、詳しくは、本文で述べることとして、ここでその特色について、簡単に述べておきたい。コミュニティ心理学はアメリカに発祥したが、まずその草創期の定義を紹介しておこう。C. C. ベネットの「コミュニティ心理学：地域メンタルヘルスのための心理学者教育に関するボストン会議の印象記」(1965) というルポルタージュ風の論文によると、「コミュニティ心理学とは……複雑な相互作用の中で個人の行動と社会システムとを関係づける心理的過程全般についての研究に貢献するものである。この関係づけについての理論化による明確化は、個人や集団、社会システムなどを改善しようとする活動計画の基礎を提供するものである」と説明している。
　『アメリカン・サイコロジスト』誌に載ったこの論文は、「新しい心理学」の誕生を告げるファンファーレとなった。後世、この「ボストン会議」がアメリカにおけるコミュニティ心理学発祥の場として語られるようになったのも、あながち不当ではなかろう。
　また、ベネットらの編集で翌年に出た『コミュニティ心理学』(1966) によれば、コミュニティ心理学者の役割として、〈変革の媒体者〉、〈社会システムの分析者〉、〈コミュニティ問題のコンサルタント〉、〈環境全体との関連で人間を全人として捉える研究者〉、〈参加的理論構成者〉などが挙げられている。つまり、コミュニティ心理学者とは、コミュニティの諸過程に余すところなく関

与し，それを動かす人であるが，それと同時に，彼／彼女は心理学や社会諸科学の知識の枠組みの中で，そうした諸過程の理論化を図る専門家でもある，というのである。つまり，単なる「応用心理学者」ではなく，「真の理論的研究者」でもあると言っているのである。

では，日本の場合について略述しておこう。日本でのコミュニティ心理学の登場は何時だったかに答えるには若干の前提条件が要るが，本書巻末の「附章」でも述べるように，次の2つの年度のいずれかを，日本の学界へのデビューの年としてはどうかと考えている。ひとつは1969年で，東京大学での第33回日本心理学会の学会企画シンポジウムの時のテーマが「コミュニティ心理学の諸問題」であった。そしてもうひとつは，九州大学で「第1回コミュニティ心理学シンポジウム」が開催された1975年である。なお，第1回コミュニティ心理学シンポジウムの研究発表と討議の全内容は，安藤編『コミュニティ心理学への道』（新曜社，1979）として公刊されている。しかもその後，毎年このシンポジウムは開催され，1998年に第23回を数え，あくる1999年4月には，ついに「日本コミュニティ心理学会」に発展的に統合され，今日に至っている。

日本のコミュニティ心理学の起点を1969年とするか，それとも1975年とするかであるが，私としては，「エポック・メイキングな年」としても無理がないのは1975年の方ではあるまいか，と考えている。もしそれを起点とするのであれば，日本とアメリカの間には，コミュニティ心理学の発祥において約10年の「時差」があることになる。

なお，ここで確認しておきたいのは，日本の心理学や社会学，精神医学などの研究者や実践家の間では，「コミュニティ心理学」が，学会シンポジウムなどのような顕わな形で動き始める以前からすでに，その萌芽が認められつつあったということである。特に，臨床心理学会，グループ・ダイナミックス学会，組織心理学会，社会精神医学会などに関わる研究者たちのなかには，旧来の方法論や自らの伝統的な役割が，現実問題の打開にとって十分に機能していないという実感から，「新しいアプローチ」の探索を始めていた人々が，少数ながらいた。自らを例に挙げて恐縮だが，「留年研究の新しい視点」（『せいしん』第3号，1968a）や「学校カウンセリングとチームワーク：組織化のための戦略を中心に」（『教育と医学』第16巻4号，1968b）などのエッセイには，後年のコミュニティ心理学の旗揚げを予感させる発想が随所に窺える。

要するに，社会構造や文化を異にする日本とアメリカで，ほぼ同時期に新しいジャンルの心理学が萌芽し開花したことは，まことに興味深いことである。

さてここで，本書の構成について紹介しておきたい。本書は，5部19章の本文と，附章1篇，「コミュニティ心理学への招待——序に代えて」，参考文献から成っている。

　まず，第Ⅰ部は「コミュニティ心理学の基礎」であるが，ここでは，コミュニティ変革において要請される介入の理論やスキル，介入者の資質などについて論じる。なかでも第1章3節（戦略概念としての「コミュニティ」）は，「コミュニティ」という術語が，従来の「地域社会」や「地域共同体」のような，一定の物理的範域や可視的相互作用だけでなく，電話やインターネットなどを介して成り立っている人と社会システムとのネットワークとして定義されている。これを「機能的なコミュニティ」と呼ぶこともある。こうなると，マッキーヴァー（1931）が特色づけた「コミュニティ」とは趣を異にする家族や学校，企業組織などの社会システムまでもが「コミュニティ」に含まれることになる。なお，コミュニティの定義の詳細は，本文に譲ることにしよう。

　第Ⅱ部は，「地域メンタルヘルス」に関わるテーマとして，4つの章を掲げた。第5章の「地域メンタルヘルス」は，第Ⅱ部全体の総論として，その基本コンセプトと日本における歩みについて確認し，後はこの分野の各論を掲げた。

　第Ⅲ部は，「ボランティアと電話相談」の主題のもと，5つの章で構成した。都市化や地域コミュニティの崩壊，少子高齢化，グローバリゼーションなどの社会変動の急速な進展に伴い，子育てや防犯，生活上の安全・安心などが著しく脅威に晒されているのが，現代の日本社会である。これらの「日常的諸問題」に対する個人や家族，地域社会の「問題対処力」の衰弱は，目を覆わしめるものがあり，現にいろいろな悲劇が多発している。第8章では，「危機介入法」の基本コンセプトと技法を取り上げ，ついで各論的にボランティアによる電話相談や社会資源の活用に際しての留意点などを考察した。

　第Ⅳ部は「学校組織への接近」のタイトルで6つの章を括った。「学校の変革」や「学校支援」などの「学校組織」への介入は，社会システム介入のうちで一番難しい部類に属するかもしれないが，熟練のコンサルタントや進取の気性に富む校長に恵まれると，想像を超えた実績を上げることができる。そんな事例も掲げて参考に供した。

　第Ⅴ部は，「行政の政策決定と専門家の役割」のテーマで一章を配した。地域問題の解決や住民福祉の向上と，都道府県や市町村の行政管理的な対策の成功とは，密接にリンクしている。したがって，誰を審議会委員に選ぶかは行政側の決めるところだが，選ばれた専門家が如何に有効に機能するかは，専門家の側の責務である。「機能的な審議会」の要件や，すぐれた答申・提言の作り

方，その行方の見届け方など，優にコミュニティ心理学の重要テーマを構成する。ここでは，私の乏しい経験を俎上に載せて，考察してみることにする。

最後に，「附章」として「わが国のコミュニティ心理学」を配した。その章でも述べるように，日本のコミュニティ心理学の歴史は，30有余年に過ぎないが，この間，「実践・研究」の蓄積は活発化の一途を辿った。そして，それを立証するかのごとく，近年は学会企画によるコミュニティ心理学の「ハンドブック」や入門シリーズなどの出版も活発である。

ところで，本書に収録された論文は，おおむね「日本のコミュニティ心理学」が萌芽し，開花しようとしていた季節の制作である。とくに私の場合は，1970年代から90年代にいたる30年間の「マス化した大規模国立大学」が主たるフィールドであり，その住人でもあった。そこでは，自殺や学生運動，大学紛争などの「マス化した大学状況」が，大学の研究・教育の機能をマヒさせ，それに淵源する大学紛争や学生の「アパシー」，「留年」，「中途退学」，「大学封鎖」，「内ゲバ」などが渦巻く苛酷な「現場」だった。

それでも，こんな状況のどこかに，小さくてもいい，心理学という蟷螂の斧を用いて「風穴」が開けられないものか。当時の私にドン・キホーテ的野心があったとすれば，こんなことだったかもしれない。

本書の構想を新曜社の堀江洪社長（当時）に報告し，出版を引き受けていただいたのは数年前のことであるが，ここにようやく上梓の運びとなり，ひとまずほっとしている。

しかし，時すでに堀江社長はなく，拙著をお目にかけることができなかったことは，まことに残念でならない。生前のご厚誼を偲び，謹んでご冥福をお祈り申し上げる。

実は，日本コミュニティ心理学会の「呱々の声」とも言うべき『コミュニティ心理学への道』（安藤延男編，1979）の出版を快く引き受けて下さったのが堀江社長との最初の出会いではなかったか。未知数の新しい学問分野に立ち向かう者にとって，どれほど元気づけられたか知れない。あまつさえ，以降もコミュニティ心理学の関連論文集や翻訳書の出版に協力して下さり，その冊数は優に十指に余る。日本におけるコミュニティ心理学の誕生と発展に大きく寄与していただいた新曜社への感謝を，日本コミュニティ心理学会は，決して忘れることはないであろう。

ところで本書は，折々の日常世界の心理・社会的な諸問題を取り上げ，「実践 即 研究」の立場から，有効な解決策を模索してきた試行錯誤の軌跡である。ささやかな成果ではあるが，ここにひとまず一書にまとめてご批判を仰ぐこと

にした。

　最後に，新曜社の塩浦暲社長から賜った激励と助言に対し，心より感謝を申し上げる。また，畏友にして前福岡県立大学学長の橋口捷久氏には，ご多忙中にもかかわらず，再三にわたる全文通読と貴重なコメント，索引項目の作成，文献の校正など，一方ならぬご尽力を賜った。ここに記して，深甚の謝意を表するものである。

　最後に，わが国の「コミュニティ心理学」の一層の発展を祈念し，拙著の序文としたい。

　　　2009年　2月

　　　　　　　　　　　　　　　　　　　　　　　　　　　安藤　延男

目　次

コミュニティ心理学への招待——序に代えて　　i

第Ⅰ部　コミュニティ心理学の基礎

第1章　コミュニティ心理学の特色 ── 3
  1　コミュニティへの介入　　3
  2　「コミュニティ心理学」の定義　　6
  3　戦略概念としての「コミュニティ」　　7
  4　コミュニティ介入の類型と方略　　11
  5　コミュニティ心理学者の役割　　18
  6　組織体への介入　　22

第2章　コミュニティ心理学の研究法 ── 25
  1　研究法の4つの範疇　　25
  2　生態学的アプローチ（主に，人間行動の生態学的研究）　　26
  3　疫学的研究　　28
  4　一般システム論　　29
  5　評価研究　　29

第3章　コミュニティ・アプローチの特色と過程 ── 33
  1　コミュニティ・アプローチ　　33
  2　コミュニティ・アプローチの特色　　34
  3　コミュニティ・アプローチの5段階　　35
  4　コミュニティ・アプローチをめぐる諸問題　　39
  5　コミュニティ・アプローチによる介入事例から　　41

第Ⅱ部　地域メンタルヘルス

第4章　コミュニテイ・ケア ——— 47
1　コミュニティ・ケアとは　　47
2　コミュニティ・ケアの特色　　47
3　コミュニティ・ケアの諸相　　49
4　コミュニティ・ケアの効用と限界　　53

第5章　地域メンタルヘルス ——— 55
1　地域メンタルヘルスの誕生とその定義　　55
2　地域メンタルヘルスの特色　　57
3　予防メンタルヘルスのアプローチ　　59
4　わが国における地域メンタルヘルスの展開　　64

第6章　第一次予防としての「児童の健全育成」 ——— 67
1　「乳・幼児期」とは　　67
2　乳・幼児期における心の保健サービス　　70
3　心の保健における第一次予防　　71
4　むすび　　73

第7章　子育て支援のネットワークづくりと行政管理的対策 ——— 75
1　少子化のインパクト　　75
2　なぜ,「子育て」がつらくなったか　　75
3　子育て支援システムづくりでの留意点　　77
4　モデルは「福岡県の青少年健全育成のための三層支援システム」　　79
5　21世紀への子育てをめざして　　80

第Ⅲ部　ボランティアと電話相談

第8章　危機介入法 ──────────── 83
　　1　危機援助へのニーズ　　　　　　　84
　　2　「危機」の理論　　　　　　　　　86
　　3　「危機」の2つのタイプ　　　　　88
　　4　危機への援助　　　　　　　　　　90
　　5　危機療法（危機介入）の方法と過程　92
　　6　むすび　　　　　　　　　　　　　97

第9章　ボランティアによる相談・助言システム ──── 99
　　1　新しい相談・助言システム　　　　99
　　2　専門家と非専門家ボランティアの協働　101
　　3　「ユーザー」のためのシステム　　103

第10章　いのちの電話 ──────────── 105
　　1　いのちの電話の特色　　　　　　　105
　　2　いのちの電話が目指すもの　　　　108
　　3　この運動をめぐる課題と展望　　　110
　　4　むすび　　　　　　　　　　　　　112

第11章　「ボランティア」の効用と限界 ────── 113
　　1　現代の社会状況と「いのちの電話」　113
　　2　方法としての「いのちの電話」　　117

第12章　社会資源の活用 ──────────── 125
　　1　いのちの電話の「基本線」と地域社会　125
　　2　社会資源の活用　　　　　　　　　127
　　3　社会資源の活用戦略　　　　　　　130

第Ⅳ部　学校組織への接近

第13章　学校コンサルテーション ─── 135
1　学校は「コミュニティ」か　　135
2　「コンサルテーション」の定義　　136
3　学校コンサルテーションの一事例　　137
4　コンサルテーションの評価　　141
5　学校コンサルテーションの意義と問題点　　142

第14章　学校教育組織の変革 ─── 145
1　いま，学校は　　145
2　「学校づくり」への取り組み　　146
3　「荒れた中学校」における学校改善の実践　　148
4　ウォード高等学校の変革　　150
5　「学校変革」をめぐる諸問題　　153

第15章　学校教育組織へのエコ・システミックな支援 ─── 157
1　「学校」とは何か　　157
2　文部省「いじめ対策緊急会議」の最終報告書について　　158
3　学校システムへの介入　　161
4　学校教育組織へのエコ・システミックな支援　　161

第16章　大学環境とコミュニティ・アプローチ ─── 165
1　九州大学教養部での原級残留者に対する予防対策　　166
2　九州大学における留年対策のコミュニティ・アプローチの内容　　172

第17章　最近の留年問題に関する一考察 ─── 181
1　国立大学の留年者数　　181
2　「原因」からみた「留年」のいろいろ　　183

3　九州大学教養部での留年　　　184

　　　4　最近の留年　　　186

第18章　大学中途退学に関する一考察 ── 189
　　　1　教養部段階の中退率は，3.6%　　　189
　　　2　中退率を出身県別にみる　　　191
　　　3　大学中退率と相関する要因は何か　　　192
　　　4　中途退学の時期とその理由（または，原因）　　　193
　　　5　おわりに　　　197

第Ⅴ部　行政の政策決定と専門家の役割

第19章　行政の政策決定と専門家の役割 ── 203
　　　1　最近10年間における行政参画の経験　　　203
　　　2　ある政令指定都市の専門委員（会）のこと　　　204
　　　3　もうひとつの経験から　　　206
　　　4　機能的な「審議会」・「専門委員会」の要件　　　209

附　章　わが国のコミュニティ心理学 ── 211
　　　1　はじめに　　　211
　　　2　わが国のコミュニティ心理学の歩み　　　212
　　　3　むすび　　　215

文　献　219
初出一覧　226
人名索引　227
事項索引　229

装幀　虎尾　隆

第Ⅰ部 コミュニティ心理学の基礎

第1章 コミュニティ心理学の特色

1 コミュニティへの介入

　コミュニティ心理学は，コミュニティへの介入（community interventions）に関する心理学的な諸科学の応用領域である。
　ここでいう「コミュニティへの介入」は，従来の臨床心理学的アプローチへの反省から出発する。すなわち，従来の臨床心理学的アプローチは主として個人としての患者やクライエントに焦点をあわせたものであり，その障害や疾病を治療し，彼らの知的ならびに情意的資質を改善し強化することを通して，個人を適応に導こうとする努力である。ちょうど臨床医学のあり方と基本的に軌を一にするところから，「医療モデル」（medical model）の名で特徴づけられることもある。コミュニティへの介入は，こうした医療モデルに立脚した従来の健康・福祉サービスとは対極に位置するものであり，アプローチに対する受益者の不満や専門家の長期にわたる模索が生み出したものと言ってよい。そうした意味において，コミュニティ介入のアプローチには，「予防医学」もしくは「公衆保健学」と著しく類似した発想がみとめられる。
　こうした両アプローチの対比は，いろいろな視点からおこなうことができるが，ここでは『現代臨床心理学』の著者（Korchin, 1976）の叙述を引用してみたい。コーチンは，現代のコミュニティ心理学者の考え方を特色づけるものとして，次のような13個の命題を掲げている。

(1) 社会環境の要因が，行動の規定や行動の変容に決定的な意味をもつ。
(2) 社会やコミュニティに対する介入（個人指向的介入とは逆の，システム指向的介入）は，個人の苦痛を軽減するだけでなく，社会組織（たとえば，家族や学校など）をいっそう健康増進的なものとするためにも有効である。
(3) こうした介入は，情緒障害の治療やリハビリテーションよりも，それらの予防を目指すものでなければならない。現実にニーズのある人たちだけ

でなく，リスクを背負った全住民（ポピュレーション）もまたコミュニティ心理学固有の関心事である。
(4) 介入は，心理的苦痛の単なる軽減というよりは，社会的有能さ (social competence) の向上を目標としている。コミュニティ指向的プログラムは，社会生活における病的な人たちよりも，適応的な人たちの方を重視すべきである。
(5) 援助が最も効果をあげるのは，問題の生起している場面に密着して援助が利用できる場合である。したがって，コミュニティのなかで働く臨床家たちは，ニーズを有する人たちからみて社会的・地理的に異質な（疎遠な）環境よりも，彼らのすぐ側にあり，彼らが日頃から慣れ親しんでいる状況の中で機能すべきである。
(6) コミュニティの臨床家は，自分たちのサービスを求める人を受動的に待ち受けるよりも，こちらから，クライエントに手を差しのべるべきである。またそうしたサービスは，融通がきき，必要な時にどこででも快く利用でき，援助する人とされる人との間の社会的距離を強調するより，それを軽減するような雰囲気の下で提供されるべきである。援助は，それを求める人たちだけでなく，それを最も待望している人たちが利用できるものでなければならない。
(7) 利用可能な諸資源を活用し，かつ自らの潜在的影響力を広範囲にわたって行使するためには，専門家は，コミュニティの資源である人たち（例：ケア・テイカー）と協働し，専門家以外の協働者たちを活用しなければならない。したがって，専門家の仕事には，直接のサービスよりも，コンサルテーションが必ず含まれることになるだろう。
(8) 伝統的な役割要件や専門職に対する慣例は，緩められなければならない。コミュニティに対するサービスは，構想力ゆたかな計画と新しい理論モデルを必要としているからだ。革新こそが，奨励されるべきである。
(9) 当該コミュニティは，自分たちのニーズに役立つはずのプログラムの開発と実施に（たとえコントロールはしなくとも）参画すべきである。プログラムの優先順位には，コミュニティ・メンバーのニーズと関心が反映されなければならないからである。
(10) 精神保健や心の健康の問題は，狭く考えるよりは広い視野で捉えるべきである。というのは，その問題が，社会的な安寧・福祉における他の多くの側面（たとえば職業，住居，教育など）と相互に絡みあっているからだ。地域精神保健のプログラムが最も効果的となるためには，社会的問題

をできるだけ広範囲のものとして取扱わねばならない。
（11）公衆を教育し，心理・社会的問題の特徴や原因ならびに，それらを処理するための利用可能な諸資源について啓発することは，価値ある活動である。
（12）精神保健上の多くの問題は，貧困や人種偏見，都市の人口密度，人間疎外などのような，いわば専門的立場からの介入の手が届かない，広大なスケールの社会的ストレスと関連しているが故に，コミュニティ心理学者は，自らの立場を社会改革へと方向づけ，それをできるだけ促進するようにすべきである。
（13）洗練された介入に必須の知識を開発するためには，コミュニティ心理学は，自然なままの環境内での生態学的な研究やアプローチを必要とする。
（Korchin, 1976, pp.474-475）

　以上のような諸命題から，コミュニティ心理学のめざすところがかなり明確になるに違いない。しかし，それにもかかわらず，今日なおコミュニティ心理学の定義は十分に確定しているとは言えないのである。その理由の一つは，スクリブナー（Scribner, 1968）が指摘するように，「コミュニティ心理学」という言葉が，現在の社会問題の解決に責任と役割を分かちあっている各種の心理学者を包括する，便利な「傘の役割をする概念」であるからだ。つまり，それに包括される心理学者たちは，研究上の関心領域や対象，研究方法，社会問題に対するアプローチや技法などのほか，その信条やイデオロギーにも，著しく多様性があるということである。
　スクリブナーは，こうしたコミュニティ心理学の多様性を，次のような「コミュニティ心理学者の4つのタイプ」で例示している。すなわち，「社会運動をする心理学者」「社会実践をする心理学者」「新しいタイプの臨床心理学者」「社会工学者」（ソーシャル・エンジニア）がそれである。
　これら4つのタイプの間では，変革の標的と目標，「コミュニティ」の定義，介入のための理論と技術の体系，コミュニティ心理学者の役割定義などの側面で，それぞれ強調点を異にしている。そのため，コミュニティ心理学それ自体の定義も，それぞれのタイプに応じて，内容や特徴をいくらかずつ異にするのはやむをえないであろう。

2 「コミュニティ心理学」の定義

　ここでは，より包括的な定義として，コミュニティ心理学発祥の場となった「ボストン会議」（1965年5月開催）での定義をまず示し，ついで上記の「新しいタイプの臨床心理学者」を代表するものとして，ザックスとスペクター（Zax & Specter, 1974）の定義，ならびに「社会工学者」の代表としてマレル（Murrell, 1973）の定義を紹介してみたい。
　まず，ボストン会議に集った人たちは，自分たちの共通の関心領域を「コミュニティ心理学」と暫定的に命名し，「コミュニティ」を，次のように特徴づけている。

　　　コミュニティ心理学は，……複雑な相互作用の中で個人の行動と社会体系とを関係づける心理的過程全般に関する研究に貢献するものである。この関係づけについての理論化の試みによる明確化は，個人や集団，社会体系を改善しようとする活動計画の基礎を提供するものである。
　　　　　　　　　　　　　（Bennett, 1966. 山本の訳による。第2章参照）

　第二の定義は，ザックスとスペクター（1974）による実用的定義である。彼らは，「コミュニティ・アプローチ」として分類されるような各種のサービス・プログラムを十分に包括しうるような観点を打ちたてるためにこの定義を試みる，と述べている。

　　　コミュニティ心理学は，人間の行動上の諸問題の改善にとって，環境的諸力の活用がもたらす潜在的寄与だけでなく，それが人間の行動上の諸問題の生成にも影響するものであることを強調する行動問題へのアプローチと見なされる。(p.3)

　こうした定義は，行動問題を考える際に精神内界のダイナミックスに焦点をあわせた考え方をとらないという意味において，従来の臨床家たちの典型的な思考様式から離脱しており，かつまた，積極的な予防的介入を可能にする新しい視点をも用意する。
　最後に，マレル（1973；邦訳，1977）の定義を見てみたい。マレルは，こう

述べる。

　　コミュニティ心理学は，社会システムのネットワークや地域住民および彼らの間の交互作用に関する研究，人間と環境との「適合性」を改善するための介入技法の開発とその評価，新社会システムの設計とその評価，そうした知識や変革による当該個人の心理・社会的状態の改善などを目指す心理学の一領域である。

　このマレルの定義は，スクリブナーのいう「社会工学者」的コミュニティ心理学者としてのアイデンティティに立つものであるだけに，いっそう明確なものになっているが，今日のコミュニティ心理学の全領域を包括しうるだけの一般性を備えているかどうかは，今後の検証にまたねばならない。とはいえ，コミュニティ心理学が，心理・社会的諸問題への単なる人道主義的な関心以上のもの，つまり真の「実践科学」をめざすものであることを喝破している点で，今日これ以上の定義を見出すことはできないだろう。

3　戦略概念としての「コミュニティ」

　コミュニティ心理学における戦略概念のひとつは「コミュニティ」であるが，これについては明確な定義をおこなわないまま考察をすすめてきた。ここで，戦略概念を求めて検討したいと思う。
　「コミュニティ」（community）は，一般に「地域社会」または「地域共同体」と訳される。しかし，英語辞書でも明らかなように，この言葉はきわめて多義的である。ちなみに，『ランダムハウス英和大辞典』（1973）では次のようになっている。

　　community（名）：
　　1. （文化的・歴史的遺産を共有する）地域的共同社会，地域共同体
　　2. 〔通例 the を冠して〕（共通の特質・利益を持つ人たちによる）特殊社会，……界
　　3. 〔教会〕（戒律にしたがって）共同生活を営む団体，共同体
　　4. 〔生態〕生物群衆（植物の）群落＝（動物の）群集
　　5. 共有，共通の享受，共同責任
　　6. 類似，一致，同一性

7.〔the を冠して〕公衆，社会

(『ランダムハウス英和大辞典』p.521 から抄録)

　この「コミュニティ」を社会科学の概念として最初に定義したのは，社会学者マッキーヴァー（MacIver, 1917）である。彼は「アソシエーション」（association）の対置概念として「コミュニティ」を提唱し，その基本的指標を「地域性」（locality）と「共同体感情」（community sentiment）においた。ここで「地域性」とは，人びとがともに住み，ともに属することによって生じる，他地域との差異や社会的特徴のことであり，また「共同体感情」とは，住民相互の間に生じる人間生活全般におよぶ関心や共通の所属感情を指す。

　しかしながら，このマッキーヴァーの概念規定は，主としてアメリカ農村社会を研究するための実用的な概念であったために，それらとは地理的・歴史的・文化的に異なる大都市や，他の国々の社会集団の研究に，そのままの形で適用するには，無理が生じるおそれがある。そのために，「コミュニティ」の概念規定の試みもかなりの多数に上っている。

　たとえば，ヒラリー（Hillery, 1955）によると，「コミュニティ」の定義は，すでに94通りもの多きに上っており，しかもこれらすべてに共通する要素といえば，わずかに「人びと」（people）という言葉だけだという。ただし，彼のリストが期せずして明らかにしてくれたのは，これらの定義のうち約3分の2に当る70の定義において，「地域」（area）ならびに「共通の紐帯」（common tie）と「社会的相互作用」（social interaction）の2つの要素が共通して見出されたという事実である。

　しかしながら，こうした共通項探しからは，コミュニティ・アプローチやコミュニティ心理学にとって戦略的意味をもつ有効な「コミュニティ」の定義を得ることは難しい。われわれが欲しているのは，アプローチの標的や変革の道具としての「コミュニティ」であるからだ。その意味において，「コミュニティ」は測定や介入の可能な対象として，操作的に照合できるものでなくてはならないのである。われわれは，ここでコミュニティ・アプローチの立場からなされた幾つかの「コミュニティ」の定義に目を転じてみることにする。

　第一に，社会的相互作用の観点からなされたクライン（Klein, 1968）の定義をとりあげよう。彼は，「コミュニティの定義は，それが有用であるためには，物理的に所在するコミュニティと，物理的所在に依存しないコミュニティの何れにも適用可能でなければならない」と述べ，次のように定義している。

> コミュニティは，安定と身体的安全を手に入れ，ストレス状態にあるときは支援を引き出し，さらにはライフサイクル全体を通じて個性（selfhood）と重要感の獲得を目指す，一領域内の人びとの様式化された相互作用である。(p.11)

　この定義は，社会的組織（social organizations）よりも，人びとの相互作用に焦点を合せたものであり，また「一領域」（a domain）という言葉は，地理学的に所在する物理的場所だけでなく，そこに生活する人びとの心の中に現象学的に存在する社会・心理学的な場にも言及するものとして用いられている。ちなみに，クラインは，アメリカのNTL（National Training Laboratories）のコミュニティ問題センターのプログラム・ディレクターであり，地域精神保健活動におけるパイオニアの一人でもある。クラインはまた，コミュニティが遂行する本質的な重要機能として，次の7つをあげている。

(1) 生活空間と避難所（shelter）を提供し配分すること，ならびに他のいろいろな目的のための空間利用を決定すること。
(2) 必要な物資やサービスを配分するための手段を利用できるようにすること。
(3) 安全と秩序を維持し，葛藤や紛争の解決を支援すること。
(4) 新来者（たとえば，子どもや移民など）を教育し，その行動様式を変容させること。
(5) 知識，観念，信念などを伝達すること。
(6) 信念と行動についてのルールや標準（規範）をつくり，それを施行すること。
(7) 個人と集団が相互作用を営むための機会を提供すること。

　これらはいずれも，個人や集団の生活と行動にとって，コミュニティがきわめて大きな意義と影響力を潜在的または顕在的に有していることを物語るものである。人びとに対するコミュニティの負の機能を改善し，さらには成長促進的な機能を向上させることが，コミュニティ・アプローチの主要課題であることは言うまでもない。
　こうした相互作用を強調する「コミュニティ」の定義は，広く地域精神保健やコミュニティ心理学の分野で認められているようである。マレル（1973）やザックスとスペクター（1974），ラパポート（Rappaport, 1977）などは，いずれもこれと軌を一にするからである。とりわけマレルは，社会システム論の観点

からコミュニティの操作的定義を試みており，例も示しているので引用してみたい。

マレルは，「コミュニティ」という用語を特殊な意味で用いると断りつつ，「コミュニティとは，焦点システムと上位システムに対し，ある種の重要な機能的関係を有する環境（通常は，人びとという環境）である」と定義している。なお，ここで言う「焦点システム」とは，研究や実践の標的となっている特定の社会システムのことであり，また上位システムは，焦点システムに直接影響力を行使しうる直上のシステムのことである。たとえば，ある学区の中央理事会が「焦点システム」であるとした場合，「上位システム」は当該学区の教育委員会であり，したがってこの教育委員会のメンバーを選出する当該学区の住民全体（全有権者）が「コミュニティ」に相当すると，マレルは説明する (p.85)。さらにまた，「コミュニティ」は「社会的ネットワーク」(p.77) であるとか，「あるがままの生活環境」(p.21) であるとも述べている。

マレルがクラインの定義を直接引用しているわけではないが，両者の間には概念枠の類似が目立つ。というより，地域精神保健サービスに当る人たちの経験に基づくコミュニティの認識（クラインに代表されるような）を，社会システム論の立場からいっそう精緻にしたものが，マレルの定義であると言うべきかもしれない。改めて気づくことは，これらの諸文献のどこにも，マッキーヴァー (1931) への言及がないということである。コミュニティ心理学は，自らの実践と研究の対象たる「コミュニティ」について，大胆に独自な実用的定義 (working definition) を試みるべきである。

筆者はこれまで，わが国の現状に適用可能なコミュニティの定義について折にふれ検討してきたが，結論的にはクラインやマレルの定義と近似のものに落着している。すなわち，今日のような都市化・大衆社会化の進行する状況下では，かつての村や町の生活に見いだされたような，地理学的な範域や「地域性」に依存するコミュニティはきわめてあいまいとなり，また大都市の近隣社会では「共同体感情」も著しく稀薄化している。これにひきかえ，「社会的相互作用」の範囲は，交通・通信手段の飛躍的発達によって，以前とは比較にならぬほどの広がりを見せている。こうした事情は，「社会的相互作用」を地理学的な「地域性」の制約から解放し，さまざまな機能集団や人びとのネットワークの成立を可能にする。しかも居住地域と学校・職場などの分離が顕著となり，同一家族の成員でも，昼間在宅するものと夜間しか在宅しないものとの間には，近隣地域の意味に大きな差異が生じている例も少なくない。すなわち，昼間の時間を職場で生活する一部の家族成員にとっては，近隣関係のもつ心

理・社会的意味はきわめて小さいものであると言える。同様の事情は，同一地域内の住民や家族の間にも起こりうることである。

このように考えると，コミュニティ・アプローチやコミュニティ心理学にとって戦略的意味をもつ「コミュニティ」の定義は，個人や家族，ならびに各種集団ごとに個別的に捉えられるところの「機能的コミュニティ」でなければならないことが示唆される。こうした「機能的コミュニティ」は，家族，学校，職場集団（企業や公共組織）などの社会システムとその下位システムなどのような可視的なものだけでなく，それら諸々の社会システムのネットワークの如き不可視的なものをも指す。わが国の現状においては，近隣社会，地方自治体，国といった行政単位にもとづく「範域的コミュニティ」（regional communities）よりも，こうした機能的コミュニティの方が，コミュニティ心理学の実践研究にとって，より戦略的であるように思われる（安藤，1978）。

しかしながら，こうした考え方に対する根強い批判もなくはない。その1つは，歴史家羽仁五郎（1966）の論説である。彼は，わが国における地域精神保健対策の構想に痛烈な批判を加え，精神障害の予防と真の人間回復を推し進めるには，まず行政単位としての「地方自治体」を突き動かさなければならないと述べ，さらに「地方自治体」の自治が十分に確立されるに至っていない現状からすれば，究極的には「国」の政治のあり方を告発し変革することが必要だ，と指摘している。この羽仁の主張は，住民の健康・福祉行政に関して国や地方自治体の行使しうる力，あるいはそれぞれの下位システムに対する直接的もしくは間接的影響力の絶大なことを考えるならば，十分に首肯できるものである。しかし，このことを強調するあまり，前に述べたような身近な「機能的コミュニティ」の意義や，それに対するアプローチを過少に評価するというのであれば，それは誤りであろう。コミュニティ心理学は，羽仁の言う「地方自治体」や「国」を視野におさめながら，第一次的には，個人とそれら広域の行政体との中間に位置する諸々の「機能的なコミュニティ」の潜在的能力に対し，人びとの関心を向けさせようと努力し始めたばかりである。

さて次に，「コミュニティへの介入」の問題について考えてみよう。

4　コミュニティ介入の類型と方略

一般に「介入」とは，英語の interventions に当たる。この intervention は，「（無関係なことが）間にはいる」「（人が）中にはいる」「調停する」「仲裁す

る」「干渉する」などを意味する動詞 intervene の名詞形である。これらのことからも分かるように，「介入」という言葉には「苦痛や問題を抱える人（またはグループ）に第三者が手を差しのべ，そうした苦痛を軽減し困難を解決できるように援助する」という意味がある。

　こうした「介入」については，コミュニティ心理学の立場からいろいろ分類がなされている。その一つはケリー（Kelly, 1971）によるもので，彼は介入を「精神保健コンサルテーション」や「組織変革」「地域開発」の3つのレベルに分類している。また，臨床心理学者コーチン（1976）は，「コミュニティへの介入」（community intervention）として，「クライシスへの介入」と「コンサルテーション」「教育と態度変容」「専門家以外のワーカーの活用」の4つを挙げており，これらはコミュニティ心理学の活動でとくに顕著なものだと述べている（Korchin, 1976; とくに18章）。しかしながら，これら2人の考察は，分類という点からみれば，いささか体系化に欠けるうらみがあるように思われる。

　これらに比べ，より体系的な分類の一つは，応用社会心理学における「社会的介入」（social intervention）の問題についてなされたホーンスタイン（Hornstein, 1975）のものである。彼は社会的介入を，「介入の形式」と，「変革媒体者（介入者）とクライエント・システムとの間の関係」という2つの次元に基づいて，表1-1のように分類している。ここには9つの類型が示されているが，この他にも分類上無視すべからざる重要な次元があることは，ホーンスタイン自身も指摘するとおりである。彼は，このモデルでは，対象となる組織体のサイズやタイプ，また変革媒体者が標的システムの内部の人か外部の人か，などの諸条件を考察から外さざるを得なかったと断りつつ，9つの介入タイプの特色について論じているが，ここでは表示だけに止め，詳細は割愛せざるをえない。

　最後に，マレル（1973）による「介入」の定義，ならびに「介入」のレベル（または類型）について要約してみよう。このマレルの試みは，今日入手しうるもののうち，もっとも整理された部類に属すると考えられる。なおこれと，先に紹介したコーチン（1976）の分類との差異は，マレルが，自らはスクリブナー（1968）の言う「社会工学者」タイプのコミュニティ心理学者でありながらも，コミュニティ心理学を広い枠組みで捉え，介入をもそうした視点で定義しているのに対し，コーチンが臨床心理学者の目でコミュニティ心理学を捉えている（その意味で，スクリブナーの言う「新しい臨床心理学者」に属する）という事情を反映するもののように思われる。

　一方，マレルとホーンスタインとの間の相違点は，前者が従来の治療（臨

表1-1　社会心理学の応用的アプローチを検討するための枠組み

介入の形式	変革媒体者とクライエントとの関係		
	専門家的	協働者的	鼓吹者的
リサーチ	1	2	3
オリエンテーション	4	5	6
ソーシャル・テクノロジー	7	8	9

(Hornstein, 1975, 212ページより)

床）心理学的アプローチをも包摂した「介入」を問題としているのに対し，後者は「社会心理学の応用」としての「社会的介入」に考察を限定していることによるのではあるまいか。

こうした類型化における相対的な特色をふまえつつ，次に「介入」に関するマレルの定義と分類を少し詳しく紹介してみよう。

マレルは，介入（interventions）を，「個人と環境との適合性の改善を目指して，個人や社会システム，地域住民，もしくは諸々の社会システムのネットワークに変革を導入するための体系的な努力である」と定義し，さらに「介入者」（intervener）を，「そうした変革の始発に対し最大の責任を担う人もしくは集団である」と述べている。さらにまた，介入の複雑さとその目標の野心度を規準として，次のような介入の6つのレベル（類型）を提唱している（表1-2）。

レベル1　個人の配置換え（individual relocation）

ひとつの社会システムとうまく調和（適合）しえないでいる個人を，より適合しやすい別の社会システムに移すことにより，個人と社会システムの間の適合性を高める試みをいう。精神遅滞児を普通学級から特殊学級に移す。養育者として不適格な親から子どもをひき離して里親にあずける。知的能力と職務要請とがマッチしない従業員を，当人の資質に見合った他の部署に移す，など。この方法が適切で有効であるためには，(1) 不適合の改善が，当事者システムの一方または双方の能力を超えていない場合と，(2) 適合性の不良が，ネットワーク内の1つまたは少数のシステムの特性だけに限定されている場合の2つである。またこのタイプの介入は，あくまで一時的な援助活動に過ぎないという点に特色がある。したがって，永続的効果を期待することにはそもそも無理がある。個人が元のシステムに復帰すると，たちまち不適合が再発することが少なくないからだ。

表1-2 コミュニティ介入の類型 (マレル, 1973)

介入の レベル	介 入 の 名 称	介 入 の 内 容
1.	個人の配置換え (individual relocation)	不適合を生じている社会体系から,より適合的な社会システムに,個人を移す。「転地」「里親委託」など。
2.	個別的介入 (individual intervention)	個人の資質や方略・技能を変容させて,当該社会システムへの適合度を改善。心理治療・行動修正・社会的スキル研修など。
3.	ポピュレーション介入 (population intervention)	就学予定の児童やその親たちのための準備のプログラム,定年予定者や海外出張(移住)者の事前ガイダンス,帰国子女等への自文化への再適応援助のプログラム。いずれも予防精神保健サービスにおける代表的なアプローチ。
4.	社会システムへの介入 (social system intervention)	環境としての社会システム(家族・学級・学校制度・地域社会・職場など)に永続的変化をつくり出し,社会システムが個々人の問題処理を促進できるようにする。家族療法・組織変革(または組織開発)など。
5.	複数システムの間への介入 (intersystem intervention)	2つ以上の社会システムの間で葛藤におちいっている個人の,両システムへの適合性を改善すること。精神障害者の社会復帰を促すための中間施設(ハーフウエイハウス)など。
6.	ネットワークへの介入 (network intervention)	個々の住民にとって心理・社会的な感受性の高い新コミュニティを設計すること。地域計画やニュータウン設計について行政に意見を具申する,など。

レベル2　個別的介入 (individual intervention)

　社会システムが課する現実のアサインメントのなかにとどまり,それを受け入れ,かつそれを当該システムからも受容される形で遂行できるようにするため,個々人の資質や方略を変えさせ,もしくはそれらの能力を付加するためのサービスを言う。技能研修,行動修正,心理治療,危機介入,投薬治療などが,このカテゴリーに属する介入の好例である。

　このタイプの介入を有効ならしめるための最低必要条件として,当該個人が,今の所属システムに今後もとどまりたいと望んでおり,かつ自己変革の動機づ

けが十分にあることがあげられる。介入の技法という点だけを見ると，従来の臨床心理学の主要技法がほとんどすべて包含されている。

レベル3　ポピュレーション介入（population intervention）

自分の社会システムと現に不協和な関係にあるか，もしくは将来そのおそれのあるポピュレーション（一定の属性や特質によって分類された人びとの集合）に対して，それらがすでに付与されている資源や資質を変化させ，さらには新たな資源や資質を獲得させるための組織的な試みを言う。予防精神保健プログラム（たとえば Caplan, 1964）などはその好例で，とくに「事前ガイダンス」（anticipatory guidance）は，これに相当する。就学直前の子どもと親，定年予定者，大学入学予定者，婚前カップル，海外渡航（または移住）者，青年期の人びとなどは，いずれも近く地位や役割や環境に大きな変動が生じるため，何らかのストレスに見舞われるおそれの大きい人々であり，これらに対しては，個人ではなく，リスクを抱える「すべての人たち」（ポピュレーション）に焦点をあわせた予防アプローチが構想されるべきであろう。

たとえば，キャプラン（Caplan, 1964）は，アメリカの平和部隊の訓練生にメッセージを送り，現地での生活において生じるかもしれない各種の欲求不満やストレスについて予備知識を与え，それらについての有効な対処方法を提案しているが，それもまたこのタイプの介入の好例である。この介入と前述した「個別的介入」との違いの一つは，介入の焦点または指向性にあると言える。さて，この「ポピュレーション介入」で困難があるとすれば，当該の標的となる人々がすべて，この種のプログラムの必要性や緊急性を自覚していないか，あるいは介入を快く受容してくれないことであろう。

このことは，一般の定期健康診断や成人病スクリーニングのプログラムに対するわれわれ自身の認識や態度，動機づけについて顧みるだけでも十分に理解できるであろう。婚前カウンセリングの標的である若いカップルにとっては，結婚生活における困難な問題を予想したうえでのプログラムが，さほどの切実さを伴わないとしても無理からぬことであろう。しからばこれに該当する「人々」を，このタイプの介入プログラムに動機づけるにはどうすればよいか。この方略いかんが，この介入の成否を左右する基本課題とも言える。未熟な介入者にありがちな，高圧的で，傲慢な指導者意識などはもちろんのこと，そのポピュレーションを内包する社会システムの潜在的な「防衛機制」などは，この介入の主たる阻害要因と考えられる。

イノベーションの伝播過程（Rogers, E. M., 1983）や組織変革に対する社会シ

ステムの側の抵抗（いわゆる「変化に対する抵抗」）については，コックとフレンチ（Coch & French, 1948）やレヴィン（Lewin, 1953）などによって報告され，それの克服についても有効な技法が準備されている。今後コミュニティ・リーダーとしての特異なリーダーシップ研修が，重要な実践課題となるだろう。

レベル4　社会システムへの介入（social system intervention）
　これは，特定の社会システムが，個人の問題処理に対していっそうプラスの働きができるよう，社会システム自体の内部に永続的な変化を導入することを言う。その場合，社会システムの「機能」面だけを変えるものと，「構造」面（たとえば，規模や勢力構造など）まで変革するものの2つが考えられる。いうまでもなく後者の方が，効果の永続性という点で優れているが，その分，介入の難度も高い。
　さてマレルは，このレベル4の介入を，さらに次の4つの下位類型に分類している。

(1) システム内のキーパーソンの変革：主として，コンサルテーション・サービスや教師に対する行動修正技法の研修，警察官に対する危機介入法の講習などが挙げられる。
(2) システム・アサインメントの多様化：主に社会システムから構成員に割当てられるアサインメント（その課題内容や遂行手続きなど）を多様化させ，それらを個々の構成員が受け入れやすくする試み。いわば「適所の幅」の拡大ということである。このことは，より多くの個人を社会システムと適合できるように仕向けるものである。しかし，個人の資質や方略をそれ自体として変容するものではないため，個人と社会システムとの間の不協和が，主に個人の資質の極度の欠落から生じているような場合や，社会システムのネットワーク全般に及ぶようなケースでは，このタイプのアプローチの有効性は減殺されると考えられている。精神障害者は，病院という社会システムのアサインメントには適合しえるが，外部の社会システム（家族，学校，職場，地域社会）の要請とは不適合をきたしやすいのも，その間の事情を物語っている。
(3) アサインメントの多様化：個人と社会システムとの間の協和的関係もしくは適合性を高めるために，多様な個人的資質や独自の生得的能力を最大限に発揮させるような種々のアサインメントをとりそろえ，これを構成員に提供しようとする試み。たとえば，すべての生徒にとって最良であるよ

うな教授法といったものはなく，教授法と生徒のパーソナリティ特性との間には相互作用の関係が存在するとの知見があるが，このことからすれば，学校は，単一の教授法ではなく，できれば複数の教授法を準備することが望ましいことになる。さらにまた，学級では知的教科だけを重視せず，身体的エネルギーや芸術的表現力の面をも重視するようにして，すべての子どもに自己表現と社会的是認（または社会的承認）の機会が与えられるように工夫することなども，真剣に検討する必要がある。

(4) 実験的なシステムの設計：「実験的な社会システム」とは，一定の仮説にもとづき，社会システムの諸変数が望ましい状態または最適状態になるよう設計されたシステムのことである。さらに，この新システムと対照可能な古いシステムとの間の比較を通して，新システムの有効性を評価することなども，このアプローチの主要な課題である。たとえば，退院患者に宿泊施設と雇用機会を提供する試みと在宅通院という旧方式との間の比較などは，その好例である。また，そのシステムの有効性を最大化する諸変数の組み合わせを探ることも，これに含まれる。

レベル5　複数システムの間への介入 (intersystem intervention)

これは，2つ以上のシステムに同時に介入することであり，多くは所属が重複している場合などに起きる個人の役割葛藤を軽減する上で有効である。そのため，システム間の相互関係がより調和的となるように仲介すること（「システム間介入」）が必要となる。ただし，特定の介入者が，当該の標的システムのいずれに対しても，同等の権威と信頼を有しているとは限らない，などの困難も起こりうる。

レベル6　ネットワークへの介入 (network intervention)

全コミュニティ的規模の介入であり，住民に対するコミュニティ側の心理・社会的感受性を高めるため「新コミュニティの設計」などが必要になる。新しい都市の設計とその評価など，優れた戦略的発想とそれを実現するに十分なスキルなしには達成できない高度の介入である。

以上，マレルの6種類の「社会的介入」は，すでに述べた通り「介入の複雑さや目標の野心度」の低いものから高いものへと並べられている。当然のことながら，高度のものほど介入は難しさを増し，介入者（介入者グループ）の能力要件も厳しいものとなる。コミュニティ心理学は，こうした介入者の教育や

研修についての有効なプログラムの開発を求められているのである。

5　コミュニティ心理学者の役割

　これまでの叙述から明らかなように，コミュニティ心理学は，従来の臨床心理学とは対照的な視点や方略を採るものである。
　そこで次に，こうした新しい専門分野や実践の担い手としての「コミュニティ心理学者」の役割について考えてみたい。
　かような問題をとりあげる時，まず想起されるのは，前にも述べた「ボストン会議」(1965年5月上旬)での討議のことである。ベネット (Bennett, 1965, 1966) は同会議の印象をまとめているが，コミュニティ心理学者の役割としては「変革の媒体者」「社会システムの分析者」「コミュニティの諸問題に対するコンサルタント」「環境全体との関係において人間を一般に全人として捉える研究者」ならびに「参加しながら理論を構成する人」などが，参加者たちの間で合意をみた，と報告している。とくに，最後の「参加的理論構成者」という役割期待は，このコミュニティ心理学が心理学とその隣接諸科学の仮説や既存の研究成果の単なる応用領域，もしくは研究結果の「消費者」の立場にとどまるものではなく，さらに進んで「真の理論的研究者」(the real researchers) であるべきことを強調するものであり，コミュニティ心理学における科学的態度が強調された「ボストン会議」の雰囲気を反映している。
　ベネットら (1966) は，次のように言う。コミュニティ心理学者の役割は「参加的理論構成者」という役割である。そのような資格で，彼はコミュニティの諸過程に余すところなく関与し，かつそれを動かす人であるが，彼はまた，心理学や社会学の知識の枠組みのなかで，そうした諸過程の理論化を図る一人の専門家でもある (pp.7-8)。
　マレル (1973) は，これを敷衍して次のように述べている。「コミュニティ心理学者は，心理学の応用者である。しかしながら，彼は社会科学の知見に対する貢献をぬきにしたまま，自らの社会変革の活動に関心を持ったりしてはならないのである」(訳書，p.17)。つまり，「実践 即 研究」(アクション・リサーチ) の立場こそ，コミュニティ心理学の身上でなければならないのである。その意味では，「参加的理論構成者」の概念は，アクション・リサーチの提唱者レヴィン (1890-1947) や，その伝統を踏まえて地域精神保健サービスの理論化を試みているクライン (1968) などの構想とも軌を一にするものがある。

しかしながら，こうした新しい役割期待を十分に充たしうる心理学の専門家は，いかにして調達できるのであろうか。この論題は，コミュニティ心理学における「マンパワーの問題」というきわめて重要な課題に関するものであり，コミュニティ心理学者の教育と訓練の問題にも直結するものである。上述の役割期待のいずれをとってみても，これまでの伝統的な臨床心理学者の行動レパートリーには見出すことの困難なものばかりである。こうしたコミュニティ心理学者の役割についての定義は，新しい役割モデルの樹立に向かわせる圧力とともに，伝統的な心理臨床家たちには，アイデンティティのクライシスを誘発する可能性もはらんでいるように思われる。
　一例をあげてみよう。前述した「参加的理論構成者」の役割は，ある程度までは従来の臨床心理学者にとっても，心理療法やカウンセリングの日常経験のなかでなじみのあるものかもしれない。しかしこれを，複雑なコミュニティの場で達成するということになると，容易ではない。そのうえ，生(なま)の生活環境としての「コミュニティ」内で発生する人間的諸問題は，きわめて多くの要因が働く「多変量的事象」であることが少なくないからだ。したがって，単一のもしくは少数の統制可能な変数（独立変数）を意図的に操作し，それと従属変数との間の一義的な因果関係を析出する従来の「実験室的」心理学の方法論だけではとうてい対処しえないような諸問題に対して挑戦をすることも予想される。換言すれば，コミュニティの諸問題には，すっきりした「単一変数」的な因果法則の追求という従来の伝統的アプローチでは歯が立たないものが少なくない，ということである。マレル（1973）も指摘するように，これまで心理学が回避せざるをえなかった「残余の問題」にアプローチをおこなおうとすれば，「コミュニティ心理学者は，多くの変数を人為的に統制していないために，ダーティな研究しかできない」という，「実験室的」研究者たちからのそしりを覚悟しなければならない。そして，実に，かかる生(なま)の地域社会的諸問題へのアクション・リサーチを通じてのみ，参加的理論構成者としてのコミュニティ心理学者の新たなアイデンティティも確立されるのである。
　次に示すのは，近年の学校カウンセリングの分野におけるコミュニティ心理学の動向である。ミリックとウィトマー（Myrick & Wittmer, 1972）は，学校（われわれの言う機能的コミュニティの好例）におけるカウンセラーの役割として，「カウンセリングをする人」という従来の役割のほかに，「コンサルタント」「協働者」「マネジャー」という3つの役割を挙げ，学校というコミュニティ内で十分に機能できる新しい「学校カウンセラー」像を考察している。ただし，こういう複数の役割を，「学校カウンセラー」という一人の人物が包括的

に果さなければならないかどうか，むしろ，そうした異なる役割を担う複数の専門家のチームワークとして「学校カウンセリング」を定義する方が，各専門家の既成のアイデンティティに混乱を招かなくてすむのではなかろうか。筆者には，こうした複数の役割をこなしうる専門職は，「学校カウンセラー」と呼ぶよりも，「学校心理学者」(school psychologists) と呼ぶべきではないか，などといった疑問や意見はあるけれど。さらにまた，この「学校カウンセラー」の役割の定義では，前述した「ボストン会議」における「コミュニティ心理学者の役割」のごく一部の項目しか触れられていないことにも気づかせられる。おそらく，この役割の定義は，スクリブナー (1968) の言うコミュニティ心理学者の「第三のタイプ」，すなわち「新しいタイプの臨床心理学者」の枠内に限定された内容とみるのが妥当なようである。したがって，従来の臨床心理学的モデルからの距離はさほどみとめられず，それだけにまた一般にも受容されやすい内容であるかもしれない。

　さて，こうしたコミュニティ心理学者の役割の全領域をカバーできるリストというわけではないが，「コミュニティへの介入者」(commnunity intervener) の資質や心掛けといったことについての考察も少なくないので，次にとりあげてみよう。

　その一つは，マレル (1973) による「介入の手引」(訳書，pp.274-275) である。この冒頭には，この手引きは効果的介入を可能にするとともに，介入者が紛争に巻きこまれないための留意事項である，という前置きがある。13項目の留意事項が，(1)「汝のシステムを熟知せよ」(3項目)，(2)「汝の役割を知れ」(3項目)，(3)「汝の介入について知れ」(7項目) の3つのカテゴリーに括られており，その内容は介入者にとって参考になる。一言でその特徴を述べれば，組織変革における「変革媒体者」の役割をモデルとした内容と言ってよい。

　第二のものは，アレンら (Allen et al., 1976) のものである。これは，公立学校内に経費のかからぬ効果的な精神保健サービスのシステムを開設するための革新モデルを樹立しようとした理論的・実践的な労作であるが，とくにその第2章は「パートナーシップの確立：その問題点と諸原則」と題して，コンサルタントが学校システム内で，優雅にかつ効果的に介入を実施するために有効な洞察や戦略を17項目ほど提示している。すなわち，最初の5つが「学校システムへの入り方」に関するもの，次の9つが「ボランティア (参加者) の訓練」そして最後の3つが「学校システムの教職員やボランティアたちとのコミュニケーションと介入評価のフィードバック」に関するものである。

　たとえば，「学校システムへの入り方」については，「当のホスト校のすべて

の人たちのニーズを知るために時間をかけよ。理事会や教師，学生・生徒たちと話し合え」や，「システムにはゆっくりと入れ。学校側の職員が出した提案や希望を手に入れ，これを活用することにより，真に協力的な企画を開発すべく徐々に活動せよ」などであり，また「ボランティアの訓練」の部では，「潜在的なボランティアを選別して，勤勉で社会的技能にすぐれ，かつ当のプログラムの成功にコミットしそうな人たちを選び出せ」や「誠実にそのプログラムに参与している教師や理事者たちに対し，意味のある見かえり（pay-off）を提供せよ」などであり，さらに「コミュニケーションと評価」の部では，「明確で首尾一貫したコミュニケーションをするよう努力せよ。フィードバックや不平，ならびにラポートづくりのためのメッセージを，参加者たち全員の間で伝達できるようなネットワークを確立せよ」などである。これらはいずれも，コンサルタントとしての介入者が，システム内で「生き残る」ための指針である，というわけである。

　ところで，これと類似したものに，筆者の「学校カウンセリングとチームワーク」についての考察がある（安藤，1968b）。これは，コミュニティ指向的な学校カウンセリングを展開しようとして，キャンパス内の社会資源の組織化を模索した大学カウンセラーの覚え書きとでも言うべき内容である。

　第一は，学校カウンセラーの任務が一部の精神障害学生（者）に対する治療的サービスよりも，全学生（つまり，ポピュレーション）に焦点をあわせた発達支援サービスにあるとする限り，社会資源の組織化が大学カウンセリングの目標達成にとって必要かつ不可欠であること，そうしたキャンパス・コミュニティでの協力の調達やチームワークには，まずもって専門家一人（あるいは専門機関）のサービス提供能力の限界を自覚しなければならない，としている。

　第二は，関連のある他の専門機関や施設またはコミュニティ内部の潜在的ボランティアの関心と協力を高めるためには，まず「ケース」の委託や紹介などを積極的におこなうことが必要である，と述べる。

　第三は「禁欲主義の原理」という見出しをもつもので，他の専門機関やボランティアに対しては，それぞれに無理のない範囲内での協力を求めるべきだと力説している。つまり，それぞれ固有の役割を担う専門機関やボランティアには，各自のアイデンティティが阻害されない形での協力しか要求しないように心掛けるべきだ，というのである。

　第四は，われわれが調達すべきは「協働」であって「同調」ではないことに留意すべきであるということである。つまり，大学カウンセリングには，それぞれの立場からいろいろな役割において協力してもらえる方が好ましいのであ

り，すべての人に「カウンセラー」という単一の役割を期待することはむしろ避けるべきだということである。

第五は，学校カウンセリングへの協力が，協力者に何らかの利益（見かえり）をもたらすという「ギブ・アンド・テイクの関係」を準備すべきだということである。そして，こうした協力をキャンパス・コミュニティの中で引き出し，それを組織化するには学校カウンセラーは，従来のクリニック・カウンセラーのあり方を超えた新モデルを確立する必要があると述べ，次の如く結んでいる。すなわち「学校カウンセラーは，単なるクリニック・カウンセラーであることに甘んじてはならない。彼には，治療者・カウンセラーとしての役割だけでなく，チームプレイのマネージャー・演出者の役割も期待されているからだ」と。

以上のように，「コミュニティ心理学者」の役割や資質に関する叙述には，論者の立場や活動分野により多様性が見られるが，しかし，「コミュニティ実践」を指揮し，予防的な介入に関わる新しい専門家の役割や要件には，おのずから見解の収斂が見いだされることも確かである。

こうした新しい心理学的専門家の訓練の問題については，とくにイスコーとスピールバーガー（Iscoe & Spielberger, 1970）によって詳細に論じられている。ちなみに，この書物の第Ⅲ部（5論文）では，臨床心理学プログラムの枠内でのコミュニティ心理学の訓練について，また第Ⅳ部（4論文）では，地域精神保健とコミュニティ心理学に関する複数科学的訓練（multidiciplinary training）のプログラムについて，各種の試みがとりあげられている。しかし，それら諸プログラムの内容や評価については，ここでは割愛することにする。

6 組織体への介入

組織（体）は，企業や行政，教育などの公共組織から，教会や有権者団体のようなボランタリーな組織に至るまで多様である。近年はまた，「組織間ネットワーク」などの，インターシステミックな「システム」も流行している。ここでは，主として企業組織におけるコミュニティ心理学者の役割を述べてみる。

心理学が企業組織に本格的に介入したのは，20世紀初頭のアメリカである。例の西部電気株式会社のホーソン工場でおこなわれた「休憩効果と生産性との関係についての実験」（1927～1932年）と，その実験の失敗の副産物である「人事管理へのカウンセリング制度」の導入がそれである。

しかし，この制度もやがて衰退した。理由のひとつは，カウンセリング制度が，来談者の欲求不満の解消や組織への好意的態度の醸成によって，人事管理や労務対策の手段として使われることへの批判である。仮に労働者の悩みや葛藤が産業構造や企業組織の構造・機能の歪みに根ざすものである場合，それをカウンセリングで解消することは，かえって真の問題解決を遅延させ，つまりは組織と個人に不利益をもたらすことになる。こうした反省にたち，古典的な「産業」心理学は，「組織」心理学，つまり組織の構造・機能を診断し，それを有効な（または，健康な）組織像に向かって計画的に変革しようとする応用心理学（例，シェイン，E, 1965, 松井訳，1966）へと脱皮する。

　ここで「健康な組織像」または「組織の有効性」に関するベニス（Bennis, 1966, 幸田訳，1968）の定義を紹介しておこう。これは，組織診断と変革目標を示すとともに，介入効果を判定する際の規準にもなる。

　　「有効な組織」とは，当の組織内に，(1) 問題を解決し環境に柔軟に反応する能力が存在する，(2) 組織目標が全員に理解・共有されており，組織に関する知覚内容が組織成員と非成員との間でよく一致している，(3) 環境の真の特色を鋭く知覚し，正しく解釈する能力がある，(4) 組織の各部分が相互に統合されていて，矛盾した働きをしない，などの要件が充たされている状態をいう。

　ちなみに，この定義は，個人の「積極的な精神健康」に関するジャホダ（Jahoda, M. 1958）の定義を，組織心理学者ベニス（W. G. Bennis）が組織に転用したものである。

　さて，わが国における組織変革については，三隅と篠原（1967）による「バス運転士の事故防止のための集団決定法の導入」や，武田（1973）の「組織変容に関するアクションリサーチ」，高（1979）による「造船所における全員参画方式による職場安全運動」などの事例報告がある。いずれも，集団力学を応用した実践研究であるから，ここではその代表例として高（1979）の事例を紹介してみる。

　高がフィールドとしたのは，九州西部にある某造船所の船工部である。船舶の起工から進水までを担当する第一線の現業部門であり，部長以下社員 3,600 名余り，協力工 1,100 名余り，合計 4,800 名余りという大集団で構成されている。建造される船舶は，26 万トン・クラスの超大型タンカーであり，昭和 45 年当時で年間 9 隻，総計で 250 万 DWT（船舶の大きさを表す単位のひとつ，

載貨重量トン数）を進水させている。全長360メートルの巨大タンカーの建造は，当時，起工から進水まで正味32日程度というきわめてハードな作業条件であり，「新安全運動」導入前の昭和44年度には災害件数176件，災害度数率30％であった。

しかし，この船工部の事故災害も，次に紹介する一連の手続きにより翌年度（昭和45年度）から49年度までの間に，それぞれ172件（27％），195件（23％），128件（17％），77件（12％），64件（10％）へと急速に改善されていく。

次に，このユニークな「職場安全運動」を概説してみよう。まず高は，この安全運動を船工部全体に適用する前に，昭和45年7〜12月まで，組立溶接（組溶）3係を対象として予備実験をしている。この係には，係長の下に1名の技術スタッフと11名の作業長がおり，各作業班は18名ないし25名で構成され，合計215名が含まれていた。

このアプローチの特色は，従来の権威主義的な命令（「サアヤレ！」）を主軸とした安全管理から，全員参画（「サアヤロー！」）による自主的な安全管理に切り替えることにあった。昭和45年10月に船工部長をリーダーとする10名のプロジェクトチームが組織され，11月1日からいよいよアクションに移る。方法・手続きは次のとおりである。

(1) 集団決定ミーティング：126の作業班が，それぞれ正味5時間をかけて災害防止に関する「集団決定」（討議に引き続き，「集団内で自己決定をおこなう」一連の手続き）をおこなった後，(2) 係別，課別に2ないし3時間の全体集会を開く。その後，(3) 4,800名全員参加のもと初の全員集会が開かれた。こうした手続きの過程で，集団ブレーン・ストーミングで得られた災害原因の諸項目に基づき，さらにチームごとにＫＪ法などで問題点を絞りこみ，集団課題を明確化し，ついで，その解決と災害防止に努力することが「自己決定」される。また，別にＰＭ式リーダーシップ調査とＰＭ式感受性訓練（三隅，1979『リーダーシップ行動の科学』有斐閣）などが併用され，当該組織風土の変革も進められた。

高による企業組織への介入は，その規模と効果の壮大さの故に広く注目をあつめ，組織変革におけるコミュニティ心理学者の新たな役割と可能性を明示したものである。

第2章 コミュニティ心理学の研究法

1 研究法の4つの範疇

コミュニティ心理学の研究法は，その定義からもある程度明確になるだろう。ここではもう一度，もっとも標準的と思われる マレル（Murrell, 1973）の次の定義を引用してみる。

> コミュニティ心理学は，社会システムのネットワーク，ポピュレーション（住民や一定のリスクを負う人々）およびそうした人々の間の交互作用に関する研究や人間と環境との間の適合性の改善を図るための介入方法の開発とその評価，新しい社会システムの設計とその評価，そうした知識や改革に基づいて個人の心理社会的諸条件の向上を図ること，などを行う心理学の一領域である。

要するに，この定義の特色は，社会システム論の立場を強調する点にある。

さて，この定義から示唆される研究法は，たとえばザックスとスペクター（Zax & Specter, 1974）やコーチン（Korchin, 1976）が要約しているように，(1) 生態学（ecology），(2) 疫学（epidemiology），(3) 一般システム論（general system theory），(4) 評価研究（evaluation research）の4つの範疇に分けられている。

こうした見解とはやや趣きを異にする分類に，オーフォード（Orford, 1997）によるものがある。彼は，「発症率，有病率，ニーズのアセスメント」「準実験計画法」「事例研究法」「質的研究法」「プログラム評価」などを挙げている。初めのアセスメントは，「コミュニティに存在する問題の拡がりの程度や，影響を受ける個人のニーズを推定するための方法であり，これまでの「生態学」や「疫学」の分野と関わる。他は，いずれも広義のプログラム（または対策）の「評価研究」に関連している。

25

ここでは，やや古典的の嫌いはあるが，ザックスとスペクター (1974) やコーチン (1976) に準拠して述べてみよう。事実，前に挙げた4つの研究法のうち，「評価研究」の他は，いずれも正統的心理学者にはなじみが薄く，したがって，必ずしも方法論的に熟達しているとは言えないものである。これは，従来の「科学的心理学」が主として個人の心理過程についての統制された実験研究や相関分析に関して訓練をおこなってきたのに対し，人間の適応に強大なインパクトを及ぼす複雑な社会的諸力の研究，とりわけ「人と環境との交互作用」に関する自然主義的なアプローチについては，全くといってよいほど準備を欠いているためである。その意味で，こうしたコミュニティ心理学の「問題・課題」は，心理学の伝統的な対象領域からは永らく除外されてきたといっても過言ではない。そのため，新しい「課題」や「研究法」をつきつけられると，多くの心理学者は，たとえコミュニティ心理学の実践課題には同意しても，本音レベルでは面食らわざるをえないのである。それらが「科学的心理学者」としての既成のアイデンティティに対し潜在的脅威を内包しているからであろう。

しかしながら，こうした困難はあるけれども，短期的にはコミュニティ心理学の課題の査定や対策（プログラム）の有効性を高めるため，また長期的にはコミュニティ心理学の理論化・体系化を図るために，これらの研究法に習熟することの不可欠なことを確認しておきたい。

以下では，コーチンや，ザックスとスペクターなどが共通に挙げる4つの研究法について，順次略述してみよう。

2 生態学的アプローチ（主に，人間行動の生態学的研究）

レヴィン (Lewin, 1953) は，「行動」(B) は，「人」(P) と「環境」(E) の関数である，といっている 。しかし，この場合の「環境」には，厳密に言えば「その人が認知している」という修飾語を付ける必要がある。つまり「環境」とはいっても，人間の皮膚の外に実在する物理的・客観的な環境は除外されているわけである。それほどに，これまでの心理学では，「人」の側の特質から人間行動を理解することに強調があった。そうした強調は，一般心理学はもとより，差異心理学や臨床心理学においても根強く，今日もその傾向に根本的な相違は認められていない。

しかし，人間行動は，個人の「パーソナリティ特性」やそれによって規定さ

れる「知覚・認知」だけでは，十分な理解や説明，予測がつかないことが少なくない。したがって，生態学的心理学の創始者であるバーカー (Barker, 1968) が言う「行動場面」（人と物理的環境が絡んで生起する全体場）に関する情報や，人と環境との力動的関係に関する知識の必要性が強く要請されるようになった。こうした要請に応える行動研究の一つが，ここでいう生態学的アプローチである。

そもそも生態学は，生物科学の一分野として発展し，物理的，生物学的環境内における様々な「種(しゅ)」の間の相互関係を研究対象とするものである。特定の生物は，自らの生態学的システム（エコ・システム）内で生き残るには当のエコシステム内にある他の諸々の物理的・生物学的（つまり，環境的）諸成分と一定の調和又はバランスを保つことが要求される。人間もまた例外でなく，そうした物理的・生物学的環境ならびに社会環境との間で相互作用を営みつつ生活しているが，とりわけ社会環境との関わりが大きな比重を占める点に，人間の人間たる所以を指摘できる。

ところでコミュニティ心理学は，そうした社会環境（社会システム）と個人や下位システムとの相互作用が，パーソナリティやその形成，行動などに及ぼす影響を解明し，さらには社会システムの交換や変革を通じて，環境と個人の適合性を高め，あるいは個人のパーソナリティや行動を変革することを，自らの実践課題としている。コーチン (1976) は，生態学的アプローチの中核的強調点として次の事項を挙げている。

(1) 適応（有機体が自らの環境内で処理をし，生存し，成長する能力）に焦点をあてる
(2) 生物学的要素と非生物学的要素の相互依存関係
(3) 時間の経過に伴って生じるシステムの変化
(4) 生物学的（さらに心理学的および社会学的な）現象については，研究者の側からの実験操作が加わっていない生(なま)の生活環境内での被験者行動の観察を強調すること

などである。

今日では，イッテルソンら (Ittelson et al., 1974) の環境心理学，バーカー (Barker, 1968) などの生態学的心理学，ムースとインゼル (Moos & Insel, 1974) の社会的エコロジー，ケリー (Kelly, 1966, 1968) の地域精神衛生におけるエコロジカル・アプローチなどとして，次第に研究成果が蓄積されつつある。

ここでは，コミュニティ心理学との関連から，ケリー（1966）の指摘する3つの注意すべき問題を示してみる。

(1) コミュニティ内の社会システムもしくは組織（体）システムでの相互関係
(2) 物理的環境と個人行動との間の関係
(3) 直接的な社会環境と個人との関係

などである。またケリー（1968）は，10代のハイスクールの生徒たちの学校環境への適合状態を，「流動的」と「恒常的」（学校内の生徒人口の移動率に基づく）の2つのタイプの学校環境で対比し，主として自然な観察と標本面接法によって，注目すべき研究結果を見出している。

3 疫学的研究

疫学は，一般に「人間における疾病頻度の分布と，それを規定する要因を研究する科学」と定義される（MacMahon & Pugh, 1990）。平易に言えば，流行病の「真犯人探し」である。公衆保健学の領域では長い歴史をもつこの方法論や概念も，精神保健の分野に適用されるようになってからは日が浅い。けれども，全住民の情緒問題と精神障害の分布の実態や，それに影響のある諸条件の解明，さらにはそうした研究成果にもとづく援助プログラムの策定と評価，情緒問題や精神障害の本態と原因の究明などに大きく資することが期待される。

疫学的研究の特異な利点としては，

(1) ある疾病や問題の「真の原因」を把握する以前でも，効果的な予防や治療の対策を可能にすること
(2) 他のアプローチでは到底解明できないようなある種の有害因子が，これによって解明されることが少なくないこと
(3) ある疾病や問題の本態（本性）に関する仮説を生み出し，「真の原因」の究明に重要な足懸かりを提供すること
(4) 治療を受けていない「ケース」の発見により，新しい臨床的シンドロームを特定できること
(5) 対策プログラムの効果の評価をおこなうこと

などが挙げられる。

　しかしながら，こうした疫学的統計の基礎となる資料には，その収集方法や資料の妥当性・信頼性などの点で問題が残されているものもあり，また情緒問題や精神障害に対する差別偏見に基づく困難もないわけではない。

4　一般システム論

　「コミュニティ」は，人間と社会と物理的環境との連動的なネットワークから成る。したがって，人間を「独立の個人」，あるいは「孤立した存在」としてではなく，「文脈の中にある人間」(person-in-context) として捉えようとする。その意味で，一般システム論が発展させた「組織されたシステム」の研究は，コミュニティ心理学の，とりわけコミュニティ規模でのサービスの企画や実施，評価などにとって有益であると考える。

　こうした観点から一般システム論の主要概念を用いて「コミュニティ」を社会システムとして記述し，コミュニティ心理学の体系化を試みたのがマレル (Murrell, 1973) である。マレルは一般に，「社会システム」を「どこか一部に生じた変化が他の諸部位の変化を要求するような一つの構造体である」と定義し，「個人は，社会システムの一部として他のメンバーとの相互依存的な関係のなかに存在し，相互に影響を及ぼしあっている」としている。

　こうした認識から マレルは，コミュニティ心理学における主な「変革の標的」は個人よりも社会システムだと述べ，これを従来の個人心理学的臨床心理学者とコミュニティ心理学者の重要な相違点の一つであると述べている。かくてマレルは，コミュニティを定義して「焦点システム並びに上位システムに対し，ある種の重要な機能的関係を有する環境（通常は「人々」という環境）である」とする。これらの定義では，社会システムが，オープンシステムであるとの前提に立っている。

5　評価研究

　これは，支援サービスあるいは対策プログラムの効果や受益者ニーズの充足度を査定する研究であり，有効で無駄のないプログラムの開発のためにも不可

欠の過程である。また，当該対策の「副作用」に関する事前チェックなどにも役立つ。

　コミュニティ内に発生する問題は，一般に「多変量的」現象であることが多い。このことは，心理臨床家が習得している「実験室モデル」の適用を難しくする。伝統的な「科学的心理学」が，物理学モデルに準拠することにより発展してきたことは周知のとおりであるが，それは単一の，もしくは少数の要因を独立変数として操作し，それと出力としての従属変数との間の一義的因果関係を析出することを目的とする。したがって多くの場合，研究は「きれい」（クリーン）である。また，「きれい」な研究成果が得られること自体が研究の成功を意味すると考える。しかるに，コミュニティ的な事象の研究やコミュニティ実践の評価研究は，その意味での「きれいさ」には程遠い場合が少なくない。

　たとえば，特定の介入プログラムに効果があったとする研究報告をひもといてみても，厳密に「介入」以外の影響が排除されていないような場合がある。つまり，「風袋ぐるみ」の効果が示されているにすぎないのである。評価研究の未熟さにもよろうが，「コミュニティ的な問題」の取り扱いの難しさに起因する部分も小さくないと言うべきだろう。

　実践（アクション）と研究（リサーチ）の有機的統合をめざすコミュニティ心理学にとって，介入プログラムの有効性が，それに携わる心理臨床家とそのシンパサイザーの心証の域をでないというのでは困るのである。介入が産出する「正味」の効果（逆効果または副作用も含める）を析出する方法の確立を急がなければならない。これなども，実験群と統制群との比較法を用いる（オーフォードの言う）「準実験計画法」などを適用できれば割と容易に解決できる。

　また，対策プログラムの「最終効果」に劣らず大切なのが対象の社会システム内の住民の満足や，それに携わる実践家たちの「モラール」（満足・意欲）である。いくら所期の効果を達成できても，サービス従事者たちのモラールを食い潰すようでは，その対策の持続的な適用は不可能になるからである。サービス従事者の「燃えつき」（バーンアウト）を事前に感知して有効な手立てまたはプログラムの修正を図ることは，組織や運動体のリーダーの重要な役割であり責務であるが，得てして見落されやすいものである。

　ところが，わが国のみならずアメリカでも，これだけ重要な地域サービスの評価研究があまり実施されていない。ブルーム（Bloom, 1972）が次の6つの事項を挙げているので取り上げてみたい。

（1）コミュニティ心理学者が「研究者 即 実践家」という役割にコミットし

ていたとしても,「実践家」と「研究者」との間には自ずから気質上の差異がある。
(2) コミュニティ心理学者にとっては,事前評価をおこなうという理由で潜在的に有効と思われる対策の適用を先延ばしすることは難しい。
(3) 地域の住民やリーダーは,対策自体の効果が「評価研究」と不可分だという発想に対し,半信半疑である。
(4) 精神保健に関わる行政や財団は,評価研究に関わる費用よりも,たとえ実行されなくても将来性のある新しい方法の方を歓迎する傾向がある。
(5) 評価研究は,サービス計画の邪魔になりかねない。つまり対策実施や参加的観察,評価研究の報告書づくりなどが専門家の負担過重や,地域住民やサービス対象者に疑心(いわゆる,モルモット意識)を生じさせる場合がある。
(6) すぐれた評価研究は本来複雑で難しい作業であり,簡単にすると専門家らの批判の対象となり,逆にこれを十分なものにするには労力がかかり過ぎる。

などがそれである。

　以上で分かるように,評価研究はそれだけで一書を必要とする分野である。幸いにしてこの点を体系化したものにウエイス(Weiss, 1972)の『評価研究——対策効果の評価法』などがある。また,間接的ながら田崎・児島(編)『マス・コミュニケーション効果研究の展開』なども参考になる。詳細は,それらに譲ることにしよう。

第3章 コミュニティ・アプローチの特色と過程

1 コミュニティ・アプローチ

　都市化や核家族化,社会の流動化などの身近な環境変化は,「コミュニティ意識」の低下と「地域コミュニティの解体」を招来した。そのため,子育て支援や高齢者,障害者への地域ケア,環境の保全と防犯・防災 など,地域社会の対処能力（いわゆる「地域力」）が,近年とみに衰弱してしまった。
　一方,こうした状況に抗しつつ,地域コミュニティの回復や新しいコミュニティの創出を図る動きも活発である。そうしたコミュニティ再生への組織的な実践を「コミュニティ・アプローチ」という。
　安藤（1968b）は,コミュニティ・アプローチを次のように定義する。

　　　個人の内部要因（パーソナリティ）よりは,環境的諸要因の方を意図的に変革することにより,当の社会システム（環境）と,それに属する個人や住民たち（いわゆる下位システム）との間の適合性（fit）を改善し,人びとの適応や健康,福祉,安寧,自己実現などを増進するための組織的な努力である。

　一方,青井ら（1963）も,これと類似の定義をおこなっている。すなわち,コミュニティ・アプローチとは,

　　　地域社会の住民がよりよい生活を営むために,それを阻害している具体的な問題を発見し,根本にひそむ条件を分析して,その地域社会に即した対策を樹立・実施し,問題を解決していく一連の過程である。

　なお青井らは,一般的に地域社会のなかの心理社会的問題の解決方法として,次の5種類のアプローチをあげ,「コミュニティ・アプローチ」と,他のアプ

ローチとの差異を説明しているので，参考のために示しておく．

(1) 個別（人）的な方法（individual approach）
(2) 集団的な方法（group approach）
(3) 地域社会全体からの方法（community approach）
(4) 社会全体に対する方法（mass approach）
(5) その他の方法（体制変革的方法〈social system approach〉や組織運動的方法〈organizational approach〉など）．

ところで，筆者は，「コミュニティ・アプローチ」という言葉には，3つばかりの含意があると，かつて指摘したことがある（安藤，1978b，1979）．1つは，「コミュニティのための（目的）」，2つには「コミュニティに対する（標的）」，3つには「コミュニティによる（主体的参加）」アプローチが，すなわちそれである．最終的に，これら3つの含意を統合した意味において，「コミュニティ・アプローチ」の概念を用いることを確認しておきたい．

2 コミュニティ・アプローチの特色

上に述べた2つの定義からも示唆されるごとく，このアプローチが有効でありうるのは，(1) 解決すべき当の問題が地域社会的な要因に連鎖している場合と，(2) 当該問題が地域社会の構造や機能の歪みに起因している場合である．

これを換言すれば，「地域社会的な諸問題」（community affairs）の解決にとってのみ，このアプローチは独自の役割を担いうるということにほかならない．(1) の条件に対応して言えば，コミュニティ・アプローチは「コミュニティ全体を対象としたアプローチ」（population-focused approach）といえるし，また(2) の条件に対応させれば「コミュニティに基礎をおくアプローチ」（community-based approach）の意となる訳である．要するに，コミュニティは「標的」であるだけでなく，「戦略的道具」としても認識されているのである．ただし，「コミュニティの道具性」についてのかかる強調が，コミュニティ・アプローチにおけるコミュニティの「主体性」を軽視することに繋がってはならない．「コミュニティの主体性」を無視または軽視してコミュニティに介入するならば，当該コミュニティの手痛い抵抗を誘発するか，少なくとも変革への自発的な取り組みを動機づけることは，不可能となるだろう（Coch &

表3-1 コミュニティ・アプローチの特色（心理療法との対比）

	コミュニティ・アプローチ	心 理 療 法
アプローチの目標	社会システムの変革による個人と社会システムの間の適合性改善	パーソナリティの再構成または行動の修正
アプローチの焦点	ポピュレーション（住民全体）	個人（または患者）
変革のおもな標的	社会システム（社会的環境）	精神内界的要因や行動（個人の資質・方略）
おもな担い手	コミュニティの非専門家（ボランティアなど）	専門家ならびに専門機関
通常の活動セッティング	生の生活環境としてのコミュニティ	クリニック（またはオフィス）
専門家のおもな役割	コミュニティ介入やコンサルテーションならびにプログラムの立案と評価	心理治療（またはカウンセリング）
準拠モデル	公衆保健モデル	医療モデル
研究法	多変量的解析・生態学的アプローチ	単一変数的解析・「実験室的」アプローチ

French, 1948; Klein, 1968)。

　こうした理由から，コミュニティ・アプローチの適用には，当の課題や問題が地域社会的広がりをもつものであるかどうか，とくに問題が当該地域の構造や機能に起因する心理・社会的問題であるかどうか，あまつさえ，地域社会の主体的取組みが期待できるかどうかなどを，一応事前に査定し，吟味する必要がある。言うまでもなく，コミュニティ・アプローチは，青井ら（1963）の指摘をまつまでもなく，多様な問題解決方法のなかのひとつにすぎない。であるから実践的には，その他の方法との併用がありえることは当然である。要するに，このアプローチの効用と限界を，冷静に考慮しておく必要がある。

3　コミュニティ・アプローチの5段階

　青井ら（1963）は，コミュニティ・アプローチの過程を5つの段階に分けている。「問題発見」の段階，「コミュニティ診断」の段階，「対策立案」の段階，「対策実施」の段階，「評価」の段階がそれである。
　以下では，筆者の考えも加味しつつ，これらの各段階について略述してみよ

う。

(1) 問題発見の段階

　標的コミュニティについての一応の理解に基づいて，解決すべき問題が何であるかを決定するのが主たる狙いである。問題発見の方法としては，主として経験と観察，既成資料の分析，調査などがある。それぞれの問題発見法には，それぞれ効用と限界があるので，状況に応じて方法を使い分ける必要がある。

　問題発見における着眼点としては，いかなる問題があるか，もっとも鍵となる問題領域は何か，問題はいかなる構造をしているか，当の問題の主な原因がコミュニティの構造や機能の欠陥に根ざしているか，当の問題の解決にとってコミュニティ・アプローチが最適の技法であるか，コミュニティ・アプローチを採用するまでもなく自然に解決が訪れる問題ではないのかどうか，コミュニティに基盤をおいたアプローチを可能とする十分なニーズと資源が存在するか，などがある。経験や観察による場合は，顕在的な諸問題から，その問題の潜在構造を洞察することが求められるが，その場合，観察されるべき問題全体からのサンプル抽出における偏りと，当人の過去の経験や個人の価値観によるバイアスは免れ難いだろう。ひいては，問題把握にも歪みが生じるおそれがあるので，事情の許す限り既成資料や客観性の高い独自の調査（ケーススタディ，質問紙法，面接法など）で補正することが望ましい。なお，この問題発見の段階から，将来の協働者となることが期待される標的コミュニティの成員たちに参加を求めることの大切さも指摘されている（たとえば，Bonner, 1959 や 原谷, 1966 など）。

(2) コミュニティ診断の段階

　問題解決の対策をたてる前段階として，当該問題の特質，基礎的条件，コミュニティが持つ問題解決の動機づけや利用可能な資源，コミュニティの勢力構造，当の問題の解決努力から結果として予想される新たな問題の誘発可能性とそれへの予防対策などが，コミュニティとその問題の診断において最も重要な事項であろう。ともあれ「コミュニティ診断」のための有効なマニュアルが待望される。

　診断の方法としては，既成資料の分析やケーススタディ，統計的調査などが主要なものである。とくに「コミュニティ問題」は複数の要因が互いに絡まりあって生じるものが少なくないため，「多変量的現象」として捉える必要がある。また診断のための分析でも，同じく多変量的アプローチをとり，さらには，

そうしたデータに基づいて諸変数の交絡状況を表わすモデルの構築が必要であろう。当該問題についての因果関係の分析や当該コミュニティの諸条件についての査定がなされることをもって「診断の段階」は終わる。このような課題や状況の把握こそ，次の対策立案の前提条件にほかならない。

(3) 対策立案の段階

コミュニティの問題と当該コミュニティ自体に関する診断に基づいて構成された重要な原因変数と結果変数についてリストをつくる。

その中からまず第一に，可変性と効率，社会的波及性，社会的可視性などが高い「戦略的鍵変数」を選択する。

第二は，働きかける側の態勢や予算，日数などの諸条件に照らして，上記の戦略的な鍵変数をいかなる順序で標的とするか，パイロット実験を導入するかどうかなどが検討される。

第三は，問題解決に役立つ，コミュニティ内の隠れたエネルギーをみつけだし，それの動員計画を立てる。この過程は，部外または部内の変革媒体者（チェンジ・エイジェント）と内部のボランタリーな下位組織や小集団との間の指導・参加的関係の樹立・促進をはかるためと，対策の立案や実施に対する当該コミュニティの抵抗を減じるとか，さらには，自発性と受容性を高めるために必須のものである。

第四は，関係諸機関との連絡調整の方法を検討することである。今日では，専門的サービスの機関がますます縦割り的に細分化し専門化する傾向にあるが，そうした専門化とうまく対応した形で人間やコミュニティの心理・社会的問題が発生してくれるとは限らない。つまり，専門機関のサービス内容とマッチした形で都合よく問題が分類できないのが普通である。それ故，地域社会的諸問題の解決には，既存の専門機関の機能を調整し，ユーザーが利用しやすいサービス・システムに設計し直す必要がある。いわばユーザーのニーズにマッチした「受け皿」の整備ということである。

こうした全体的視点に立って対策立案がなされておれば，その対策の実施と評価に当っても，当初からおさえるべきポイントは何であるかが，自ずから明確になるはずである。

(4) 対策実施の段階

これは，所期のアウトプットを産み出すために，プログラム化された一定の入力をコミュニティに注入する段階である。コミュニティ・アプローチの本番

といえる。対策実施の結果，予想通りの成果が挙がることもあろうし，予想を裏切る結果になることもある。それどころか，立案段階では全く予期しなかった「副作用」が生じることもある。また，結果（アウトプット）のレベルでは予想通りの成果が挙がりつつあるにもかかわらず，コミュニティ住民たちの変革意欲や，変革を推進すべく介入しているチェンジ・エイジェントへの好意度のような，いわば「媒介変数」のレベルに重大なマイナス効果が蓄積されつつあるといった好ましからざる事態も起こりうる。リッカート（1964）のいわゆる「人間組織の食いつぶしによるアウトプットの増大」という二律背反的現象である。

　こうした現象は，長い時間的スパンでみるならば，コミュニティにとって重大なマイナスであり，したがって初期段階でその芽を摘まなければ，コミュニティ・アプローチの決定的失敗を招くことにもなりかねない。

　以上の考察から，実施の段階では，立案されたプログラムをただ忠実に実行しさえすればよいというわけでないことが分かる。介入効果（「結果変数」はもとより，「媒介変数」レベルでのそれもふくめて）の測定・評価と，その結果を「計画」や「実施」などに対し小刻みにフィードバックすることを怠ってはならないからである。前の段階でなされた実施計画は不可変のものではなく，臨機に修正を加えることによってさらに洗練されるべきものである。したがって，この「対策実施の段階」と次の「評価の段階」とは論理的にはともかく，実践的には相互に独立した過程とみなすわけにいかないのである。

(5) 評価の段階

　青井ら（1963）は，評価すべき項目として，(1) 目標への到達度，(2) 計画の妥当性，(3) 活動内容の妥当性（計画と実施との一致度），(4) アプローチの社会的な評価，問題設定の妥当性（他の諸側面への効果，地域の生活・福祉のレベルアップへの寄与度）の4つを挙げている。こうした評価を客観的におこなうためには，観察，既成資料の分析，調査による数量化，ケーススタディなどを有機的に組み合わせる必要がある。また，「正味の効果」をみるためには，統制群を使って事後調査と事前調査との間の比較をするのが一般的な手法であるが，そのためには事前査定を慎重な配慮のもとで実施しなければならない。なお，ここでいう「コミュニティ・アプローチ」の効果は，「実施段階」での営為にのみ由来すると見るよりは，問題発見のための初期の（調査やコンサルテーション形式による）介入をも含めた，いわばコミュニティ・アプローチの全過程がもたらす「風袋ぐるみの効果」にほかならない。したがって，コ

ミュニティ・アプローチの各段階で試みられた各種の働きかけは，なるべく詳細に記述しておく必要がある。このことは，たとえばグループ・アプローチの効果測定についても妥当することであって，グループ・セッションのほかに講義（理論）セッションや自由討議，評価セッションなどの各種の下位プログラムや，それらの時間的配列，内容などの記述がない場合，「何が効果をもたらしたか」についての事後考察にとって，資料的価値が著しく減殺されることがある。また，評価に限らず，診断も，誰がどんな手続きでおこなったかが考察される必要がある。コミュニティ・アプローチの評価には，留意すべき多くの課題があるのであり，評価研究（evaluation research）がコミュニティ心理学の主要な研究課題のひとつとされる所以もそこにある（Weiss, 1972; Zax & Specter, 1974; Korchin, 1976; 安藤, 1977）。

4　コミュニティ・アプローチをめぐる諸問題

　この節では，問題点の指摘に止めておきたい。
　第一の問題は，「アプローチの目標を社会システムの変革におく」とは言うものの，それが今日の人間諸科学や社会工学の枠内で，はたして無制限に可能であるかどうかという疑問である。個人を中心にして，家族，近隣社会，地方自治体，国家，国際社会などと広がる生活環境のどこまでを，コミュニティ・アプローチは自らの射程とみなすべきか，またそれが可能であるかという問題である。コミュニティ心理学発祥の場となった「スワンプスコット会議」（ボストン会議ともいう）（1965年4月4～8日）の参加者たちの間でも，このことが真剣に討議されたことは周知のとおりである。
　第二は，コミュニティ・アプローチへの要請が必然の帰結であることは認めるとしても，それにたずさわるのが心理治療者やカウンセラーであるのか，それとも全く新しいタイプの「コミュニティ心理学者」であるのか，という問題がある。ときには，ソシアルワーカーが適格であろうとする意見もきく。しかし，それはやはり「新しいタイプの心理臨床家」または「コミュニティ心理学者」でなければならず，したがってそれに見合うだけの養成・訓練が必要であるとする考え方が，今日一般的である。この点については，諸外国とくにアメリカでの種々の試行を見てみると，学部レベルでの養成よりも，大学院や卒業後の研修プログラムに関するものの方が多いようである。
　第三に，「適応」や「精神的健康」に関する概念または考え方の問題がある。

コミュニティ・アプローチは「個人と社会システムの間の適合性の改善」をめざしてはいるが，従来の治療的心理学に一般的であった治療目標（たとえば，「十全に機能している人間」などの如き）を，すべての個人に無差別に適用しようとするものではない。むしろ，パーソナリティの歪みや社会的能力の欠如があろうとも，それらをむしろひとつの個性として捉え，当人をささえていくための社会資源の開発や支援システムの造成に努めることにより，「個人と社会システムとの間の不適合性を改善する」ことを主な狙いとする。いわば，普遍的な理想的人間像をアプローチの目標として設定したりはしないということである。理想の人間像との対比で，個人の現有の資質を眺めると「ないものねだり」に傾きやすい。それよりも，既存の資質や能力を積極的に見つけ，それらを最大限に活用するための「支援システム」の設計に力点を置くわけである。

　第四は，プログラムに対するコミュニティ構成員の参加を重視することから派生する諸問題である。つまり，「非専門家」の参加によってサービスの質の低下が生じないのかどうか，という問題である。確かに，コミュニティの構成員や，とりわけ非専門家の参加は，サービスの量的拡大を可能にする反面，ときには，そうしたサービスからの「副作用」の遠因となることも予想される。コミュニティ・アプローチにおいては，こうした予想される「功罪」のバランスを最適レベルに調整するため，「専門家」や「専門機関」の支援を必要とする。おそらく，非専門家の訓練やコンサルテーション，非専門家から紹介されるケースの受け皿，プログラムの作成と効果の評価などが「専門家」の新しい役割となるだろう。

　第五は，コミュニティ・アプローチの拠って立つモデルが「治療」よりも「予防」にあることから生じる問題である。「治療」は，ふつう個人（患者やクライエント）に焦点をあわせた対面的関係に基礎をおく営みであるが，「予防」は，地域内に住む住民全体（ポピュレーション）に焦点をあわせた，一般には没人格的関係を媒介とするアプローチである。それだけに，コミュニティ・アプローチに携わるものは，治療的関係におけるのと類似の対面的なフィードバックを，対象者に期待するわけにはいかないであろう。それどころか，むしろ治療的関係におけるのとは全く対照的な反応（たとえば「ありがた迷惑」といった拒否的反応）に接することも覚悟しておく必要がある。さらにまた，予防は「統計的指標」に基づいて対策の効果を判定するが故に，予防的アプローチの目標は，必ずしも「発生率ゼロ」であることを要しない。こうした不完全なレベルの「目標」（成功の指標）は，インテンシブな個人治療になじんできた心理臨床家たちにとって，受容しがたいものであるかもしれない。アプローチ

の効果が「ゼロ・デフェクト」の達成でないことに耐えうることこそ，コミュニティ・アプローチにたずさわるもののひとつの資質であるように思われる。筆者は，それを「粗放性への耐性」とよんできた。

　最後に，コミュニティ・アプローチにおける研究（リサーチ）の問題がある。すでに第2章4節で述べたとおり，コミュニティで起きる事象は，多くが「多変量的」現象である。ところが，心理臨床家たちが修得している研究法は，単一の，もしくは少数の要因を独立変数として操作し，それと出力としての従属変数との間の一義的因果関係を析出することを主目的とする「法則定立的アプローチ」である。多くの場合，研究は「きれい」である。また「きれいな結果」が得られることがすなわち研究の成功に他ならず，それがまた「よい研究」を意味してもいる。しかるに，コミュニティ的事象の研究やコミュニティ・アプローチの評価研究は，そうした意味での「きれいさ」を欠くうらみがある。たとえば，特定の介入に効果があったとする研究報告をみても，従来の研究法に照らして吟味しなおすならば，「介入」以外の諸変数の影響が厳密に排除されていない場合がほとんどである。いわば「風袋ぐるみの効果」しか示されていない。このことは，評価研究者側の研究方法の未熟さというよりも，コミュニティ的事象の性質それ自体に随伴するところが大きいと考える。コミュニティ・アプローチの有効性は，それにたずさわる心理臨床家とそのシンパサイザーたちの心証の域を出ないというのでは困るのであり，そのためには新しい評価研究法を確立し，それの「正味の効果」を析出できるようにならなければならない。生態学的アプローチは，そうした要請に応える一つの方法であると言えよう。

　上に述べた諸問題の解決は，コミュニティ・アプローチの発展にとって必要であるばかりではなく，心理臨床がコミュニティの心理・社会的問題の解決に一層寄与していくためにも，避けては通れない課題である。

5　コミュニティ・アプローチによる介入事例から

　一般には，「コミュニティ」という用語はきわめて多義的に用いられるが，ここでは，(1) 行政単位としての都道府県・市町村レベル，(2) 近隣地域や職域のレベル，(3) 自助的なネットワークの3つに大別しておく。そのうち，ここでは (1) の型と，(2) と (3) の混合型のコミュニティ介入につき考えてみよう。

(1) 行政組織への介入事例

まず(1)の事例について考察しよう。そもそも都道府県・市町村での政策決定は，地域問題の解決や当該地域の未来の発展を大きく左右する。したがって，専門家がその審議にあずかり，政策決定の質的向上に貢献することは，地域住民の福祉と安寧にとってきわめて重要な意義をもつ。この点に関しては，安藤（1989b）が，政令指定都市である福岡市の「行財政改革専門委員」の経験をもとにして考察している。

昭和58年から59年にかけて審議・答申をおこなったこの「専門委員会」の構成は，学識経験者6名（地方行財政論，地域経済論，都市計画論，地域社会学，教育学，マスコミ）から成っていた。当時は，「高度経済成長期」から「安定成長期」へと社会経済的な大状況が変化しつつあり，そのうえ人口高齢化の急激な進行もプレッシャーとなって，中央政府や地方自治体は相次いで，自らの行財政の根源的な見直しを迫られていた。福岡市もまた例外ではなく，それまでの内部改革の限界を突き破るべく，われわれ専門委員に思い切った答申を期待したわけである。

かくして同専門委員の答申は，(1)「助役定員の削減」（3人から2人へ），(2)「局・部の統廃合」，(3)「事務事業や補助事業の抜本的見直し」など，かなり厳しい内容となった。提言の実施状況を見ると，「助役定員の削減」は実質見送り（手続き上は，1名削減し，国際博覧会担当の助役1名新設），「局・部の統廃合」は答申内容を一部修正のうえ実施，各種「事務事業や補助事業の見直し」はほぼ専門委員の提案どおりに実施されている。

こうした行政関係の審議会に参与することは，コミュニティ心理学でいう「行政組織への介入」の一種といえる。そこで，こうした介入をもっとも効果あらしめることが，コミュニティ心理学者に課せられた重要な役割となる。

言うまでもなく，社会システムとしての行政組織は，外部からの不用意な批判などによってはめったに動かない。したがって，「行財政のあり方」のような市政の枢要問題に関する審議機関の構成メンバーは，慎重に選定されるはずである。審議機関メンバーとしての適格性の規準は，第一に「イノベイティブな発想ができる人」ということであり，第二は「当該行政組織の事情にも理解的で寛容な人」ということである。時には，両者は二律背反の関係にあることもある。もし背反した場合には，後者をより重視するかもしれない。変革の主体はあくまでも行政組織であり審議機関ではない，という基本認識が共有できなければ，折角の答申もお蔵入りになりかねないからだ。

専門家の社会的寄与のひとつに行政の審議機関への参画がある。しかし，行政組織は新しい委員候補者の指名に臆病なので，有能な専門家は，普段から組織介入者としての資質も磨いておくべきだろう。自分のイデオロギーや専門的見解を固持して譲らないような人は，行政組織介入のための希有の機会を失することになるからである。

　さて，こうした答申作成において留意すべきは，次の諸点である。第一は，提言実施で変化の波及が予想される「他のシステム」や「内部の下位システム」をあらかじめ慎重にリストアップし，事前に適切な対応をしておくことである。もしそのシステムが当該行政組織に強大な勢力をもつような機関であるならば（たとえば，政令指定都市にとっては，国や市議会など），対応のまずさは提言実施に重大な支障をきたすことにもなるからである。福岡市への提言の例でいえば，局・部の統廃合案のうち，市議会の委員会構成の変更問題に必然的に波及する部分があるにもかかわらず，議会筋との事前調整が十分でなかった。そのため，特に関連部分に議会筋からのクレームがつき，結果的には答申内容の一部が大幅修正を余儀なくされた。

(2) (2) 型と (3) 型の混合型ともいうべき介入事例

　この型に属するものとしては，在宅保健福祉システムの構築や自助的な電話相談グループの立ち上げ・運営などに関連するものが多いが，ここで報告する実践は，創意の奇抜さと構想の雄大さにおいて群を抜いている。このコミュニティの創出又は再生に関する報告書の編者は「日本・地域と科学の出会い館」(1997) であるが，これは鳥取県智頭町早瀬字財ノ元279番1に所在する。館長である岡田憲夫氏（京都大学防災研究所教授）が，鳥取大学教授在職中の1988年に智頭町と出会い，以来，寺谷篤那岐郵便局長や河原利和（財）環境文化研究所主任研究員，それに数年前からは杉万俊夫氏（京都大学総合人間学部教授）なども加わって，村人と一緒に過疎の山村(むら)の地域おこしに取り組んだ実践研究の成果である。

　報告書の帯封には，「郵便局と自治体が手を組み，農協，公立病院，開業医，警察の協力を得て，お年寄りに思いやりの郵便・巡回サービス（いわゆる，ひまわりシステム事業）を生むなど，鳥取県八頭郡智頭町で展開されている地域おこしの目覚ましい成果はいかにして可能になったか」とある。著者たちは，自らの実践を「日本１／０村おこし運動」とも呼んでいる。「ゼロ分のイチ」または「ゼロイチ」とのルビがある。これには，無（ゼロ）から有（イチ）を生みだす意図が含まれているという。「(集落住民一人ひとりの) 寝た子をおこ

して，住民が自ら一歩を踏み出す村おこし運動」であり，「住民自治の確立（個人を認めること）と集落（村）文化の再発見，及び新たな付加価値を生み出すことで集落の将来に新局面を切り開こうとする村おこし運動」（同書，p.172）として特性づけられている。

　紙幅の関係で詳細は省くが，コミュニティ心理学の新たな地平を拓くものとして注目したい。

第Ⅱ部 地域メンタルヘルス

第4章 コミュニティ・ケア

1 コミュニティ・ケアとは

 コミュニティ・ケアとは、広義には「コミュニティによるお世話や監督、保護、看護」などを意味するが、狭義では、精神保健や社会福祉のサービスに関するひとつの革新的な技法を指している。
 そもそも、この用語がわが国で一般に用いられるようになったのは、1969年の東京都社会福祉協議会答申「東京都におけるコミュニティ・ケアの進展について」が出されてからだと言われている。
 一方、イギリスでは、すでに20世紀の初頭において、地方自治体が、施設収容型のケアのあり方を「より家庭的」(more homely)なものに変えることを提唱しているし、さらに、1946年になると、カーチス委員会が、児童は、施設で養護するよりも家庭や小グループで養護する方が望ましいと提言し、1948年の「児童法」によって、この原則が確立されるに至った。
 しかしながら、そのイギリスですら「コミュニティ・ケア」が公式に打ち出されたのは、精神保健や精神医療の分野であった。すなわち、1957年の「精神障害者および精神薄弱者に関する王立委員会報告」がそれである。これによって、精神障害者の社会復帰に関する新しい視点として「病院からコミュニティへ」の政策が強調されると同時に、社会福祉の面でもいわゆる「施設ケア」から「コミュニティ・ケア」へと、そのパラダイムが大きく転換したのである。

2 コミュニティ・ケアの特色

 イギリスの精神保健や精神医療の分野における「コミュニティ・ケア」は、精神障害者の社会復帰を、「病院」から「地域」(家族や職場の生活)へと一足飛びにおこなうのではなく、両者の間に、それらを橋渡しする諸々の中間施設

（halfway houses）を配置し，精神障害者がこれらを順次にかつ徐々に経由して，うまく社会復帰がおこなえるようにするものである。

　たとえば，統合失調症のような，一般に慢性的な精神疾患を患っている者の場合，自宅に生活の本拠を置きながら昼間だけ通院し治療を受ける「昼間病院」（day hospital）などのシステムが有効であるが，こうした中間施設では，患者の社会性や生活力，活動性などの回復を促すために，作業療法やレクレーション療法，生活指導などを，パラメディカル・スタッフが組織的に実施し，本来的な生活の場としての地域に患者がスムーズに再適応できるよう援助するのである。なお，中間施設には，昼間病院のほかに夜間病院や保護工場などがあり，また一方，地域生活の現場には精神保健の専門家以外の一般ボランティアで構成される各種の社会的支援システムがある。こうした社会的資源としての施設や運動体が有機的に連携して「コミュニティ」が構成されるということができる。

　さてこのように，コミュニティ・ケアは，一般に，治療期間が長期にわたるような慢性の心身疾患や老人病の患者などが，社会生活や職業生活にうまく再適応するのを助けるため，治療機関（または医師，看護師など）や保健行政機関（または保健師など），地域住民（ボランティア）などが協力しておこなう介助・指導，職業訓練，精神的支援（カウンセリング）などのサービスを総称するものである。このことは一方では，そうした疾患や障害の再発予防にも役立つ。

　言い換えれば，「施設ケア」と「コミュニティ・ケア」とは，本来対立的または二分法的に捉えるべきものではなく，両者は，より有効な精神障害対策のためのシステムを構成する2つの下位機能にほかならない。

　ところで，「施設ケア」から「コミュニティ・ケア」への発想の転換は，心身の障害に対する見方・関わり方にもかなりの変化を生じることとなる。たとえば，施設ケアを中心としたアプローチでは，医師や看護師などによる専門家中心の「治療」（cure）が強調されるが，「コミュニティ・ケア」のアプローチでは，文字どおり精神保健の専門家でない住民ボランティア等による「お世話」（care）が一層重視されるというように。このことはまた，障害者の社会復帰を許容する基準にも反映し，ひいては入院期間の短縮にもつながってくる。入院施設でも，当該地域にコミュニティ・ケアの受皿さえ整っていれば，急性症状がとれた段階で早々と患者のコミュニティ復帰を日程に上げることができるのである。つまり，障害は，もはや個人の問題というより，その人を囲む社会の側の問題として捉えられているわけである。

3 コミュニティ・ケアの諸相

　コミュニティ・ケアの構想は，もともと精神保健や精神医療の分野における問題提起が発端となり，それが社会福祉（特に，障害者福祉と老人福祉）の領域にも取り入れられたが，さらに最近では，青少年の社会化（育児や地域保育）の面でも，脚光を浴びるようになった。
　以下では，各分野ごとに，コミュニティ・ケアのあり方を略述してみよう。

(1) 地域精神保健・医療の分野

　地域精神保健は，一定人口内の精神障害者の有病率を下げるために，当該地域社会で発生した精神保健上の諸問題を，その地域全体の力で主体的，効果的に解決しようとするサービスの総称である。
　さて，ここで「地域」とは何であるか。この分野の開拓者の一人キャプラン (Caplan, 1964) によれば，「地域」は，地理学的ないし機能的に規定される一定の範域，と定義される。ここで，地理学的に規定される範域とは，行政上の単位区分を示すものであることが容易にうかがえる。
　しかし，これに引き替え，機能的または相互作用的に規定される範域とは，いったい何であろうか。これには，職場，学校，行政組織，社会的支援組織，あるいは，それらで構成されるネットワークまでも含まれることになるが，それらはいずれも，本来的にはマッキーヴァー (MacIver, 1917) の古典的定義でいう「コミュニティ」と対句をなす「アソシエーション」に属するものが少なくない。つまり，地域精神保健でいう「地域」が，精神障害の発生予防（第一次予防）や早期診断・早期治療（第二次予防），社会復帰の促進（第三次予防）にとって戦略的概念でありうるためには，それを，個人や家族，集団のそれぞれにとって個別的に定義できる「機能的コミュニティ」として捉える必要があるということである。
　こうした理由から，'Community Mental Health' の 'Community' を「地域」と翻訳してわが国に移植したことには少なからず問題が残るとする有力な論説もあることに，注意を喚起しておきたい。つまり，「コミュニティ」は，単なる行政的区画以上のもの，すなわち「生活の場」（ハビタット）であり，「市民としての自主性と責任を自覚した個人や家族，社会組織を主体とする集団」，したがって，いわゆる地域精神保健における「地域」は，「コミュニティ」と

カタカナ表記する方がより適切であるともいえる。

さて，この分野のコミュニティ・ケアの例示として，「危機介入」を取りあげる。

危機介入（crisis interventions）は，危機状態に陥っている個人や家族に対し積極的な問題解決を支援するためのアプローチであり，当の個人や家族の，危機への対処とその克服を支援するうえで有効である。つまり，そうした支援がないため危機が長引き，さらには精神障害に罹るリスクも増大するとすれば，こうした危機への早期介入は，精神障害の発生予防に寄与するところが小さくない。この場合，危機状況に対し介入が早期かつ有効になされるかどうかは，日常的な生活環境としてのコミュニティの内部に，住民によるケアのネットワークが存在し，かつ有効に機能しているかどうかによるであろう。

もうひとつ，この分野における特異な活動として，精神保健関連のホットラインがある。とくに，ボランティア運動に基盤をおく「いのちの電話」の活動は，わが国における危機介入ホットラインの嚆矢であり，1971年に発足した「東京いのちの電話」をはじめ，2008年現在51局の「いのちの電話」で構成された，全国的ネットワークである（106ページ，図10-1参照）。

ただし，ここでいう「ケア」とは，本来的に「相互ケア」の含みをもっている。つまり，コミュニティの構成員たちは，潜在的には誰もが「ケアの提供者」であると同時に「ケアの受け手」でもあるという互恵的関係を生きているわけである。

(2) 社会福祉の分野

社会福祉の分野で今日もっとも脚光を浴びているのは，高齢者福祉と障害者福祉におけるコミュニティ・ケアである。とくに，急速な人口の高齢化と都市化，核家族化等の進展する中で1970年代後半に登場してきた地域福祉論は，「コミュニティ・ケア」と，それを可能にする「コミュニティの組織化」（コミュニティ・オーガナイゼイション）とを主柱とする社会福祉の革新的アイディアにほかならない。

すなわち，福祉ニーズが多様化し，福祉サービスを求める人びとも特定の人だけに限定できないほど，広く地域社会全体に分布するといった未来の社会状況の下では，従来のような施設中心型の処遇ではもはや対応しきれないことは自明であろう。一方，家族の福祉機能（のみならず，看護力や教育力なども）も，核家族化のもとで弱体化するばかりである。

そこで，こうした個人や家族，地域社会等の状況から生じる新たな福祉課題

に立ち向うためには，まず地域住民の連帯が必要であり，さらに地域の再組織化によって，衰弱した家族の福祉・教育機能を代替し，補完することが不可欠であるとするのが地域福祉論の主張である。この場合，コミュニティを構成する全住民は，福祉の主体であると同時に客体でもあるといった自覚が要求される。「共に生きる」社会とは，そういう内実を備えた，人と人との関わりにほかならない。

たとえば，二世代家族のなかの高齢者や核家族のなかの高齢者の福祉ニーズについて考えてみよう。いわゆる在宅福祉サービスの充実には，公的な福祉サービス（公助）と家族の力（自助）だけでは到底対処しきれないほどの福祉課題に直面させられることが多い。このような場合，地域住民のなかに潜在する福祉供給力を取り出し，これを福祉ニーズに適正な仕方で橋渡ししたり，あるいは両者をコーディネートすることで，互助の体制を確立できれば，痒いところに手の届くようなサービスも夢ではなくなるはずである。

平成2年の社会福祉事業法の改正では，いわゆるノーマライゼイションや在宅福祉，地域福祉等を今後の社会福祉の基本とすることが明示されている。すなわち，同法第3条（基本理念）では，国や地方公共団体，社会福祉法人等は，「福祉サービスを必要とする者が，（中略）社会，経済，文化その他あらゆる分野の活動に参加する機会を与えられるとともに，その環境，年齢及び心身の状況に応じ，地域において必要な福祉サービスを総合的に提供されるように（中略）努めなければならない」と規定し，また同法第3条の2（地域等への配慮）では，「(国等は) 社会福祉事業その他の社会福祉を目的とする事業を実施するに当たっては，医療，保健その他関連施策との有機的な連携を図り，地域に即した創意と工夫をおこない，及び地域住民等の理解と協力を得るよう努めなければならない」と規定している。

過疎化した地域に生活する高齢者核家族や「独居老人」などは，多くの場合，住み慣れた土地での生活を持続し，さらにはそこで生涯を全うすることを心から望んでいる。しかし，子どもたちが遠隔の都市で生活しているため，介助や介護を必要とするような事態になると，早晩その土地を離れざるをえない。こうした場合，もし地域内に社会的支援システムが確立されていて，必要なケアが受けられれば，各人は自分の残存機能を活用して，さらに家郷での生活を享受することができる。このごろ，独居老人同士が同居し，互いに助けあいながら生活するといった自然発生的な自助システムの試みも，われわれの身辺で仄聞されている。

もうひとつは「障害児をもつ親の会」の例である。一般に障害児をもつ親，

家族の悩みやストレスは量りしれないものがある。しかし，そうした悩みやストレスも，同じ状況にある家族や親たちが集まり，専門家や地域ボランティアの支援を受けながら，その苦悩を分かち合い，あるいは問題対処の知恵を習得することなどができれば，著しく軽減されるであろう。このような場合，えてして障害児の治療や訓練等に狙いを限定し過ぎると，会の意義に疑問が生じ，ひいては会の運営にも支障をきたすことがある。むしろ，もう1つの目標，すなわち障害児の「親」に対する精神的な支えとして，その会がどれだけ役立っているかを考えておく必要があろう。障害児の親の会は，障害の改善のためであるとともに，その親たちへの社会的支援のシステムでもあるという認識が不可欠である。

(3) 保育・社会化支援の分野

　子どもの心身両面の健全な成長発達にきわめて重要な意味をもつ保育としつけは，社会が家族に期待している中核的機能のひとつである。ところが，一般には，近年こうした家族の社会化機能が，核家族化のせいで著しく衰弱したと言われている。しかし，こうした家族機能の衰弱には，もうひとつの要因，つまり社会の流動化と都市化にともなう地域コミュニティの解体も大きく絡んでいることを見逃してはならない。言うなれば，核家族でなくても，地域に根をはっていない家族は，いつの時代でも機能を十分発揮できなかったのである。

　したがって，こうした核家族の弱点も，地域の組織化を通じて根本的に解決できるはずである。しかし，この場合，過去の「地域共同体」と全く同じものを復活させることを意味してはいない。いわば，かつての「地域共同体」と「機能的に等価なもの」，すなわち，ケア・ネットワークあるいは近隣コミュニティの再生が，目下の緊急課題である。

　こうした方面の興味ぶかい実践例のひとつとして，ある地域保育の試みが，藤原房子（『仲間づくり，近所づき合い』(1983)）によって報告されている。この場合，出発は，子どもは家庭の中や幼稚園・保育所の中だけでなく，地域の大人たちに見守られながら伸び伸びと育つのが望ましいのではないかという，ある母親の素朴な疑問から始まるのである。しかし，彼女は同時に，今日の社会状況下では，このような好ましい子育て環境を期待することなど到底無理だということも十分承知していたのである。ところが彼女は，たまたま得意としていた手袋人形劇を，自分の子どもと近所の子どもに実演して見せた。それがきっかけで地域の他の母親たちとも一緒に手袋人形の作成や手袋人形劇団の結成にいたる。こうした活動を通じて，いつしか幾人かの母親たちの間で保育

の持ち回りをすることができるようになるのである。また，いざという時には，親も子もこうした家庭に駆け込むことができる。「セカンド・ママ」とは，これらの家庭の主婦をいうわけで，必要に応じて親の役割を交替しあったり補完しあったりするからである。

　彼女らは，こうした活動によって，これまで家庭と幼稚園・保育所しか安全で伸び伸びと育つ場のなかった子どもたちに，「母親たちの交流の広場」という第三の自由な生活空間を提供したわけである。当然のことながら，こうした「コミュニティ」は，育児や保育以外の，たとえば一般的な経験交流や相互啓発などにも，広範な役割を果たすことはいうまでもない。

4　コミュニティ・ケアの効用と限界

　以上見てきたように，コミュニティ・ケアの最前線は，おもにボランティアや地域住民などの，いわば医療や福祉，教育などの分野の「専門家でない人びと」によって担われることが多い。このような事情は，コミュニティ・ケアの効用と限界を必然的に生み出すといってよいだろう。

　まずコミュニティ・ケアの効用のひとつは，必ずしも顕在的とは言い難い地域住民の多様な支援ニーズに敏感に反応し，かつ，きめ細かな適時の介入を可能にする点を挙げることである。このことは，個人の危機やストレス，家族の機能不全等のもたらすリスクを早期に軽減し，心身の障害の発生やその慢性化，家族病理の進行と家族崩壊などを予防するとともに，施設から地域社会への復帰をも促進する上で，きわめて有効である。

　一方，コミュニティ・ケアに限界があるとすれば，一般に非専門家であるボランティアや地域住民のもたらす「副作用」である。時には，このことは，ケアの継続性・一貫性のなさといった致命的な問題も発生させかねない。精神障害者のような，いわばケアの供給者に大きな負担がかかる場合に，特に著しい。相手の激しい情動に巻き込まれたり，あるいは，逆に相手に対する自分の逆転移に気づかなかった場合などは，双方とも大きく傷つく可能性がある。

　そこで，コミュニティ・ケアを有効ならしめ，あるいは，そうした「副作用」を軽減させるには，専門家とコミュニティ・ケアの供給者との間の相互協力や，専門的なサービス機関相互の間の緊密な連携が不可欠である。先にも述べたように，施設ケアとコミュニティ・ケアとは，連続性と一貫性をもつことによって初めて効果的となるからである。

第5章 地域メンタルヘルス

　地域社会は，個々人や家族をとりまく最も身近な生活環境である。したがって，地域社会が日々の健康や福祉，安全・安心に及ぼす影響もきわめて大きいものがある。

　しかし，その影響が，プラスの面だけでないことも注目しておきたい。たとえば，まず地域の環境汚染がもたらす生物への影響などがそれである。また，現代の流動化社会はコミュニティの解体を招いているが，こうした状況が，地域の犯罪抑止力を弱めたり，個人や家族の，生活上の諸問題（ライフ・イベント）への解決能力を衰弱させていることなども，その好例である。地域を，健康や福祉，安全・安心に寄与するものとして再生するためには，それなりの計画的な努力が必要となる。

　「地域メンタルヘルス」の目的は，行政を促し，住民の自発的な活動参加を調達しながら，住み心地のよい地域（まち）づくりを進め，すべての人に健康で文化的かつ幸福な生活ができるよう，組織的なサービスを提供することにある。

1　地域メンタルヘルスの誕生とその定義

　「地域メンタルヘルス」（community mental health）は「地域精神医学」（community psychiatry）ともいうが，ここではキャプラン（Caplan, 1961, 邦訳, 1968）の定義を紹介しておこう。彼は「地域メンタルヘルス」を，地域（コミュニティ）のなかの，すべての人々のメンタルヘルスを向上させ，当の地域内での精神障害の発病率を減らすためのサービスである，と述べている。この定義の前半は，メンタルヘルスの諸問題や危機に対する地域住民の対処能力（積極的な精神健康）の向上に，また後半は地域的広がりでの総合的な精神障害の予防対策に関連させている。

　さて「地域」または「地域社会」の原語は，英語の 'community' である。この用語は，社会学者マッキーヴァー（MacIver, 1931）が 'association' の対置概

念として提案した社会学の用語である。マッキーヴァーは,「コミュニティ」であるかどうかを判定する基本的指標として「地域性」(locality) と「共同体感情」(community sentiment) を挙げている。すなわち「地域性」とは,人々がともに住みともに属することによって生じる,他地域との差異や社会的特徴(個性)のことであり,また「共同体感情」とは,そこに住む人々の内面に生じる人間生活全般にわたっての共通の関心や所属感情をいう。

しかし今日,「コミュニティ」について一義的な用法が確立しているとは言い難い。理念としてならともかく,特定の社会集団が「コミュニティ」であるかどうかを判定する段になると難しい問題が生じてくる。とくに,近年の産業化,都市化のもとでは,「コミュニティ」の属性のひとつである共同体感情が薄れ,結果的に「コミュニティの解体」が進んでいる。このような社会でマッキーヴァー流の定義をそのまま適用すると,現代のわが国には「コミュニティ」がほとんど存在しないという結論にもなりかねない。地域メンタルヘルスにとって「コミュニティ」は鍵概念であるから,これでは戦略が立たないことになる。

では,コミュニティを「機能的に代替するもの」はないのだろうか。幸いにして,交通通信技術の飛躍的な発達は近隣地域という地理学的範域を越えて人々の接触と手つなぎを可能にしている。また,学校や職場などの社会組織は,マッキーヴァー流にいえば「アソシエーション」であるが,これらがかつての地域共同体に代って,人々の日常生活全般に重要な役割と機能を果すようになっている。このことは,近年の都市部の冠婚葬祭が「地域」の人々よりも「職場」の人々によって支えられていることからも容易に分かるだろう。そこで,わが国で地域メンタルヘルスのための戦略的な標的システムに,いわゆる古典的なコミュニティの他に,こうした学校や職場,ネットワークなどを充ててみてはどうかと考えている。

なお,アメリカの「地域メンタルヘルスセンター法」(Community Mental Health Center Act, 1963) では,1つのセンターがサービスの対象とする人口は,原則として約7万5千人から20万人の間とされている。これによって,アメリカ合衆国でいう「コミュニティ」の大きさがおおよそ見当がつくだろう。

さて,こうした予防対策を有効に展開するには,メンタルヘルスの専門家は,まず地域のなかの一般開業医や法律家,経営管理者,教師,警察官,僧侶や牧師などの「キーパーソン」に,コンサルテーションの技法を通じて働きかける。この「メンタルヘルス・コンサルテーション」(mental health consultation) は,コンサルタントである専門家とコンサルティである「キーパーソン」との間で

おこなわれるもので，その目的は，地域のキーパーソンが身近なメンタルヘルスの問題に対していっそう効果的に対処できるよう彼らの技能を高め，支援を送ることにある。

また第二の戦略としては，地域にある関連諸施設（病院，メンタルヘルス・サービス機関，企業組織，学校，ならびに人的資源など）をうまく組織し，予防対策のためのネットワークをつくることである。これは，「コミュニティ・オーガナイゼーション」と呼ばれる対策である。

以上に述べたことからも分かるように，地域メンタルヘルスにおける「コンサルテーション」の役割はきわめて大きい。そこで，これについてもう少し詳しく述べてみたい。

まず英語辞書には，「コンサルテーション」に対して，相談や協議，諮問，診察などの意味が付与されている。しかし，キャプラン（1970）の定義は，この言葉をきわめて限定的な意味で用いている。すなわち，コンサルテーションとは，2人の専門職（professional persons）の間でおこなわれる一定の相互作用の過程を記述することばであり，一方は専門家（specialist）としてのコンサルタント，もう一方はコンサルティとよばれる。この場合，コンサルティとは仕事上の問題（たとえば，クライエントの取扱い方やクライエントのためのプログラムづくりとその実施など）に困難をおぼえ，その領域の専門家の援助を切望している人をいう。

キャプランの定義では，コンサルティも一方の専門職であるから，コンサルタントとコンサルティとの関係は対等であり，したがってコンサルタントから与えられる助言の採否は，コンサルティの自由意志と責任にまかされている。そのため，仮にコンサルティの課題を取上げる場合でも，コンサルタントはコンサルティの防衛機制を最大限に尊重し，本人の内的葛藤の分析やパーソナリティの変容などを目指さないのが普通である。なお，具体的な実践例やわが国での適用上の留意点については，山本による初期の考察（山本，1967, 1979）が参考になる。

2 地域メンタルヘルスの特色

さて，地域メンタルヘルスの主な特色を要約すると，次のとおりである。

(1) 患者や特定個人よりも，地域の「すべての人々」（population）に目を向

ける。
(2) 精神障害を一個人や一家族の私的問題としてではなく，地域全体の問題または「社会病」としてとらえ，各種専門家のチームワークの下で「総合的な地域ケア」(comprehensive community care) をおこなうことを重視する。
(3) 入院中心の考え方ではなく，できれば入院させないで，地域でケアしていこうとする（したがって，外来通院治療や訪問指導などを重視する）。
(4) 医師中心（doctor-centered）ではなく，地域中心（community-centered）の考え方に立って活動する。
(5) 精神障害者の治療の中断を防ぎ，ケアの連続性を強調する。
(6) 社会復帰による精神障害者のリハビリテーション（さらには人間回復）を治療の究極の目標として設定し，予防・治療・後保護を一貫して総合的にケアする。

ところで，地域メンタルヘルスの起源と歩みについても，少しだけ述べておきたい。地域メンタルヘルスの先駆的な実践は，ハーバード大学公衆衛生学部のリンデマン教授が1948年にボストン市の郊外ウエルズレーで，町民全体を対象とするメンタルヘルス相談のサービスを開始したことに始まる。彼は，精神障害の問題を社会心理学的ならびに精神分析学的な視点からとらえ，地域住民が日常生活のなかで直面する諸々の人生危機（crisis）の内容や，それへの対処方法などを調べ，地域メンタルヘルスのサービスに適用した。この町は，当時約2万7千人余りの人口があり，そこに「人間関係サービス」（HRS）の機関を設け，住民のメンタルヘルスに関するニーズに応えつつ，予防対策をおしすすめた。この場合，精神科医などのメンタルヘルスの専門家は，住民個々の精神健康の問題に直接かかわるという方式をとらず，主に地域在住の他の分野の専門家に対してコンサルテーションをおこなった。このやり方は，その後の地域メンタルヘルス活動（とくに，少数の専門家と地域の全住民との関わり方）の基本モデルとなっている。

その後数十年にわたり，この革新的なアプローチはアメリカ全土に普及，浸透していったが，そうした動きが国家の立法・行政レベルでのバックアップを得ていることも忘れてはならない。そのひとつが先述した画期的な「地域メンタルヘルスセンター法」の制定（1963）である。それは，同年2月5日におこなわれたJ. F. ケネディ大統領の「精神病と精神薄弱に関する合衆国大統領の教書」すなわち「精神障害者を保護するため，連邦，州，地方のどのレベルの

政府も，民間団体も，各市民も，すべてこの領域での責任に立ち向かわねばならない」という呼びかけに応えて，合衆国議会が制定したものである。こうした大統領教書やそれに基づく立法の趣旨は，メンタルヘルスの問題を地域で解決してゆこうとすることにあり，そのための組織的な計画は連邦政府によって指導・管理され，一部融資を受けて，州・地方政府・私的機関がこれを実施するというものである。アメリカの地域メンタルヘルスの発展を理論と方法の両面で支えたのが，1960年代に相次いで出版されたキャプランの三部作（1961, 1964, 1970）であろう。

　こうした革新的な地域メンタルヘルスは，メンタルヘルスの専門家の役割にも大きな変化をもたらした。そのひとつは，顕在的ケースだけでなく，まだクリニックの窓口を訪れていない，またはこちらから働きかけないかぎり治療や広い意味でのケアの対象となることのないような潜在的ケースに対しても，メンタルヘルスの専門家が目を向けるようになったことである。したがって，彼らの活動の場は，病院やクリニックの内部から外部社会へと大きく開かれることになり，同時にそうした外部社会に働きかけるための新応用社会心理学の構築や人材の育成が要求されるようになった。コミュニティ心理学は，そうした社会的ニーズに応えるべく誕生したものである。

3　予防メンタルヘルスのアプローチ

　精神障害の原因については，かねてから遺伝や素質に重きをおく論説が支配的であったため，「精神障害を予防する」ということには考えが及ばなかったきらいがある。したがって，これまでのメンタルヘルス対策では，せいぜい早期診断や早期治療に重点をおくか，あるいは統合失調症などについては，病院に隔離，収容するのみでほとんど効果的な対策も講じえなかったというのが実状である。それだけに，キャプランが『予防精神医学』（1964, 邦訳, 1970）を公刊し，精神障害の予防に関する理論体系とその実践的なプログラムを展開したことは，まことに画期的なことといわねばならない。

　彼は，予防精神保健のアプローチを，第一次予防，第二次予防，第三次予防の三位一体の総合的対策として提起している。

（1）第一次予防（primary prevention）
　これは，コミュニティ内における精神障害の「発病率」を減らす対策である。

そのため，広く地域住民の上にはたらく有害な環境因子を除去する活動を含んでいる。この場合，「特定個人の発病」を予防することよりも，地域全体の「発病率」を下げることに主眼がおかれている（いわゆる「住民全体に焦点をあわせた対策」である）。したがって，第一次予防の具体的なプログラムには，行政と民間の広範なコラボレーションが含まれることになる。

　第一は，地域住民のメンタルヘルスの保持・増進にとって基本的に必要な「物質の供給」である。これには，妊婦の健康管理（ビールス性疾患の予防，有害物質摂取ならびに薬物服用の規制など），乳幼児の健康管理（フェニルケトン尿症の早期スクリーニング，有害物質〔たとえば，鉛や有機水銀など〕の体内侵入の防止，栄養やビタミンなどの十分な供給），貧困に伴う物質面の欠乏（衣食住，感覚刺激，レクリエーション，などの不足）の補充，などがふくまれている。こうした活動は，今日問題となっている公害対策や地域（まち）づくり，母子保健サービスなどと不可分の関係にある。

　第二は，「心理・社会的な供給」と呼ばれるサービスである。これは，主として家族関係が十全に機能するよう，その安全と安心の確保を目ざすもので，次のような対策がふくまれる。家族の住む地域内での父親の就業を保障すること，乳幼児をもつ母親のための雇用規則を整備すること，母親の病気・入院や死亡に伴う母子分離や母性愛剥奪に対する適切な対策を講じることなどが，それである。

　たとえば，イギリスではボウルビー（Bowlby, 1973）などの研究成果に立って乳幼児の入院中は母親が毎日病院を訪ねるとか，病室に一緒につきそって看護を手伝うとか，さらには自宅で療養させるなどのことが奨励されるようになったとか，あるいはまた「家なき子」のために「家庭づくりサービス」が実施されているとか，夫婦間の葛藤を早期に調停し家族病理や離婚を予防するなど。近年わが国で言われている「エンゼルプラン」なども，この分野に関わるものであろうか。

　第三は「社会文化的な供給」と呼ばれるサービスである。これは，特殊なリスクを負う人々（例：停年直前の人々や災害地域の人々）に焦点をあわせた予防サービスをおこなうことである。産業化の進んだ社会では，早すぎる停年退職のために高齢者は無気力で依存的となり，それが老化をさらに速める場合がある。一方，社会的な孤立は，老人性の精神障害の引き金ともなりかねない。また，働く青少年層にとっても，今日の技術革新の波は大きなストレス源となっている。海外勤務者や帰国子女，外国人留学生などの日本社会への再適応も，今日的な課題である。

こうした課題を解決するには，まず地方自治体や国レベルの立法・行政機関のリーダーたちに働きかけ，彼らの認識と意思決定が国民の精神的健康の促進や精神障害者の福祉向上にどのように影響するかを熟知させ，適切な行政管理的対策の樹立を促す必要があろう。

　こうした第一次予防の構想は，エリクソン（Erikson, 1950, 1959）やリンデマン（Lindemann, 1944）の危機理論（crisis theory）に負うところが大きい。彼らによれば，危機（crisis）とは，人が重要な目標に向かおうとして障害に直面し，それを習慣的な問題解決の方法で克服できないような場合に生じる心理状態を言う。

　エリクソン（1959）によれば，それは，さらに2つのタイプに分けられる。第一は「発達的危機」であり，人格発達の1つの発達段階から次の発達段階へと移行する時期に生じるもので，未分化な行動あるいは認識と感情の混乱がみられる一時的な心理状態をいう。思春期の危機，中年期の危機，老年期の危機などがそれである。こうした「発達的危機」が健全な仕方で克服されれば，人格は成長をとげることができる。

　第二は「偶発的危機」として括られるものである。このタイプの危機は，「重要な対象」（基本的必要物）の喪失とか，その恐れによって誘発される心理的・行動的混乱の一時期をいう。愛する者との離別や死別，失業，社会移動，結婚，災害事故，病気，外科手術などの出来事に直面した人々に往々にして起こる。言うまでもなく，こうした危機を完全に回避することなど，できない相談である。しかし，それが個人や家族に及ぼす深刻な衝撃を軽減するとか，問題の解決をより健全な方向に向かわせることは，あながち夢ではない。

　一般的に言って，予防メンタルヘルスのアプローチは，こうした危機状況にある個人や家族などに，メンタルヘルスの専門機関や専門家の側から直接的・間接的に働きかけ，必要なケアと援助を持続的におこなうこと（「危機介入」crisis interventions）によって，精神的健康の保持と精神的・行動的障害の発生予防に寄与できると主張する。この危機介入の方法やメンタルヘルス・コンサルテーションの技法は，地域メンタルヘルス・サービスの「戦略的道具」の一つと言ってよい。

　なお，日本いのちの電話連盟に加盟する各地の「いのちの電話」などが，一般ボランティアとメンタルヘルス専門家の協力のもと，危機介入や自殺予防，子育て相談などに取り組んでいるのも，この部類の活動である。

(2) 第二次予防 (secondary prevention)

　精神障害の早期診断・早期治療を通じて，患者の病気の期間を短くし，当該地域の「有病率」を引き下げようとする活動である。

　まず，「早期診断」の実施である。それには，診断テストの改良，診断施設と社会との間の物理的・心理的距離の短縮（たとえば，総合病院の一般外来窓口や救急窓口，「人間関係研究所」などで受診希望者を受け付けるなど），精神障害の初期の特徴や早期診断の意義についての啓発などがふくまれる。また，総合的なスクリーニングの実施も必要である。スクリーニング（screening）とは，メンタルヘルスの機関や専門家の方から地域に出かけ，人々の精神機能を測定・評価し，危機に直面しているもの，精神障害のリスクの高いものをふるいわけること（選別）を意味しており，そのための道具としてはインベントリー形式や投影法形式の心理テストがある。また，地域にある諸機関や「キーパーソン」（例：民生委員・児童委員など）のネットワークも有効な窓口となる。とくに学校や企業組織は，集団的な啓発と効果的なスクリーニングの実施に適している。

　次は，「早期治療」である。これができれば，症状の悪化や病気の固定化を防ぎ，入院しても早期に退院することができる。外来通院治療や在宅指導がしやすくなるので，患者のホスピタリズム（いわゆる「病院ぼけ」）を防ぎ，リハビリテーションを促進することができる。また入院期間が短縮されるので，家族の経済的負担や，家庭や地域，職場などがこうむる機能的欠損も緩和できる。

　しかし，こうした「早期診断 → 早期治療」を可能にするための効果的なスクリーニングには，地域住民の理解と協力が不可欠である。一方，早期退院にしても，地域住民の理解や受け入れ体制，リハビリテーションの支援体制などが整っていなければ，退院後また再入院ということになりかねない。

(3) 第三次予防 (tertiary prevention)

　精神障害がもたらすコミュニティの機能的欠損を軽減することを目ざした総合対策を第三次予防という。換言すれば，病気の期間を短くして，早く社会に復帰させることである。しかし，精神障害者やその回復者のリハビリテーションを妨げる社会的要因も少なくない。

　これを，わが国の現状でみてみると，精神障害者に対する社会の側の偏見・差別，法律による基本的人権の制限（就業禁止，措置入院などには，社会防衛的ニュアンスが強いといわれる），入院に付随する患者自身のホスピタリズム

と体力低下(あるいは,無為からくる肥満)による社会復帰へのしりごみと恐れ,低い医療費からくる薬物投与偏重の治療(いわゆる「薬づけ」)と,その反面における作業療法や生活指導などの不徹底,家族の貧困化や引取り体制の不備などがあげられる。

こうした阻害要因をとり除き,リハビリテーションを促すには,次のことを認識することが必要である。

第一は,リハビリテーションの計画を,診断の時点で組み込んでおくことである。また,すべての治療は,患者の人間回復を究極の目標とすることを確認することである。

第二は,精神障害(者)に関する正しい知識を広め,精神障害(者)への偏見と差別意識を除去することである。

第三は,患者と地域(あるいは職場)との間の交流を絶えず維持できるようにすることである。入院中でも外泊や友人たちとの接触が容易にできるよう,配慮することである。

第四は,入院にともなう二次的な反応性障害としてのホスピタリズムを回避することである。それは,精神病院を真の「治療的コミュニティ」として組織するとか,さらには病棟相互間,あるいは病院と外部社会との間をオープンにすること(開放システム)によって可能となる。

第五は,病院と家族や地域との間を橋渡しする中間施設を設けることである。昼間病院(デイホスピタル)・夜間病院(ナイトホスピタル)・中間宿舎(ハーフウエイ・ハウス)などがそれで,病院という保護的環境から現実の社会環境への再適応を段階的に進めることである。

第六に,職業訓練のサービスがある。病院生活から職場生活への橋渡しをするもので,患者の潜在能力を正しく評価し,地域のニーズと関連させつつ職業生活へのリハビリテーションを促すのが目的である。ふつう,保護された仕事場(例,保護工場)で,退院患者に理解のある職長の監督のもとに就業の機会をもたせる。さらに進めば,メンタルヘルスの専門家による継続的ケアを条件として地域内の会社に退院患者の就職をあっせんし,その受け入れを促進することもある。

こうした第三次予防のプログラムには,メンタルヘルスの専門機関やそれに従事する各種専門家のチームワークが必要なことはいうまでもないが,さらに法規上の整備や財政的裏づけ,地域社会のリーダーならびに一般市民の理解と協力の調達,計画的なマンパワー養成とその組織化,地域の計画的な変革などを通じて,総合的な地域ケアの体制を確立することが不可欠である。なお,こ

うした課題に関する実践的な研究もまたコミュニティ心理学の中心テーマである。

4 わが国における地域メンタルヘルスの展開

　わが国では，1963年3月25日に，千葉県銚子市議会が「精神衛生都市宣言」をおこなったが，これは地方自治体レベルでの地域実験として画期的な試みである。その内容は，おおよそ次のとおりである。すなわち，国民生活のレベルの向上にもかかわらず，その恩恵はすべての人におよんでいるとはいえず，とくに精神障害者に対しては十分な対策がなされていない。この現状に鑑み，現代医学と社会科学の総力を結集し，全市民の協力のもとに，精神障害問題の解決と精神保健の確立を期したい，と。そして，地域活動の推進母体として，市民の代表者で構成される「精神衛生対策協議会」（会長は市長，副会長は市議会議長と市医師会長）を設置した。

　こうした地方自治体の動きと相まって，1966年には，雑誌『精神医学』が「地域精神医学」の特集を，また1967年には精神医学懇話会が「日本における地域精神医学」のテーマでシンポジウムをおこなっている。また，この年に日本地域精神医学会が創立総会を開き，機関誌『地域精神医学』を創刊している。一方，日本心理学会でも，1969年第32回大会で「コミュニティ心理学の諸問題」というテーマのもとにシンポジウムをおこなっている。その間，キャプランのいわゆる三部作のうち『地域社会精神衛生の理論と実際』と『予防精神医学』が邦訳されたり，懸田・加藤（編著）『社会精神医学』（1970）や江副（監修）『精神科リハビリテーション』（1971）が相ついで公刊された。

　こうした動きと関連して，1975年には九州大学で「第1回コミュニティ心理学シンポジウム」が開催され，関連図書の出版がなされてきた。1997年で，シンポジウムは23回を数えたが，同時に機関誌『コミュニティ心理学研究』も創刊された。

　一方，国政レベルの動向を見ておこう。日本国憲法（1946年公布）の理念にもとづいて1950年に精神衛生法が制定されたが，1960年代後半に入り，向精神薬や精神医学の進歩にともない，精神医療の視点も従来の入院治療中心型から外来治療中心型へとシフトしていく。ついで，1965年の精神衛生法の一部改正により，わが国では「地域メンタルヘルス」が初めて法律的に認知されるに至った。さらに，1988年には，この精神衛生法がさらに改正され，名実と

もに地域メンタルヘルス法としての「精神保健法」が成立したのである。

　この精神保健法の特色を，その前の精神衛生法と対比して述べると，次のとおりである。すなわち，新しい精神保健法では「この法律は，精神障害者等の医療及び保護をおこない，<u>その社会復帰を促進し</u>，並びにその発生の予防その他国民の精神的健康の保持及び増進に努めることによって，<u>精神障害者等の福祉の増進</u>及び国民の精神的健康の向上を図ることを目的とする」としている。下線部分は，精神衛生法にはない新たな文言である。

　これによると，「(精神障害者等の)社会復帰の促進」と「その福祉の増進」が新たに付加されていることが分かる。また，その目的実現のために，中間施設やサービスの強化，精神保健に関する相談業務（都道府県精神保健福祉センターの業務）などを新たに規定している。なおこの法律では，これまで一般的だった「精神衛生」の用語がすべて「精神保健」に改められている。

　精神保健法は，さらに1995年に「精神保健及び精神障害者に関する法律」（いわゆる精神保健福祉法）に改正された。この改正では，目的に「自立と社会経済的活動への参加の促進のために必要な援助をおこない，並びにその発生予防その他国民の精神的健康の保持及び増進に努める」ことが追加されている。この精神保健福祉法改正の今日的な社会背景には，福祉改革の中で，次のような障害者福祉の大きな変化があることを見逃すことはできない。すなわち1981年の国連の「国際障害者年」以来，障害者の「完全参加と平等」が主要な理念となり，その実現が重要な課題になってきた事実がある。

　日本においても，障害者基本法で「障害者とは，身体障害，精神薄弱又は精神障害があるため，長期にわたり日常生活又は社会生活に相当制限を受ける者をいう」と定義されて，従来保健医療の対象とされていた精神障害が福祉の課題として認識され，同法の基本理念では「すべて障害者は，社会を構成する一員として社会，経済，文化その他のあらゆる分野の活動に参加する機会を与えられるものとする。」とされている。

　高齢社会に備えて，「ゴールドプラン」および介護保険法が策定され，その実現に各地方自治体は取り組んでいるところであるが，障害者問題についても障害者基本法によって，国の障害者基本計画を作ることが義務づけられ，具体的には障害者プランが策定されている。都道府県，市町村においては障害者基本計画策定は努力義務とされているが，一部の市町村では意欲的な取り組みが進んでいる。国の定めた「障害者プラン」のなかに示している2つの理念，ライフステージのすべての段階において全人的復権を助けるリハビリテーション，障害者が障害のない者と同等に生活し活動する社会を目指す「ノーマライゼー

ション」は，まさに地域メンタルヘルスの実践理念と相通じるものと言える。

　今や21世紀，人口の高齢化は急速に進んでいる。これからは，心身に障害を有する者がさらに増えることだろう。地域メンタルヘルスの経験は，これからの地域医療や地域保健，地域福祉などを含めた総合的な地域ケアの創出にとって，先駆的な一里塚となるであろう。

第6章 第一次予防としての「児童の健全育成」

　人生のあらゆる時期を通じて，家族の人間関係や家庭環境は個人の心の健康にきわめて大きな影響力をもっている。とりわけ，人格の基礎がつくられる乳児期や幼児期においては決定的である。
　ここでは，心の発達（人格形成）と乳・幼児期の親子関係や家庭環境を考察し，予防的な精神保健対策について考えてみたい。

1　「乳・幼児期」とは

　乳・幼児期は，個人の一生における最初の数年間にすぎない。しかし，それが個人の生涯にしめる意義は，いかに強調してもしすぎることはない。
　いま仮に，人間の心（人格）を高層ビルにたとえてみると，この「乳・幼児期」は基礎工事の段階にあたる。やがてその上に築かれる建造物を基底から支え，それに狂いを生じさせないためには，この「基礎工事」をゆるがせにしてはならない。そのうえ，途中で手直しというわけにゆかないのも，両者はきわめてよく似ている。「乳・幼児期」によい親子関係や家庭環境にめぐまれるということは，生涯にわたる幸福へのパスポートを入手するに等しいといわれる理由もそこにある。
　こうしたライフサイクルの最初の数年間を，精神分析学者のエリクソンは次の3つの段階に分けている。すなわち，「乳児期」「幼児期」「遊びの時期」がそれである。以下では，それぞれの段階についてやや詳しく述べてみよう。

(1) 第1段階：「乳児期」（誕生から1歳半ころまで）
　誕生直後からひとり歩きができるまでのこの時期は，人という種は社会的に最も無力な存在である。この点，同じ哺乳類仲間とは大きく異なっている。たとえば，チンパンジーなどの子どもが出生直後にかなりな生活能力を備えているのと比べてみるがよい。つまり人間は，もともと自己の生存にとって必要か

つ十分なる諸能力を備えることなく，この世に生を享けるわけである。こうした人間の事情を，「生理的な早産」と呼んだ学者がいる。

そういうわけで，この時期の人間は，他者の愛情と保護なしには，基本的欲求を何ひとつ充たすことができない。あるいは，特定の他者（たとえば，親や保育者）への依存関係それ自体が生存にとって不可欠の要件である，といってもよい。まさに，絶対的な依存状態にほかならない。

乳児期の初期は空腹や不快などを叫びや泣き声で訴える。というより，この段階では，そうした叫びや泣き声はコミュニケーション以前のもの，いわば「単なる反応」にすぎない。こうした無意図的の単純な反応を，「コミュニケーション」（意思の伝達）として受けとるかどうかは，あくまでも「受け手」としての身近な大人たち（とりわけ親）の側の感受能力や共感性のいかんによる。つまり乳児は，もともと自分の欲求を泣き方によってコミュニケートしているわけではないからだ。大人（親）の側の共感能力が，それを識別し，それに応答しているだけなのだ。

こうした特定の大人（親または保育者）の適切な愛護（ケア）の下で，基本的欲求の充足が保障されるという関係が確立すると，乳児はその人（親）に対する愛着を身につけ，ひいては自己ならびに社会（世界）に対する「基本的信頼感」を自らのものとすることができる。これとは逆に，こうした大人（親または保育者）の愛護にめぐまれず，身体的・精神的満足を十分に味わえないような事情のもとで育つと，子どもはこの基本的信頼感を身につけることができないことになる。

エリクソンは，こうした基本的信頼感を，人間がこの時期に獲得すべき重要な発達課題であると述べ，子どもを精神的に成長させるもの，新しい経験を喜んで受けいれるよう促す働きをもつものであると述べ，さらに，あいまいさを含む未来に対しても「希望」をもって生きようとする「人間の強さ」の源泉となる，としている。

(2) 第2段階：「幼児期」（1歳半から3，4歳ころまで）

1歳を過ぎると，子どもは，運動や言語などの能力が飛躍的に向上する。母親への依存はいぜんとして色濃く残ってはいるものの，自律性や独立性を確かめようとする試みも活発になる。これは，自己の行動が「自分のものであること」を子ども自身が発見しはじめることと関連があると言われる。この時期はまた，排便や安全のしつけの時期にもあたるため，子どもは社会的なルール（親が代弁者として提示する社会的規範）との最初の衝突を引き起こす。そう

した社会的なルールとの相互作用を通じて、子どもは「恥の感情」と自己の力に対する「疑惑」を経験することになる。

いわば、こうした「自律性」と「恥・疑惑」とのバランスによろしきを得れば、この時期の子どもの人格形成は好ましく展開する。つまり、そうした関係を媒介として、彼らは「意志の力」を身につける。また、放任するとか甘やかすなどのために「自律性」があまりに強すぎると、大人になっても「小児的万能感」（衝動的でわがまま・無責任）をもち、逆にあまりに厳格すぎて恥・疑惑が強すぎると「劣等感情」にさいなまれるようになりやすいという。このような傾向は、いずれも子どもの不適応性の原因となるものである。家庭生活における愛と規律のバランスこそ、この時期の子どものしつけ（子どもの側からすれば、「社会化」）にとって最も重要な条件であろう。

(3) 第3段階：「遊びの時期」（3，4歳から5，6歳ころまで）

第2段階までは、「母‐子」の二者関係を軸とした日常的な相互作用が心の発達に中心的な意味をもつが、第3段階になると、子どもの精神世界において、父親を加えた「父‐母‐子」の三者関係が次第に重要性をもち、いっそう顕在化してくる。いわば、この「三角関係」がもたらす愛と憎の力動的過程を通じて、幼児は同性の親への同一視を発達させ、「ごっこ遊び」への熱中を通じて父（男性）または母（女性）の役割を学習することになる。さらにまた、両親によって繰りかえし提示される社会的規範や価値体系は、彼らの人格のなかに徐々に内面化され、「良心」または「超自我」を形成する。これは、生涯にわたって個人の感情や行動を点検し、方向づけをする。

したがって、この発達段階での子どもの人格形成に不可欠な条件の一つは、両親が愛情の絆で結ばれているということであろう。両者の間に過度の継続的なトラブルや葛藤があったりしては、上に述べたような望ましい父‐母‐子のダイナミックな関係が十分に展開しないからである。なお、この時期の後半ごろから、子どもの情緒世界は飛躍的に広がり、同年輩の子どもたちとの集団遊びや、外界への知的関心と学習にもいちじるしい発達がみとめられる。

以上の3つの発達段階を通じて、両親や家族の愛護の下で育つならば、子どもの日々の幸せはもとより、健康な人格の形成の基礎は確立されるはずである。

しかし、そうした望ましい親子関係が、いつも都合よく保障されるとは限らない。それどころか、今日われわれが直面している未曾有の社会変動は、地域からの支援が得られない「核家族」を産み出し、心の健康と人格の健全な発達

にとってまことに由々しい情況を生みだしている。

　乳・幼児期の子どもたちと，それを抱える両親や家族に対する支援サービスが，今日とくに必要とされるゆえんである。

　なお，エリクソンは，第3段階につづいて「学童期」(思春期になるまで)，「青年期」(13歳ごろから25歳ごろまで)，「若い成年の時期」(青年期の終わりごろから)，「成年期」(親となる時期)，「老年期」に分け，合計8つの段階に人生周期を区分しているが，ここでは残りの5つについては省かせていただく。

2　乳・幼児期における心の保健サービス

　前節では，乳・幼児の時期が人生のスタート段階に当たること，そしてこの時期の各発達段階に課せられた「発達課題」をクリアしてゆくことが，その後の人生における心身の健康と社会的な適応にきわめて重要な意味をもつことを述べた。

　そこで大切なのは，乳・幼児期の発達にとっていちばん重要な基本条件を整えることである。それには，物質的条件や心理社会的条件，社会文化的条件があるが，それらの欠乏や欠如はただちに充足される必要がある。つまり，そうした諸条件の欠乏や欠如が放置されると，当の個人にとって取り返しのつかない心の傷手や人格の歪みをもたらすだけでなく，当の家族や地域社会にとっても重大な欠損を意味しているからである。

　したがって，こうした欠乏や欠損を補い，有害な影響力を軽減して精神的不健康の発生を未然に防ぐことが，乳・幼児期の心の健康対策においてとりわけ重要な意味をもってくるのである。「予防的な精神保健」のアプローチは，そうした視点からの精神保健サービスの一環にほかならない。

　さてこの予防精神保健（もしくは予防精神医学）のアプローチは，ハーバード大学のキャプラン教授によれば，従来の臨床医学的な精神保健や精神医学とは対照的に，一般健常者を含めた「住民全体」（ポピュレーション）に焦点をあわせた革新的アプローチであり，第一次予防，第二次予防，第三次予防の3段階に分けられるが，このことについては，第5章でも述べたので，ここでは簡単に振り返るだけにする。

　第一次予防とは，心の健康を阻害したり精神障害を発症させるおそれのある有害な環境因子を除去することにより，当該地域社会での「発病率」を低下さ

せようとする活動である。

また，第二次予防とは，地域社会のなかの精神障害者を早期に診断し，早期に治療することにより，病気の期間を短縮し，当該地域社会の「有病率」をひき下げようとする活動である。こうした活動を通じて，病気の長期化がもたらす地域社会の側の機能的欠損や二次的なストレスを軽減するというのがその狙いである。

最後の第三次予防であるが，これは，精神障害者や回復者たちが，家族・地域・職場にスムーズに復帰できるよう支援するためのプログラムである。これには，障害者本人に焦点を合わせた援助サービス（たとえば生活指導や中間施設の整備など）と，回復者の受け入れ側である家族・地域・職場の側に焦点を合わせた対策（一般住民や家族の，障害者に対する偏見と差別意識や障害者へのいわれなき不安に対する啓発とその軽減のためのプログラムなど）の２つの側面がある。

言うまでもなく，これら３つの領域は相互に補いあいつつ，心の不健康や精神障害の発生を防止し，あるいは回復を促進することをめざしている。

ところでこれらのうち，乳・幼児期の精神保健対策にいちばん関連のあるのは，いうまでもなく第一次予防の領域であろう。すなわち，精神的健康を阻害し，精神障害をひきおこすおそれのある有害な諸因子の除去ということは，個人の生活史において，早ければ早いほどその効果と意義も大きいからである。もちろん，今日の段階で，そうした有害因子がすべて解明されているとはいえないけれど。

しかし，キャプランは，そうした「病因論的知見が完全なものになるまでは第一次予防の対策は不可能だ」とする根強い主張に対して，断固たる反論を加えている。彼によれば，かつて人類は，結核菌やチフス菌と当の病気との因果関係を解明する以前に，経験と知識のみを頼りにして，かなり有効な予防対策を実行してきた歴史をもっており，このことは精神障害の第一次予防についてもあてはまる，と主張する。

次の節では，このキャプランの第一次予防の構想を，もう少しくわしく述べてみよう。

3　心の保健における第一次予防

第一は，人びと（乳幼児に限らず）の精神的健康にとって基本的に必要な

「物質的な供給」をおこなうプログラムである。たとえば，妊婦の健康診断（風疹などのような胎児に有害なビールス性疾患の予防，有害物質や薬物の摂取・服用の規制など），乳幼児の健康管理（フェニルケトン尿症の早期診断，栄養補給サービスなど），貧困からくる物質的欠乏（衣食住，感覚刺激，レクリエーションなどの不足）の補充などの対策がその好例である。

　第二は，「心理・社会的な供給」とよばれるものである。主に家族関係が十全に機能するための組織的援助である。父親が家族と一緒に暮しながら働けるよう保障すること（出稼ぎ，単身赴任などによってもたらされる家族内の機能的欠損などを回避する），乳幼児を抱えた母親のための雇用機会の保障と託児施設などの整備，病気・入院・死別などに伴う母子分離に対する早期の介入（「母性愛＝マターナル・ケア」の欠損を補う）などがそれである。また，家族不和の早期調停，崩壊家庭に対する「ホームメーキング・サービス」を提供したり，乳幼児の単独入院はなるべく避けて母親または保育者の付添いなどを奨励することなども含まれる。こうしたサービスは，いずれも家族関係の歪みを調整し，構造的・機能的な欠損を改善して，すべての家族メンバーが幸せに生活できるためのものであるが，このことは，家族内の乳幼児の心身の安全と安定にとっても必須の条件であることはもちろんである。

　第三は「社会文化的な供給」とよばれるサービスである。これは特殊なリスクをもつ年代層の「すべての人びと」（ポピュレーション）に焦点を合わせた予防対策である。産業化，都市化，高齢化，国際化，情報化の進んだ現代社会にあっては，早すぎる定年（停年）は中高年層の人びとの慢性的な無気力感や生きがい喪失の原因となり，また，めざましい技術革新は若年労働者にとっても新たなストレスをもたらす。一方，入園・入学，思春期，青年期，就職，結婚，出産，転勤（移住）などは，当事者にとって危機の芽を内包しており，きわめてストレスの大きい事態に人びとを直面させる場合がある。

　こうした状況下で生活している「すべての人びと」を対象にして，事前ガイダンスをおこない，あるいは対処の仕方を習得させることは，そうしたリスクの軽減に通じるはずである。それらが，このサービスの狙いである。いわゆる育児ノイローゼや子棄て，子殺し，乳幼児虐待などの問題も，こうした子育てに関する事前ガイダンスのサービスが組織的に整備されることにより，その発生数を減らすことができるはずである。そして，そのことは，はじめの節でも述べたような健康な心（人格）の育成にとって望ましい家庭の役割・機能を，いっそう促進するものとなるであろう。

4　むすび

　以上に述べたところからも明らかなように，この「第一次予防」は，精神保健の専門機関や個人の努力だけでは到底達成しえないような課題を含んでいる。行政管理的対策や地域住民の理解と参加・協力によって，こうしたプログラムは成功するのである。

第7章　子育て支援のネットワークづくりと行政管理的対策

1　少子化のインパクト

　ある新聞の朝刊で，次のような見出しの記事を見た。「わが子が発熱……どう対処？／薬頼み　新人ママ／伝わらぬ育児体験／背景に核家族や少産化（久留米大学医学部小児科：吉田一郎助教授調査）」という内容であった。
　とにかく，子育てがストレスの原因になっている，しかも，それが親の意識や行動を規定し，ひいては親子関係の正常な発達を阻害している，そのため，幼児虐待などの「子育てシンドローム」を誘発しているのでは……というのが，その記事の趣旨である。
　一方，最近の合計特殊出生率の低下についてはいろいろな議論がある。しかし，それらを総括すれば，若い人たちの意識が，「子ども＝子宝」から「子ども＝コスト（費用）」へと，大きく変化していることに帰着するだろう。
　さて，こうした子育てにまつわるマイナス・イメージをプラスに変え，子生み・子育てを促進するにはどうしたらよいか。答えは，実に簡単である。厚生労働省の先導で都道府県が取り組んでいるさまざまな「子育て支援プログラム」の趣旨にもあるように，「安心して子供を生み，育てることに喜びや楽しみを感じることのできる環境づくりを推進していくこと」，そのために「官民一体となった施策の推進を図ること」（たとえば，福岡県児童環境づくり推進協議会設置趣意書，1994年3月）である。このように，総論は誰でも先刻ご承知なのである。要は，実効ある施策を推進する熱意と工夫の有無ということになる。

2　なぜ，「子育て」がつらくなったか

　第一の理由は，子育てのエンジョイ体験が貧困なことである。大概が一人っ

子か二人っ子であるため，初子の育児経験を活かして愉しみながら子育てをするといった機会が少なくなった。核家族での子育ては，2人目以降にならないと，子育てをエンジョイするなどといった気分にはなれないことを考えると，今日の事情は，社会のなかに蓄積されてきた「子育ての喜び体験」を一気に食い潰す方向に作用するに違いない。

　第二は，育児様式やそのコツが，若い世代に継承されにくいため，不要の戸惑いが少なくないということである。かつては家族内で親兄弟からの手助けがえられたが，今日は核家族化のために，それがほとんどできなくなってしまった。若い親たちにとって，相対的に「子ども」が「負担」と感じられがちになったとしても止むをえない。

　第三は，地域からの支援が期待できないということである。かつて地域社会は，巧まずして「拡大された親」としての機能を果たしていた。しかし，高度経済成長がもたらした「コミュニティの解体」は，子育て中の，とくに都市の若い夫婦を孤立化させてしまった。こうした地域社会の支援能力の低下は，その他の「人生の出来事」（ライフイベント）に対する個人や家族の対処能力をも衰退させている。それらを抜本的に回復させるには，総合的な支援のネットワークづくりしかないだろう。

　第四に，養育費・教育費の高騰が挙げられる。まず養育費について。ある生命保険会社の試算によると，子ども1人当たりの大学卒業までの22年間にかかる基本的養育費は約1,640万円とされている（2005年現在）。また，母親の出産退職にともなう機会費用（放棄所得）も大きい。大卒正社員として60歳まで勤務した場合と，出産時（28歳と仮定）に退職して子どもが6歳のときにパート・アルバイトとして再就職した場合を比べると，後者の収入は前者の20％にも満たない（平成17年版国民生活白書）。次いで，教育にかかる費用（授業料，教科書，参考書，制服費など目に見えるコスト）であるが，これは1970年に家計消費全体の5.2％であったものが，2003年では7.1％（純粋の教育費だけでは4.4％）に上がっている。しかも，子どものいる世帯だけでみると，その値は11.8％となる（以上，総務省『家計調査年報』より）。また，前出の生命保険会社の試算では，幼稚園から大学まで進学した場合の養育費と教育費の合計は，国立大学（幼稚園から高校まで公立）で約3,000万円，私立大学医学部系（小学校以外すべて私立）なら約6,000万円となる（サラリーマンの生涯賃金は高卒男性で26,000万円，大学・大学院卒男性で29,000万円）。もちろん，これは「浪人」や「留年」なしでおこなった場合の数値である。これらの諸費用がすべて親の家計の負担になるという現状も，現在の子生み・子育て

への意欲減退に一役かっていないはずはない。

　社会・経済的な面を含めた「子育ての社会化」こそ，真剣に取り組むべき緊急の課題である。

3　子育て支援システムづくりでの留意点

　子育てにまつわるマイナス・イメージを変え，「コスト」感を軽減するには，それに関連する要因や事情を変更すればよいことは前にも述べた。当然のことながら，それらの要因は単一でなく複数である。したがって，その対策もまた単発的では効果は薄い。心理的，社会的，経済的な諸要因に対応して，総合的かつ有機的なものでなければならない。

　ところで，こうした要請は，はじめに述べた「福岡県児童環境づくり趣意書」（案）では，すでにかなりの程度満たされており，今後の具体的な協議成果とその施策の推進が期待されるところである。

　ちなみに福岡県児童環境づくり組織は，「児童環境づくり推進協議会」と「児童環境づくり推進対策会」の2つで構成されている。前者の「協議会」は平成6年3月に発足しているが，委員は，表7-1のように学識経験者をはじめ，福祉，健全育成，教育，商工，労働，医療，マスコミ，行政の各関係者（団体）から構成され，また表7-2に示されているような広範な事項が協議項目として予想されている。

　次いで，協議の成果を受けて行政側として取り組むべき具体的施策の研究・検討をおこなう「推進対策会」（行政側の受皿）は，県庁内関係各課長17名で構成され，議長には民生部次長が当たるとなっている。まさに，部局横断的なプロジェクト・チームである。

　この分では，素晴らしい結論が出ることは疑い

表7-1　「児童環境づくり推進協議会」構成

区　分	所属・役職名
学識経験者	県立女子大学教授，県立大学教授
福祉関係団体	県社会福祉協議会，県民生委員児童委員協議会，県保育所連盟
健全育成団体	県青少年団体連絡協議会，県郡市婦人会連絡協議会，県子ども会連合会
教育関係団体	県小学校長会，県私立幼稚園振興協会，県PTA連合会
商工関係団体	県商工会議所連合会
労働関係団体	日本労働組合総連合会福岡県連合会
医療関係団体	県医師会，県看護協会
マスコミ関係	地元新聞社
行政機関	県市長会，県町村長会

表7-2 児童環境づくり推進協議会における協議項目等(予定・予測)

協議会の任務	協議区分	協議項目	協議理由	協議結果・意見・報告
児童環境づくりに関する総合的な対策等について	児童環境の現状・問題点等の分析	出生率等の推移,将来予測 家族形態,機能の変化 女性の就労,社会参加 子育てに対する意識の変化	生まれる子どもの数が減少した原因分析 少子社会の問題点の確認	協議会の協議事項,取組み事項の策定
	核家族化社会への対応	子育てについての悩みを気軽に相談できる体制づくり	育児,子育て不安の解消 出産,子育てへの支援	電話相談・情報提供等の体制づくり 子育て中の母親のグループ育成
		育児,子育てに関する教育	家庭基盤づくり	親としての意識の高揚 子育てや家庭に対する意識の啓発 男性の子育て参加
	経済的負担について	子育てに掛かる経済的負担とその軽減策について	経済的負担感の軽減	保育料,医療費等の負担の軽減・助成,出産手当,税制の改善
	仕事と子育ての両立について	多様な保育ニーズへの対応 働く環境や条件について 生活時間の確保 女性の家事負担の軽減	高学歴社会,労働力不足社会を背景とする,女性の職場進出の増大への対応	多様な就労形態に応じた保育体制整備 　乳児保育や延長保育 　放課後児童対策 　ベビーシッター事業育成 就労条件の整備 　育児休業制度の普及・促進 　フレックスタイム制導入 　事業所内託児所の整備 　労働時間の短縮 　完全週休2日制の普及,定着 　子育て後の再就職の支援 　年次有給休暇の取得促進 　所定労働時間の削減 　在宅勤務等の環境整備
	居住環境について	ゆとりある居住環境の整備	子供を産み育てやすい居住環境の確保	子育て家庭に配慮した住宅制度の充実
	教育のあり方について	教育内容の多様化,個性化 受験競争の緩和 学習塾通いの解消 学歴偏重の是正	子供の心身の健やかな成長 子供どうしの遊びから,社会性を修得	大学入学者選抜方法の改善 リカレント教育の推進 生活体験学習の推進
	保健医療のあり方について	安心して出産,子育てできる環境の整備,母性保健,健康管理対策の整備		小児救急医療,健康管理体制の充実
	地域の育成体制について			ボランティア活動の育成 社会参加の促進
	社会資源の整備について	子育てに配慮した町づくり	乳幼児連れでの社会活動の改善	遊び場環境の整備(都市公園,自然公園) 児童厚生施設(児童館,児童センター)

のないところである。願わくは，行政のタテワリと縄張り主義を克服するような総合的・有機的な施策が打ち出され，それが強力なリーダーシップの下で即座に実行に移されることを期待したい。また，もし所期の効果があがらない時（それは決して恥ずかしいことではない）には，それがなぜであるかを客観的に分析できるようにしておく必要がある。ぜひ，当初から，このプロジェクトには「評価システム」を埋設しておいて欲しいものである。

4　モデルは「福岡県の青少年健全育成のための三層支援システム」

　福岡県では，このようなプロジェクトに先だって，県青少年問題協議会が，県知事に対し，平成2年度に『'90年代における福岡県青少年健全育成について』の意見具申をおこない，次いで翌年，それの緊急シンナー対策版ともいうべき実行案を示し，「青少年健全育成のための三層支援システム」の構想とその早期実施について提言している。

　ここで「三層」とは，健全育成上の課題を抱える個人や家族，関係機関など，いわば青少年健全育成の担い手を中心にして，それからの距離により，「コミュニティ」「ブロック」「全県」の3つのレベルに分けたものを言う。そして，それら3つの層を有機的な支援システムとしてネットワーク化するのが「三層支援システム」の構想である。概要は，次の通りである。

(1) 第一次支援システム（コミュニティ・レベル）
　子育て，青少年・家庭相談窓口，予防・発見・専門機関への紹介。保育所，幼稚園，学校，公民館，病院などの既存の公共施設のサービス体制や，地域の民間関係者，地区社協さらにはボランティアなどのマンパワーを結集した支援体制。（このレベルでの支援サービスの主たる対象は，個々の家族や親たち）。

(2) 第二次支援システム（ブロック・レベル）
　連絡調整・情報交換・研修啓発活動，専門的な協力体制づくり，既存の諸機関の連携による総合的な支援。保健所，福祉事務所の管轄範囲などを基準として県内を8つのブロックに分け，それぞれに「青少年相談センター」を設ける。既存の青少年関係施設や福祉施設，児童相談所，教育相談機関などを相互に連携させ，青少年の健全育成を支援する。（このレベルでの支援の直接対象は，家族や親たちはもとより，第一次システムの構成機関またはエージェント）。

(3) 第三次支援システム（全県レベル）

高度の専門性を備えた県全体の総合的中枢センター。コンサルテーションと指導・研修の中枢機能，企画調整，調査・研究機能，高度の専門性と総合的な相談・指導機能，スーパービジョン機能，研修・調査研究機能を有する。発達心理学，児童・青年期医学，性科学，臨床心理学，ケースワークや，コミュニティワーク等の，トップレベルの専門家をネットワークし，医療，教育，福祉，司法関係の専門スタッフ等を有する，子育て問題，青少年問題，家庭問題の相談支援のための中枢システムである。（このレベルでの支援サービスの対象は，主として第二次支援システムの構成機関またはエージェント。）

5　21世紀の子育てをめざして

筆者は約15年間，福岡県児童福祉審議会委員を務めた。この間，児童福祉や健全育成について幾多の提言をおこなった。そしてそのつど，対策は親と子の両者に軸足をおいた行政管理的な総合的，有機的な対策でなければならないことを主張してきた。その多くが民生，教育，労働，環境などの行政部局を横断する内容のものであった。

1989年からは，「高齢者保健福祉推進10ヵ年戦略」（通称「ゴールドプラン」）が各地方自治体レベルで動き始めた。母子保健・福祉のネットワークづくりも，それに倣えば実効ある対策がやれないはずはない。アイディアは出尽くしている。今は，住民と行政が一体となり，行政管理的対策に踏み切るべき時期であろう。

第Ⅲ部　ボランティアと電話相談

第8章　危機介入法

　　心の内が動いているのは
　　いちばん良いことだ。
　　もはや愛しもせず
　　迷いもしなくなったら
　　埋葬してもらうがよい。

　これは，文豪ゲーテの晩年の詩「最もよいこと」である。愛も迷いも，人が生きて存在していることの証しだ，というのである。とはいえ，愛はともかく，迷いの方はご免をこうむりたいという向きもあるかもしれぬ。しかし，実人生には，容易ならざる問題が立ちふさがり，それに圧倒されてしまいそうな場合も少なくない。
　こうした難問をひとつまたひとつ乗り越えて進むこと——これこそ人生なのであり，それを通じて，わたしたちは人間としての成長を遂げることもできるのである。
　ところが，実際は，こうした難問題をいつもうまく克服できるとは限らない。思いを尽くし，力をふりしぼってはみるが，事態は一向に好転の兆しもなく，もはや八方ふさがりの窮地に立たされることも珍しくない。
　このような「窮地」あるいは「袋小路」「お手上げ」などのことばで言いあらわされる心理状態が，ここでいう「危機」である。「危機」の定義については，あとでさらに明確にする必要があるが，こうした危機状態にある人や家族（などの集団）に，専門家ないし非専門家が援助の手を差しのべることを「危機への援助」もしくは「危機への介入」とよぶ。本章では，こうした危機援助の理論と技法について考えてみたい。

1 危機援助へのニーズ

人生において「危機」が日常的に起きるものだとすれば，昔も今も，危機援助を求める社会的ニーズには変わりがないはずである。しかるに，危機援助に対するニーズが著しく顕在化してきたのは，ごく最近のことと考えざるをえないふしがある。たとえば，最近はやりの育児相談や教育相談，ボランティアの電話相談なども，以前にはなかったものである。それなのに，昔の方が育児不安や育児ノイローゼに脅かされる親たちは少なかった。この一見矛盾する現象は，何を物語っているのだろうか。筆者には，育児相談，教育相談などへのニーズを高まらせた背景要因が，同時に育児不安や育児ノイローゼを生みだす原因としても作用しているように思えてならない。要するに，昔身近にあった効果的な問題解決の「装置」（社会的支援システム）が，今日の社会では解体し消滅してしまったということである。

昔の生活環境で有効に機能していたと目される問題解決の「装置」には，家族集団と，それを包む近隣地域のネットワークがある。まず家族集団から考えてみよう。

そもそも今日では，一組の夫婦と未婚の子女からなる「核家族」が急激に増えているが，昔は，少なくとも昭和20年代までのわが国では，2組以上の夫婦が同居するという「拡大家族」の形態が一般的であった。アグレアとメシック（Aguilera & Messick, 1974）によれば，家族内のトラブルやストレスの解決能力は，一般的にいって核家族の方が劣るとされている。その主な理由は，仮に2人の成人メンバー間にトラブルや病気が発生した場合，責任をもってとりなしをし，あるいは，肩代りをすることのできる第三の成人メンバーが，通常の核家族内にはいないことにある。それだけに，トラブルが深刻化の一途をたどる可能性もいっそう大きくなる。核家族は，自らのトラブルやストレスを自力で解決する能力に乏しく，したがって，助けを家族外に求める傾向は，それだけ強くなるわけである。そこで，つぎに，今日の地域社会のあり方が問題となる。

そもそも昔は，村や町で生活する人が，今日よりもはるかに多かった。例外的に大都会という生活環境もあるにはあったが，それも今日ほどには人口の流動が激しくなく，近隣の人間関係も比較的安定したものであった。それ故に，家族外に向けられた援助ニーズも，近隣社会の安定した共同体的網の目で受け

とめられ,たちどころに充足させられた。しかるに今日の,とくに大都市における近隣社会の様相は一変してしまった。産業化・都市化は,共同体的近隣関係を解体させ,あまつさえ,昔ならすぐ近くにいて日常的に接触のあった親戚なども,今では一般に遠隔の地に住んでおり,個人や家族の問題解決には即座の役に立たない。かくて都市社会は,必然的に個人や家族の問題解決にとって新しい方法やシステムを希求することになる。先に述べた育児相談や教育相談,ボランティア電話相談などの繁盛も,こうした事情を反映したものと言えるだろう。

一方,精神保健や社会福祉の分野でも,新しい危機援助法の必要性に迫られている。いわゆるサービス提供者側の事情である。精神保健サービスも社会福祉サービスも,ともに住民の精神健康や福祉を増進することによって,彼らの「生活の質」(QOL) の向上を図ることを,本来の目的としている。しかるに,これまでの心理療法やケースワークでは,上に述べたようなサービス本来の目的とは合致しない面が少なくない。たとえば,日常生活に多発する危機は,その多くが自然治癒的に克服され,人格の成長に寄与するのであるが,ときには個人や家族の問題対処能力を超えるために健全な解決ができず,ついには深刻な事態や精神障害を招来する場合もある。したがって,これらの危機に早期に介入し,その健全な解決をめざして援助することは,精神保健や社会福祉の本来的な狙いにかなうものである。

しかしながら,従来の心理臨床や福祉サービスの技法のレパートリーでは,そうした危機に対する迅速かつ適期の援助を可能にする格好の技法が確立されていなかった。危機の克服に失敗して障害をきたした人たちのいくばくかに対し,それも主としてサービス提供者のオフィスへの自発的来談をまって,ようやく援助の提供が開始されるというのが実状ではなかったか。その場合,来談者へのサービスの内容は,それだけを取りだしてみれば上質で,中身の濃いものであるかもしれない。しかし,「ウェイティング・リスト」の順番もなかなか廻ってこない。あとで見るように,「危機」は急性(一過性)のものであり,普通4〜6週間で何らかの終結をみることを考えると,専門家の窓口で順番を待っているあいだに,援助サービスが最も奏功する時期をみすみすやり過ごすことにもなりかねない。1995年1月17日に発生した阪神淡路大震災の被災者たちの間で見られるPTSD(心的外傷後ストレス障害)なども,地震による第一次被災時における危機介入の遅れにより多発する,とされている(Raphael, 1989)。

このようなことになるのも,従来の心理臨床の基本的レパートリーに,地域

社会の不特定多数の人びと（ポピュレーション）を対象とした予防的アプローチの発想と技法が欠落していたからであろう。危機援助の構想は，危機という「禍」を転じて「福」となすために，危機状態にあるすべての個人や家族に対し，専門家や非専門家が救急的に援助を供給すべく，サービス提供者自身が主唱し案出したものである。

2　「危機」の理論

　現代の危機援助法の基礎をなす危機理論は，主として自我心理学者エリクソン（Erikson, 1959）や，ハーバード大学公衆衛生学部のリンデマン（Lindemann, 1944）とキャプラン（Caplan, 1961）などにより発展させられた。
　まず，この理論のきっかけとなったリンデマンの研究（1944）をみてみよう。彼は，ボストンの有名なナイトクラブ「ココナツ・グローブ」の火災（1942年12月28日，土曜夜）で488人という大量の犠牲者が出たとき，犠牲者の家族や親族，恋人たちが，はじめは急性の悲嘆に陥るが，繰りかえし襲いかかる悲嘆を通じてしだいに死者との心理的距離をあけてゆき，やがては，その人が生存していないという現実を受け容れ，それに適合した生き方を確立するようになる一連の過程を観察する機会をえた。一方，肉親などを失ったにもかかわらず，当初はさほど悲嘆にくれることなく，明るく，あるいはけなげに振る舞っていた人たちのなかに，数週間ほどして，抑うつ状態に陥り，あるいは自殺未遂に走るなどの，精神障害の徴候が見いだされた。
　こうした経験から，彼は，一般に愛する人や重要な対象を喪失した場合におこなわれる「悲嘆作業」が，当人のその後の精神健康や適応回復にきわめて重要な意味をもつものであり，したがって，そうした悲嘆作業が，何らかの理由で十分におこなわれないか，あるいは著しく遅滞する場合には，悲嘆作業をつつがなくおこなえるようにしてあげることが，危機の克服と精神障害の予防にとって少なからず有効である，と考えた。
　もともと，こうした死別は，人間にとって不可避の経験であるから，このような事態に対処するために，それぞれの社会に固有の方式が確立されており，悲嘆作業の円滑な遂行を助けているのであるが，戦時中や大災害時，孤独な大都会などの環境下では，それが必ずしもうまくいかない。そこで，こういう個人や家族に心理臨床の専門家が直接に，あるいは，地域社会の他の専門家やキーパーソンを通じて間接的に介入する，いわゆる「危機への介入」の必要性を，

リンデマンは唱えたのである。後にキャプランが，愛する者と死別して危機状態にある，大都市の家族の悲嘆作業を促進するうえで，葬祭業者が果たしうる役割に着目し，それに危機介入の理論や技法の研修をおこなうことなどを提案しているのも，リンデマンの構想の発展と言えよう。

(1) 危機の定義

まず「危機」とは，キャプラン（1961）によれば，人（や家族）が大切な目標に向かうとき障害に直面し，それが習慣的な問題解決の方法を用いても克服できない場合に発生する一定期間の状態である。混乱の時期，つまり動転する時期が続いておこり，その間はさまざまな解決の試みがなされるが，いずれも失敗に帰する。結果的には，ある種の順応が成しとげられるが，それが彼らにとってプラスになることもあれば，マイナスになることもある。

この定義からもわかるようにキャプランは，「危機」が個人や集団にとって必ずしも否定的な意味だけでなく，プラスの面あるいは「成長を促進する可能性」もはらんだ過渡的状態であることを明示している。すなわち，危機は，それが健康な仕方で克服されるとき，人格はより高い成長の水準に到達するが，それがうまくいかずに不健康なかたちで順応がなされたときには，人格は障害をおこし，集団の場合はより障害された関係を発達させる。その意味で，「危機」には「分れ目」や「転機」といった含みが濃厚である。

事実，「危機」は英語の「クライシス」やドイツ語の「クリーゼ」に当たるものであるが，その語源は遠くギリシア語の「クリシス」に由来する。一方，病気が快方か，あるいは悪い方に向かう「分れ目」の時期や状態をあらわすことばとして，ヒポクラテスが用いたという「カイロス」とも，関連があるとされている。したがって，「クライシス」や「クリーゼ」には，いずれの場合も（安危の）「分れ目」，（病気の）「峠」，「急場」，（運や成行きの）「分れ目」，「転機」などの意味がまず示されており，ついで一般にいわゆる「危機」があげられている。すると，日本語の「危機」という訳語は，「クライシス」や「クリーゼ」に含まれる豊かで積極的な含意を捨象してしまうおそれがあり，不適切な訳語といわざるをえない。こうした理由から，むしろ「クライシス」と仮名書きする方がよいとする意見もある（山本，1971）。

(2) 危機の過程

一般に，危機は，4ないし6週間という急性の一時期のこと，または，その時期にみられる心理状態をいうが，これはつぎの4つの段階に分けることがで

きる (Caplan, 1964)。

　第一段階では，刺激の衝撃からくる最初の緊張が高まり，それを解消してもとの平衡状態を回復するために習慣的な問題解決反応がよびおこされる。

　第二段階は，習慣的な問題解決の反応が功を奏さないために，不安や緊張，無力感，混乱などが高まり，かつ持続するため，新しい対処方法への模索が始まる。

　第三段階は，自らの状況を見なおし，新しい内外の資源を探索する時期である。かくて，試行錯誤のうえ採用された新しい対処方法が適切であれば，問題は解決して精神的な平衡状態は以前の水準に回復する。さらに，個人の問題解決能力も前より改善されるので，結果的には人格の成長が生じる。しかしそうでない場合は，緊張と不安がさらに続くこととなり，つぎの第四段階を迎える。

　第四段階では，そうした緊張や不安は意識下に抑圧されていちおうの平衡が回復するが，未解決の問題や葛藤をそのままかかえこむことになり，人格は歪みや障害を増大させる。そのため，再び危機的状況に遭遇したときは，以前にもまして大きなショックを受け，より激しい反応をひきおこす火種になる。

(3) 対処能力の関数としての危機

　こうした危機は，先にも述べたように，困難な問題を含む有害な環境状況に直面して緊張や苦悩が生じ，これが習慣的な問題解決方法で解決できない場合に発生するものであるから，有害な環境状況だけで直ちに危機が生じるとはかぎらない。つまり，危機の発生は，有害な環境条件と個人の「対処能力」の関数としてとらえられるべきである。同一個人でも，人格の未熟な低年齢の段階ではたやすく危機を生みだすような環境や事態が，上の年齢段階ではほとんど問題を生じさせないことが知られているが，これも危機の発生が，一部は個人の問題対処能力によって規定されることを示す好例である。

3　「危機」の2つのタイプ

　パラッド (Parad, 1965) は，危機を「偶発的危機」（または「状況に伴う危機」）と「発達的危機」（または「成熟に伴う危機」）とに分けている。

　偶発的危機がおこりやすいのは，人が，親子きょうだい，配偶者などのようなかけがえのない「重要な他者」との死別や離別，自分自身の病気，未熟児の出産，幼稚園，小学校，中学校などの上級学校への進学，卒業，就職，昇進，

退職などに伴う地位と役割の変化，従軍，天災や事故，新しい地域への移住（引越し）などの場合である。いずれも，当人の心理社会的要求の充足の阻止またはそのおそれから生じる脅威などが存在し，それの処理が容易でなくなるような事態である。こうした問題は，多くが予測しがたいものであり，またたとえ予測できたとしても，こうした事態に対処できるだけの十分な能力を事前に習得し備えることなど，容易にできるわけではない。そのため，こうした環境状況は，そこにいる人たちに，あるいは脅威として，あるいは喪失として，さらには挑発としての相貌をもって迫ってくることになる。

もうひとつの「発達的危機」は，人間が，発達のひとつの段階からつぎの段階へ移行する際に生じやすい危機である。エリクソン（1959）によれば，人間のライフサイクルは，それぞれその特質を異にする一連の位相からなっており，ひとつの段階からつぎの段階へ移行する際に，行動が分化せず，認識と感情の混乱が著しい一時期がみとめられることがある。これが，発達的危機である。なお，こうした発達段階には，それぞれ特有の発達課題があり，前の段階までの発達課題を達成しているかどうかが，つぎの発達課題の達成を大きく左右する。とくに，「自我と社会との出会い」の時期ともいうべき青年期は，個人のニーズと社会の要請とのあいだの葛藤が著しく，統合された自己像が脅かされ，いわゆる「同一性の危機」（エリクソン）に見舞われやすい。しかしエリクソンが，こうした青年期の危機を正常なものと見なし，それを克服して同一性感情を自分のものとすることこそ青年期の発達課題だとしている点は，注目すべきである。

ちなみにエリクソンは，心理・社会的な発達段階と，それぞれの段階の発達課題について，次のように述べている。すなわち，乳児期（発達課題は基本的信頼感の獲得，以下カッコ内は発達課題を示す），幼児期（自律），遊びの時期（自発性），児童期（勤勉），青年期（同一性），若い成人期（親密），成人期（生殖性），老人期（統合）がそれである。

こうしたエリクソンの考え方にもとづいて，おこりうる発達的危機の例を示しているものに，アグレアとメシック（1974）がある。これらのうち「若い成人期」の危機の事例については，あとの危機療法の節で引用してみたい。

さて，こうした「危機」の概念には，不備であいまいな点が少なくなく，そのため危機の研究は少なからず支障をきたしているとの指摘もある。ひとつは，「心理的ストレス」と「危機」の区別の問題である。これについては，ラパポート（Rapoport, 1960）が，心理的ストレスは「病気を誘発させる可能性をもつ」のに対し，「危機」はそうした可能性と同時に「成長促進の可能性」をも

つものとして，両者を区別しているし，またキャプランのように，「危機」は比較的短期間のものであり，長くても数週間のうちに何がしかの心的平衡が回復して，いちおう終結するのに対し，「心理的ストレス」はそうではないという指摘などは，参考になる。

　危機の査定や危機援助の計画と評価などのためにも，「危機」の記述的説明だけでなく，それの構成要素の明確化と操作的定義（測定）の整備が必要である。

4　危機への援助

　危機状態にある個人や集団への援助は，適期に，かつ効果的になされなければならない。それは，危機が急性のものであり短期間でいちおうの決着をみること，またその決着の方向がその後の人格の発達に重大な意味をもつことなどの故である。

　危機への援助は，つぎの3つに大別できる（Caplan, 1961）。

(1) 予防的なはたらきかけ

　第一の予防的なはたらきかけは，発生が予想される危機状況について，事前にその特徴や対処方法についての知識を与え，心の準備をさせることである。性教育や婚前カウンセリング，親になる人への事前指導，更年期や定年を迎える人への事前講座，手術前の患者へのインフォームド・コンセント，上級学校進学者，海外移住者に対する事前指導などは，この部類に入れることができる。新入生オリエンテーションや新入社員の研修なども，こうした意味づけができる部分を含んでいる。

(2) 間接的なはたらきかけ

　これは，危機状況にある個人や集団と日常直接かかわりをもっている，心理臨床以外の専門家や地域や職場のキーパーソンを通じて，心理臨床の専門家が間接的な仕方で，危機の克服に援助をおこなうサービスである。この場合，専門家には，従来のような「治療者」としての役割のほかに，「コンサルタント」としての，さらには各種の潜在的な治療資源をネットワーク化するオーガナイザーとしての役割などが，新たに期待されることになる。

　キャプラン（1970）の言う「精神保健コンサルテーション」のサービスは，

このタイプの代表的なものと言える。「コンサルテーション」とは，2人の専門職のあいだでもたれるある種の相互作用の過程を記述することばであり，一方は，スペシャリストとしての専門家，他方はコンサルティとよばれることは，すでに第5章でも触れた。この場合，コンサルティとは，仕事上の問題（自分のクライエントの取り扱い方，クライエントのためのプログラムの作成や実施など）について，現に困難をおぼえ，他の専門領域の人の力を必要とし，その援助を切望している人のことである。キャプランによれば，このコンサルティも一方の専門職であるから，コンサルテーションの関係はあくまで対等なものであり，そのためコンサルタントからの助言の採否決定は，コンサルティの側にまかされる。

このことは，クライエントに対する当のコンサルティの治療行為または働きかけの成否について，コンサルタントが直接責任を負わないことを意味する。なお，コンサルタントは，コンサルティの防衛機制を尊重し，その内面的問題には立ち入らないことを原則とする。コンサルティとなる専門職の代表的なものに，精神保健以外の医師，看護師，保健師，ケースワーカー，教師，職場の管理者，裁判所調停員，さらには警察官などがある。また，近年とみに盛んなボランティア電話相談員も加えておこう。企業組織のなかでの精神保健コンサルテーションについては，山本（1968）の実践などが成果をあげている。

(3) 専門家の直接的なはたらきかけ

これは，狭義の「危機援助」であり，本章の中心的主題でもある。広義の危機援助と区別するために，仮に「危機療法」とよぶことにする。精神科医や心理臨床家が，他の専門家と一緒になって，危機に陥っている人びとやそのリスクの大きい集団に直接介入する方式である。そのため，なるべく早期に，援助の対象者を選別する必要が生じてくる。

第一は，「最初のケア」（プライマリー・ケア）をする人たちとの連携による早期発見である。そのためには，そういう人たちと，専門家のいる機関（あるいはそれが提供するサービス）とのあいだの社会的距離を縮める配慮が必要である。専門機関が目の前にあっても，手続きや経済的負担，社会的な距離感などのために，それが利用しにくいというのでは，専門家の側からの早期介入も望みえない。

第二には，テストや面接を通じて，危機の克服が困難な人や，困難な状況への直面を回避する好ましくない適応方法を選ぼうとしている人，所与の状況に対して積極的な対処力を欠いている人，相談相手や支持者が得られにくい人な

ど，いわばリスクの大きい人びとを組織的に探しだす必要がある（スクリーニング）。学生の適応問題や直面している諸問題の困難さ，相談相手の有無などについて回答させる『ムーニイ式問題チェックリスト』なども，そうした用途にあてられるし，また「自我の強さ」（精神健康度）や「人格成熟度テスト」「両親の対処メカニズムの評価測定」「ライフ・イベント尺度」なども，介入対象者の選別に用いられている。

　この危機療法については，次節でさらに詳しく述べることにする。

5　危機療法（危機介入）の方法と過程

(1) 危機療法の特色

　危機療法は，精神的危機への援助技法としての心理療法全体のなかで，どのような位置づけをもつのであろうか。これについては，表8-1に示しているようにアグレアとメシック（1974）が，精神分析療法や簡易心理療法との対比で危機療法の特色をうきぼりにしたものがある。この表にもとづく詳しい解説は，原著者たちにゆずることとして，ここでは，2，3の点を指摘してみたい。

　第一は「精神分析療法」である。治療目標は「パーソナリティの変容」にあり，主に「病因となる過去」の探求と「無意識への気付き」を中心に治療をすすめる。治療者は非指示的で探求的であり，受動的な観察者としての役割に徹する。この方法は，いわゆる神経症的パーソナリティならびにそれに根ざす心因性の心理的行動的障害をもつ個人に適応するが，治療期間は不定であり，原理的には「終わりなき分析」となることもありうる。

　これに対して「簡易心理療法」は，前者のようにパーソナリティの全体構造の変容を直接の目標とはせず，主として「特定の症状を除去し，精神障害の症状悪化を予防すること」に目標を限定する。その場合，結果的にパーソナリティの変容・再構成の生じることはあるとしても。したがって，現在の状況に関連する限りでの「原因となる過去」をとりあつかい，「無意識を抑制すること」と「欲動の制止」に治療の焦点があわせられる。治療者の活動は，より抑制的かつ間接的であり，「参加的観察者」の役割が一般的である。この種の技法は「急性の破壊的な精神的苦痛や厳しい破壊的環境状況」に適用されるが，治療目標からも示唆されるように，治療の回数は最大12回くらい，短いものは1回のセッションで終結することもある。

　これら2つに対し，狭義の「危機療法」は，さらに短期間であり，危機の期

表8-1 精神分析,簡易心理療法,危機療法の主な相違点

	精神分析	簡易心理療法	危機療法
治療の目標	パーソナリティの変容	特定の症状の除去	当面する危機の解消
処置の焦点	1. 原因となる過去	1. 現在の状況に関連している限りでの原因となる過去	1. 原因となっている現在の問題
	2. 無意識の意識化	2. 無意識の抑制と欲動の制止	2. 危機以前の機能遂行レベルへの回復
治療者の通常活動	1. 探求 2. 受動的な観察者 3. 非指示的	1. 抑制的 2. 参加的観察者 3. 間接的	1. 抑制的 2. 積極的参加者 3. 直接的
治療の必要を示す兆候	神経症的パーソナリティ	急性(一過性)の破壊的な感情的苦痛ならびに著しく破壊的な状況	生活状況に対処する力の急激な喪失
治療の平均的期間(回数)	不定	1〜12回のセッション	1〜6回のセッション

(注) アグレア,D.C.・メシック,J.M.(1974)21ページから。

間が4ないし6週間の急性的状態であることから,1ないし6回くらいで終結するのがふつうである。目標は,当人をして,危機に陥る以前の機能レベルに回復させることに限定され,「原因である現在の問題」は探求するが,あくまで「当面の危機の解決」をめざすのみで,個人の防衛機制に治療の焦点を合わせることはしない。治療者は,直接的かつ抑制的であり,積極的な参加者の役割をとる。したがって,いろいろな技術を使いわけ,必要に応じて指示や助言をおこない,支援者としての役割もとるのである。こうしたなかで,個人が自分の危機について知的に理解を深め,自分の真の感情を表出し,過去と現在の問題対処の方法を再吟味し,内外の新たな資源の活用や対処方法の改善ができるように援助する。さらには,予測される困難な事態にうまく対処できるように,事前指導(プレリミナリ・ガイダンス)や支援をおこなうなどのことも含まれる。この技法は,「生活状況への対処能力を急激に喪失」した個人や集団に適用される場合に特に有効である。

(2) 危機療法の過程

アグレアとメシック(1974)は,危機療法の過程を4つの段階に分けている。

第一段階　「個人とその問題の査定」の段階である。彼をして専門的援助を求めさせるに至った突発事件やそれからもたらされる危機を正確に査定し評価するため，治療者は，目前の危機状態と直接関連のある問題に積極的に焦点づけるよう技術を駆使する。とくに，本人に自殺や他殺のおそれがあるかどうかを判断し，そのリスクの高いものには精神科の受診や即時入院を考慮しなければならないが，その必要のない場合には，さらに危機療法のつぎの段階にすすむ。

　第二段階　「危機療法の計画立案」段階である。計画は，危機を突発させた事件と当の危機との関係についての査定結果に基礎をおくものでなくてはならない。危機が生じてどのくらいの時間が経っているか，危機が当の個人と周囲の人の生活や心的機能にどの程度の障害をもたらしているか，その個人や彼をとりまく社会的環境内にはどのような潜在的な力（資源）があるか，本人の習慣的な問題対処のパターンと，それに代わりうる新しい有効な対処方法とはどんなものかなどが，危機への介入計画の立案において考慮さるべき主な要因である。

　第三段階　「危機療法の実施」である。危機療法にたずさわる治療者は，多様な技法を柔軟に使いこなすことが求められる。カタルシス，支持，訓練，指示，洞察などの治療的メカニズムが，そこでは機能することになる。事実，治療者は，当人が当面する危機を知的に理解するのを促したり，自分では触れたがらない現在の感情を表出できるように，手伝うことになる。また，個人が各種の「対処方法を探求する」ことにも，専門的立場から積極的に手を貸すことになろう。このような過程を経るなかで，個人は情緒的なカタルシスをおこない，自我（知性）の機能は回復し，当面の問題解決にとって有効な，新しい独自の対処方法を拾いあげ，これを吟味する。
　なお，もうひとつの技術として「社会福祉の再開」をあげる人もいる。これは，危機が，当の個人の生活に重要な意味をもつ人物を喪失したことによって発生したような場合，新しい人物によってその空隙を機能的に補充するアプローチを言う。困難な問題事態を，いつも両親の支持によって解決してきた個人が，両親と離別または移住したためにそれが得られなくなり，危機状態に陥っているような場合，治療者が，一時的に支持者としての機能を代替するなども，この技術である。このようにして，危機がひとまず解決されると，つぎの段階に進む。

第四段階　「終結の時期」である。ここでは事後の計画を立てる。これは，有効な対処方法を強化し，将来の緊張や不安を適応的な仕方で解決できるように助けるものである。また，将来危機がおこった場合にも，ケアが与えられることなどを話し合ったりする。

　つぎに，これら危機療法の4つの段階を例示するために，アグレアとメシック（1974）によるひとつの介入事例を引用してみよう。

(3) 危機に対する介入事例：若い成人期の発達的危機
　「若い成人期」は，青年期から成人期への移行期に当たる。エリクソンによれば，この時期は，青年期に獲得された統合的な自我同一性の感情のうえに，他の人との深いかかわりを自発的にもつことができるようになる。エリクソンは，この時期の発達課題を「親密感の獲得」と「孤立感の回避」にあると述べている。親密感とは，自分のなにかを失いつつあるのではないかというおそれなしに，自分の同一性とほかの誰かの同一性とを融合させる能力をいう。こうした親密感の獲得が十分であれば，結婚が可能になるが，青年期における同一性の形成が不十分である場合は，他者とのあいだに同一性を共有することができず，自分の方から親密な相互関係を避けて孤立するようになる（岡堂，1972, p.94）。
　ところで，「危機援助センター」に援助を求めてやってきたのは，18歳の青年ボブである。

第一段階：事前査定
(1) 彼の訴えは「気分が悪い」ということであり，他に「眠れない，イライラする，物事が自分には非現実的に思われる」とも述べた。
(2) 彼は，かつてこのセンターを利用したことのある友人に紹介されてやってきた。ボブは背が低く，ほっそりしていて，ジーパンやオートバイ靴をはき，小ぎれいな身なりであったが，いくらかふさぎこんでいて，ややためらいながら，治療者とは目を合わせずに話した。
(3) ボブの症状がはじまる前の10日間には，ひじょうに多くの出来事がおきている。ガールフレンドのラリと喧嘩したこと，職長への昇進辞令を受けとったこと（しかしながら，職長になることはうれしいが，心の準備が不十分であるためにとまどいもあった），最良の友人であるHグループの

メンバーが町にいなくなって、自分の問題を話し合える相手がなくなったと感じていたこと、などがそれである。
(4) 査定のための面接でさらに明確になったことは、彼の習慣的な問題対処のパターンが、「できるだけ速く、遠くまで」相棒とオートバイをとばしていき、どこかで「話し合う」ということであり、それによって緊張がほぐれ、事柄が明確化され、問題が解決されてきたということである。
(5) ボブはまた、ラリとの関係に対してアンビバレンスを示した。すなわち、ボブは彼女を愛し、結婚することを望んでいたが、彼女が中産階級の出身であり、堅実な仕事や同調性などの重要さを強調する価値観を持っているのに対し、ボブはHグループに属して、そのグループの価値規範（つまり、「自由であり、欲しいものをとり、はたらかない」など）を好んでいたのである。したがって、ボブは、ラリと結婚すれば自分の自由は極度に制限され、また彼女の家族を満足させるために、Hグループの仲間とのオートバイ乗りや長髪は断念しなければならなくなるだろうと心配していた。

第二段階：危機療法の計画

まず治療者は、ボブがHグループのメンバーの支援が得られない状態にあることから、当面は治療者自身が社会的支援の肩代りをすることに焦点を絞ることにした。それによって、以前に有効であった「とくと話し合う」という彼の対処パターンの利用が容易になるはずである。緊張が軽減されるにつれて、ボブが問題解決の試みをおこなうようになれば、別の支援が与えられる予定である。

第三段階：危機療法の実施

危機療法の目標は、ボブが自分の仕事やラリに対してアンビバレントな感情をもっていることをはっきりと認知して、それに対処するよう支援すること、ならびにひとつの選択をおこなうことに含まれる意味内容の処理を助けることに設定された。困難な領域は、ボブの集団所属の欲求と価値観との矛盾にあるとされた。第2回の面接では、治療者の支持をえてボブの症状は軽減し、仕事に対する自分の気持ちをラリと話したり、探求したりすることができた。そして、ラリと結婚したら、「非常に多くのものを断念せざるをえなくなるのではないか」との恐れを口に出しはじめた。治療者は、主要な問題領域がボブとラリの関係にあるとみたので、彼女をセッションに加えることを提案した。

その後のセッションでは、ボブとラリは、お互いが関心をもち合い、かつ対

立している問題や相互の不満，不安などを話し合った。この段階で，ボブはラリと「とくと話し合う」ことにより，かつて有効だった習慣的な問題対処パターンが回復をみる。さらにラリは，ボブにとっての社会的支援者の役割もいつしかとっていたのである。

　こうして，最後の面接ではボブは，しだいに葛藤もとけ，ラリと結婚し，かつ仕事（職場での昇進をふくめて）をつづけたとしても，失うものよりは得るものの方がずっと多いだろうと考えている旨，明言したのである。

第四段階：終結の準備

　この段階も，ラリの参加のもとですすめられた。ボブは，現在の行動様式や満足感と，将来の生活に対する期待のいずれを選択するかを決めるために，それぞれの場合の結果について比較検討するようになった。そうしたボブが，将来の計画立案に，ラリを含めようと決心したことも，現実に立ち向かおうとする彼の姿勢のあらわれである。人生のある段階では，ひとつの意思決定は，必ず快楽のいくつかを放棄することを意味するという事実を受容することが必要であり，ボブはそれができるところまで成長したのである。

6　むすび

　これまで述べたところからも明らかなように，危機援助法は，危機療法を含めて，短期心理療法の部類に入れることができる。しかしながら，この危機援助法を，伝統的な心理療法の単なる間に合わせの簡便法であると見なすことに与することはできない。危機療法には，他をもっては代替しえない独自の存在理由があるからである。

　そのひとつは，従来の心理療法やカウンセリングは，治療者の役割をとる人たちの多くが中産階級的価値を担う人たちであるため，そのアプローチにまつわる基本原理や手続きは，中産階級の人たちにはマッチしても，別階層の文化とは適合しえない面があるとされる点である。この点，危機援助法は，地域社会のキーパーソンや，その他の社会資源をも動員するものであるから，そうした文化的・価値的ギャップが縮小され，すべての階層の人たちに適用しやすくなる。したがって，こうした危機援助法は，援助サービスのより公平な供給を可能にしてくれるのである。いわゆる「積極的精神療法」だけで武装したサービス・プログラムの空白を補充する，有力な革新的技法のひとつと言ってよい。

第二の点は，「適応」についての新しい考え方が，この危機援助法の根底にあるということである。従来の心理療法は，たとえば「十全に機能している人間」(Rogers, C., 2001) などのように，ある意味では理想的な人間像を治療の目標として掲げ，それに向かって，人格を変容または再構成するための営々たる努力であった。しかし，危機援助法の基本的なスタンスは，そういう理想主義の桎梏から自由であるように思われる。人間は，当面の危機状態を克服して，以前の心の平衡を回復するだけでいちおう十分なのであり，また当人の人格の変容よりは，周囲の社会資源の動員を通じて，当人が問題対処の新しいレパートリーを創出するのを助けることに主力を注ごうとする。暗黙のうちに，「社会システムのなかのパーソナリティ」(Murrell, 1973) として，人間をとらえているのである。

　第三に，この技法は，もともと簡易であることと，専門家とのコンサルテーションやチームワークのもとで実施されるが故に，多くのパラ・プロフェッショナルや，心理臨床以外の専門家，一般のボランティアたちに対して，援助サービスの担い手としての役割を容易にする点である。このことは，第9章から第12章の内容とも深く関連してくる。

第9章　ボランティアによる相談・助言システム

　地域社会には，心理・社会的問題を誘発する働きと，それを解決していく働きとがある。したがって，問題の発生源（ストレッサー）としての側面が肥大化することもあるし，問題解決機能が優位になることもある。そうした両者の比率いかんが，それぞれの地域社会の「健康度」を測る物差しとして役立つことも，容易に理解できるところである。

　一方，問題解決機能が優位になるように，地域社会を設計または変革しようとする意図的な努力も，少なからず報告されている。小は諸々の治療的コミュニティから，大はニュータウンの造成に至るまで，その構想や規模にはバラエティがあるが，いずれの場合も，そこに居住する人々の健康と福祉の増進が究極の狙いであることは言うまでもない。

　ここでは，都市化社会に生きる人々の心理・社会的な諸問題の解決に資する有効な相談・助言システムのあり方について考えるのであるが，その構想も，基本的には前述のごとき「コミュニティの創生」の場合と軌を一にするものである。

　以下では，主として育児不安や育児ノイローゼなどの解決をめざす，地域コミュニティの相談・助言システムについて考えてみる。

1　新しい相談・助言システム

　さてそれでは，今日における新しい相談・助言システムはいかにあればよいのだろうか。

　結論からいえば，1つは専門家依存型では十分に機能しないということであり，2つは，自然発生的なかつての地域内互助システムと機能的に等価な人工システムを，都市化社会のなかに埋設（ビルド・イン）することである。しかしながら，そのことは，現実の社会を，かつての町や村の生活環境に，そっくりそのままの形で引きもどすことを意味しない。そのようなことは望むべくも

ないし，また今日の社会環境下では，かえって逆の機能を演じるおそれがあるからである。私の提言の強調点は，かつての地域に備わっていた心理・社会的問題への対処能力やそのメカニズムを，今日の実情に即して設計し造成することにある。

とはいえ，そのことは必ずしも容易なことではないように思われる。今日の都市化社会の現状は，そうした人工システムを自力でつくり上げるだけの基本的前提を満たしていないからである。何よりも，地域住民の「コミュニティ（共同体）意識」の風化は目を覆わしめるものがある。そのうえ，こうした社会環境下にもかかわらず，相互援助的なシステムを設計し運営するための理論とノウハウが，十分な成熟をみていないことも確認しておかねばならない。

まず第一の問題から考えてみよう。都市に限らず，このごろの地域生活では，住民どうしの助け合いなど，殆ど見られなくなった。他人（ひと）のために何かをするということもないかわりに，他人からの手助けを求めようともしない。行動や結果だけではなく，そうした心構えや態度が希薄になったのである。私たちの少年時代まで，否わずか30〜40年前までは，町や村の生活に，そうした助け合い精神といったものが色濃く残っていたようなのに，このごろはどういうわけか，こんなことになってしまった。理由のひとつは，今日の人々は他人に手を差しのべることを億劫がり不安がるということである。困っている人に手を差しのべた場合，相手方がこちらの気持ちに素直に反応してくれるとよいのだが，「大きなお世話」といった態度に出られるおそれも十分にあるからである。そこで人々は，手をかしてあげたくもあり，不安でもあるといったアンビバレントな気持にならざるをえない。「善意」はあるが，スムーズに手出しができないのである。

第二の理由は，他人からの援助を快しとしない心情が，私たちの心底深く潜在しているということである。どうしようもなく困りはてても，よほどのことでないかぎり，隣人に助けを仰ぐことはまずしない。それはまるで，他人のお世話になることを「無上の悪徳だ」とでも考えているかのようだ。もっと早く隣人の援助が得られていれば，これほどまでに問題をこじらせたり，破局に直面せずともすんだであろうに，と思わせるケースも少なくない。このように考えてくると，第一にあげた不安は，第二に述べた現代日本人の深層心理の投映であるともいえる。

とにかく，手助けを提供することをためらい，それを受けることを潔しとしない。これが，都市化社会のなかの日本人の平均的心情ではあるまいか。わが国におけるボランティア活動の低調さの決定的な原因のひとつであるかもしれ

ない。しかし，このことは，日本人の「善意」そのものが冷え切ってしまったのではないことを，逆に示唆してもいる。抑圧された「善意」を顕在化させる方途を，私たちは探らねばならないのである。

次に，第二の問題を考えてみる。これは，都市化社会のなかに有効な地域的な支援システムを構築するコミュニティ科学や社会工学の未発達という問題である。一般にコミュニティなどの社会システムは，これが近隣社会であれ企業組織であれ，それ自体システムとしての平衡を保ちながら存続している。したがって，こうしたコミュニティへの介入は，当のシステムからの抵抗を喚び起こすことになりかねない。コミュニティ心理学とは，かかるコミュニティの構造や力動（ダイナミックス）を明らかにし，そのニーズや社会資源を把握し，新たな「機能的コミュニティ」を構想するものでなければならないが，それがまだ十分な成熟を見ていないことは前述のとおりである。くり返しになるが，かつての町や村に自然発生的に存在し機能していた相互援助は，長期にわたる持続的な対面的接触に基礎をもつ，むしろ閉鎖的な社会環境のもとで確立されたギブ・アンド・テイクのシステムであるが，今日の都市化社会には，これとは全く対照的な状況が存在している。流動的で匿名的な都市の生活環境では，住民の「ニーズ」も見えにくいし，「善意」の所在もさだかには捉え難い。これでは「ニーズ」と「善意」が出会う確率は，きわめて低いといわねばならない。

私たちが構想すべきは，そうした「ニーズ」と「善意」の橋渡しをするネットワークづくりである。ある人たちは，「人材銀行」のひそみにならって，「善意銀行」（ボランティア・バンク）を唱えているが，それも有効な着想のひとつといえよう。すでに「いのちの電話」や地域精神保健福祉サービスの領域で同様のことがおこなわれているので，これらを拡充し強化していくことが今後の課題となろう。なおこれと平行して，地域の中のボランティアの発掘や専門家によるコンサルテーション，研修プログラムの開発などもまた急務である。

一般的な心理社会的問題についての，「地域社会に基礎をおく」相談・助言システムづくりは，困難ではあるが不可能ではないのである。

2 専門家と非専門家ボランティアの協働

これからの相談・助言システムは，専門家や専門機関よりも，主として地域住民のボランティアシップや地域社会の人的，物的な資源に基づくものである

ことが望ましいと，前にも述べた。それは，専門家や専門機関の力で広範かつ多岐にわたる地域住民のニーズに十分応えることができないといった，いわば消極的な理由によるものではなく，むしろ地域住民のなかに潜在する豊かな知恵と善意の方が，こうした問題の助言や援助にとって，いっそう適合しているという積極的な理由による。乳幼児における重度の障害などは専門家の力に俟たねばならないとしても，一般的な育児やしつけの問題であれば，多くの場合，専門家をわずらわせる必要はない場合がある。むしろ，通常の育児に関する経験知の乏しい医師や看護師，心理学者などよりも，そうしたことの体験者であるボランティアの非専門家たちの方が，相手の気持ちに共感でき，はるかに的確な助言や示唆を与えることができるともいえる。言うまでもなく，非専門家の活動にはそれなりの「副作用」も予想される。しかし，そういった「副作用」も，専門家との協働関係（コンサルテーションや委託など）によろしきを得れば，予防できないわけではない。

　もうひとつ，こうした問題への助言・援助サービスに地域のボランティアを活用することのかくれた意義を指摘しておきたい。それは，こうした体制ができると，専門家たちが，彼らにふさわしい本来的業務に専念できるようになることである。私なども，かつて育児・しつけをめぐる講演や相談などにたびたび携わったが，親たちの訴えの多くは，わざわざ専門家に尋ねなくてもよいような場合が少なくなかった。こういうたぐいの相談ばかりを受けていると，専門家本来の役割遂行が妨げられるかもしれない。ボランティアとの協働は，専門家をしてそれにふさわしいサービスにたずさわらせ，引いてはサービスの質の向上を可能にするであろう。

　さて非専門家たるボランティア中心の相談・助言システムが機能し始めると，専門家や専門機関には，これまでにはなかった新しい役割・機能が期待されるようになる。

　その第一は，サービス・プログラムの作成とその評価という役割である。それには，地域の中の「ニーズ」と「善意」の分布状態の把握や諸々の社会資源の査定の作業などが含まれるだろう。専門家や専門機関は，そうした新しいサービス体制の設計や改善のため，努力のかなりの部分を「リサーチ」やコンサルテーションにふりむけることができるようになるはずである。

　第二は，地域住民との協働者（コラボレイター）という役割である。専門家と非専門家，専門機関とボランティアは，互いに立場は異なるものの，めざすところは地域住民の健康と福祉の向上，自己実現の支援以外のなにものでもない。ここで専門家が注意すべきことは，ボランティアたちの活動のあり方を，

自分の側の専門的サービスの物差しで律してはならないということである。言いかえると，ボランティアたちの持ち味や「非専門家らしさ」を，可能なかぎり許容することである。しかし，こうした寛容さは，従来の専門家養成の基本的原理にもとるものであるかもしれず，したがって非専門家との協働は，専門家の人たちにひとつの試練となる可能性があるのである。もし，専門家がボランティアの「アイデンティティ」を無視し，自らのそれを押しつけていくならば，ボランティアの潜在力を活用するプログラムなど，文字どおり画餅に帰するであろう。

　第三は，ボランティアの多様な潜在力に出番を知らせ，各パートの働きにハーモニィを創りだす調整者（コーディネーター）の役割である。それは，まるでオーケストラの指揮者と似ている。「指揮者」に人が得られないとき，それぞれのパートがいかに腕ききのソリストを揃えていても，所詮すぐれた楽曲の演奏は覚束ない。かといって，指揮者のようにあまり目立つのも困る。黒子（くろこ）として地域活動全体を支える専門家を，外山（1971）にならって「エディターシップ」と呼んでみる。新しいタイプのリーダーシップと考えてよいだろう。

　もとより，地域社会のなかの心理・社会的問題に効果的に対処するには，地域社会のボランティアシップに頼るだけでは不十分であるかもしれない。すると，専門家や専門機関に期待されるもうひとつの役割は，効果的な対処にとって必要かつ十分なるシステムの設計をすることである。また，それを実施していくために，必要とあらば行政機関やマス・メディアとのタイアップも模索しなければならない。

　こうした諸々の異なる専門機関の間に協働関係を創出する役割も，誰かが専一に担わなければならなくなるだろう。こうなると，従来の専門家や専門機関が，自らの役割のレパートリーを間に合せ的に拡げるだけでは追いつかない。「新しいタイプの専門家」としての「コミュニティ心理学者」の登場が待たれる所以である。

3　「ユーザー」のためのシステム

　マレル（Murrell, 1973）は，その著『コミュニティ心理学』のなかで「われわれは，システムというものを単一のカテゴリーとして考えることに慣れている」と述べ，これまでのサービス体制を批判して，「本来は複合的ニーズに関わる各種の心理・社会的問題に，単一システムの観点から応えようとするもの

だ」と指摘している。

　マレルの論点は，彼のあげる例を見ればもっと明らかになるであろう。たとえば，彼は言う。サービス体制を構想する際の前提は，「受益者たちの要求がいわゆる「専門区分」と同じやり方で分割できる」ということであるようだ。もしそうであれば，われわれは，学校が子どもの健康に関心を持ってくれることや，病院が両親から分離されて入院している子どもの情緒的反応にまで関心を払ってくれることなど期待するわけにはいかなくなってしまう。つまり，受益者たちは，複合的で相互に関連のあるサービスを要求していることが多いのに対して，サービス・システム相互間では，専門分野（ディシプリン）に基づく単一のサービスしか提供しようとしない。おまけに，こうした単一のサービスを提供するシステムの間では，サービス相互間の調整も十分におこなわれていない，と。

　このマレルの指摘は，サービス・システムを構想するうえで，きわめて重大な警告を含んでいる。換言すれば，これまでのサービス・システムは，システムの側，つまりサービス提供者の側の都合と論理が優先し，肝心の受益者（ユーザー）のニーズや都合は第二義的なもの，または無視されがちだった，ということである。

　こうしたサービス・システムの致命的な欠陥を改善するためには，システム設計とサービス・プログラムの中に，受益者たる地域住民の意向を反映させるための方途（マレルは，これをシステムに対する「入力回路」と言う）を組み込んでおく必要がある。

　本稿で論じた「これからの相談・助言システム」もまた，「ユーザー」のニーズに即応できる社会支援システムでなければならない。

第10章　いのちの電話

　東京に「いのちの電話」が発足したのは1971年の秋であるから，日本のいのちの電話運動も，すでに30余年の歳月を閲したことになる。
　その間，1973年には「東京英語いのちの電話」（TELL）と「関西いのちの電話」，1976年には「沖縄いのちの電話」，1977年には「北九州いのちの電話」が開設され，その時点で「日本いのちの電話連盟」（Federation of Inochi No Denwa; FIND）が結成された。今日では，この連盟に加盟し，「いのちの電話」の名称を使用しながら電話相談業務に携わっている団体が51局となり，文字通り全国的なネットワークができている。（図10-1参照）。また，この運動で，ボランティアとして電話相談に携わっている者の数は，5,000人余りに達している。
　ここでは，こうした「いのちの電話」の特色や，意義，課題などにつき考えてみることにする。

1　いのちの電話の特色

　いのちの電話を開設しようとすれば，日本いのちの電話連盟から名称使用の認可を得なければならない。その際，認可の要件として，(1) 発起人が100人以上いること，(2) 60時間（9ヶ月）以上の相談員養成課程をもつこと，(3) 理事会等の責任体制を確立することなどが掲げられている。つまり，いのちの電話は，民間のボランティア運動であり，自らの責任において業務を遂行し，また組織の運営をおこなうことが期待されているわけである。
　さて，そうした業務の内容であるが，東京いのちの電話にならい，全国の各センターが，「孤独のなかにあって，助け，慰め，励ましを求めているひとりひとりに，よい隣人として，『電話』という手段で対話する」ということを掲げているところからも明らかなように，これは，正統的な心理療法に一般的な対面的治療（援助）関係を前提としていない。すなわち，クライエントと援助

いのちの電話相談センター

センター名	相談電話
旭川いのちの電話	0166-23-4343
北海道いのちの電話	011-231-4343
あおもりいのちの電話	0172-33-7830
秋田いのちの電話	018-865-4343
盛岡いのちの電話	019-654-7575
仙台いのちの電話	022-718-4343
山形いのちの電話	023-645-4343
福島いのちの電話	024-536-4343
新潟いのちの電話	025-288-4343
長野いのちの電話	026-223-4343
松本いのちの電話	0263-29-1414
群馬いのちの電話	027-221-0783
栃木いのちの電話	028-643-7830
足利いのちの電話	0284-44-0783
茨城いのちの電話	029-855-1000
北海道いのちの電話水戸	029-255-1000
埼玉いのちの電話	048-645-4343
千葉いのちの電話	043-227-3900
東京いのちの電話	03-3264-4343
東京多摩いのちの電話	042-327-4343
東京英語いのちの電話	03-5774-0992
川崎いのちの電話	044-733-4343
横浜いのちの電話	045-335-4343
山梨いのちの電話	055-221-4343
静岡いのちの電話	054-272-4343
浜松いのちの電話協会	053-473-6222
岐阜いのちの電話	058-297-1122
愛知いのちの電話協会	052-971-4343
名古屋いのちの電話	059-221-2525
三重いのちの電話	075-864-4343
京都いのちの電話	0742-35-1000
奈良いのちの電話協会	06-6309-1121
関西いのちの電話	078-371-4343
神戸いのちの電話	0792-22-4343
はりまいのちの電話	073-424-5000
和歌山いのちの電話	0857-21-4343
鳥取いのちの電話	0852-26-7575
島根いのちの電話	
岡山いのちの電話協会	086-245-4343
広島いのちの電話	082-221-4343
徳島いのちの電話	088-623-0444
香川いのちの電話協会	087-833-7830
愛媛いのちの電話協会	089-958-1111
高知いのちの電話	088-824-6300
北九州いのちの電話	093-671-4343
福岡いのちの電話	0952-34-4343
佐賀いのちの電話	095-842-4343
長崎いのちの電話	096-353-4343
熊本いのちの電話	097-536-4343
大分いのちの電話	099-250-7000
鹿児島いのちの電話協会	098-868-8016
沖縄いのちの電話	

図10-1 いのちの電話の全国ネットワーク

あなたの心の苦しさを、お話しください。
自殺予防 いのちの電話

0120-738-556

12月1日(木)0:00より12月7日(水)24:00まで（24時間無料です）

電話してよかったと思う日がきっとくる

http://www.find-jjp.jp/
日本いのちの電話連盟

主催：社会福祉法人いのちの電話　後援：厚生労働省

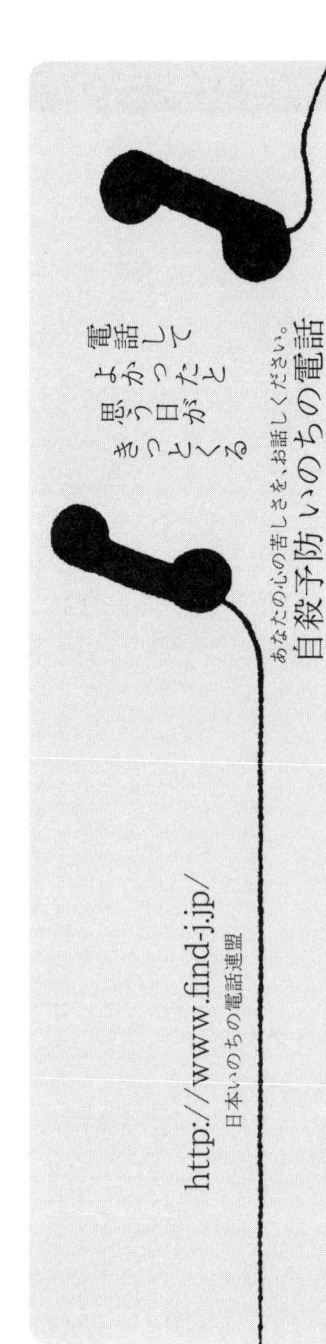

「いのちの電話は1971年に日本で開設されて以来、年中無休で相談を受付けています。」

表 10-1　いのちの電話の基本線

1. 1日24時間電話相談を受け付けます。
2. 電話相談員は秘密を必ず守ります。
3. 電話相談は無料です。
4. 匿名でもかまいません。
5. 必要に応じて，精神科医療面接および心理面接を受けることができます。
6. 直接電話相談にあたるのは定められた訓練課程を修了した人々です。

（治療）者の間には「電話という道具」が介在しており，そのため，一般の治療（援助）関係における当事者間の物理的ならびに社会的距離は相対的に大きいことになる。しかし，一方，こうした「距離」が，クライエントのサービスに対するアクセシビリティを高めることに寄与してもいるわけである。顔が見えず，名前も匿せるので，その分利用しやすく，かつ利用の中断も自分の意志のままということになる。換言すれば，いのちの電話では，クライエントと援助者の関係は文字通り一期一会であり，心理療法でいう治療関係の発達は，機関とならばともかく，個々の相談員とクライエントの間には生じ難いといわねばならない。

　いのちの電話では，自分たちの活動を「眠らぬダイヤル」と自称する。これは「だれでも，いつでも，どこでも」利用できるホットラインを目指しているからだ。電話機ひとつあれば，このサービスが利用可能であることを強調しているのである。しかも，その「問題のいかんを問わないということ」が暗黙の含みとなっている。事例の選別は可能なかぎりおこなわず，かけてきたクライエントはすべて受け付けるわけである。

　ところで，いのちの電話の原則を最も端的に示すものとして，「いのちの電話の基本線」なるものを表10-1に示してみた。つまり，年中無休・1日24時間体制，無料，秘密，匿名，相談員は訓練を受けたボランティアだが，専門家によるサービスとも連携しているというこの基本線は，いのちの電話が内外に対して，自らの独自性と限界を確認したものにほかならない。サービス時間と「適応性」のいずれの枠も思い切り広げること，ならびに市井の非専門家ボランティアを第一線に立てることなどにより，利用しやすい「全天候型」の危機介入センターを第一義的に目指すだけに，積極的精神療法が窮極の目標としたクライエントの人格発達などは，自らの活動の本来のゴールとはしないという

ことである。
　この点，次の節で，もう少し考えてみることにしよう。

2　いのちの電話が目指すもの

　前節で取り上げた「いのちの電話の基本線」は，この電話相談運動の内実を示したものである。しかし，このような構想や運営方法では，この運動に大きな効果を期待することはできないという批判もある。つまり，いのちの電話の「独自性」はすなわち「致命的な欠陥」でもあるとする論説である。そして，こうした論説は，積極的精神療法の立場からのものが多い。
　そこで，この点について，もう少し考えてみることにする。

(1) いのちの電話は，危機介入を主眼とする

　人生途上では，人は色々な難問題に遭遇する。それらを乗り超えて進むこと，これが人生なのであり，それを通じて人間としての成長も遂げることができる。とはいえ，こうした難問題がいつもうまく解決するとは限らない。事態は一向に好転する兆しもなく，ますます窮地に追い詰められることも少なくない。
　こうした八方ふさがりのお手上げ状態を「危機」と呼ぶ。しかし，何かの拍子で出口が見えてくることもある。この「何かの拍子」のひとつに，いのちの電話がなろうというわけである。つまり，いのちの電話は，クライエントの「人格の変容」よりも，当面の危機の調停（危機介入）を自らの主要レパートリーとして限定し，それに取りくむ運動なのである。ここで，積極的精神療法と危機介入の対比については，アグレアとメシック（Aguilera & Messick, 1974）による精神分析療法や簡易心理療法と危機介入との対照表を表8-1（93頁）に示したので，参照されたい。

(2) 非専門家の強みを生かす

　心理社会的問題には，そうした分野の専門家を充てるべきであり，したがって知識・技能の未熟な非専門家が前面に立ついのちの電話などでは，有効なサービスは提供できないといった批判は，それなりにもっともな面もあるように思う。しかし「非専門家」とはあくまでも精神医学や心理臨床，法律などからみてのことにすぎないことに留意する必要がある。むしろ，ボランティアの人たちの専門的背景はきわめて多岐にわたっており，その人生経験もバラエティ

に富む。こうした多様な人びとのチームワークが成立するならば、これは、特殊領域の専門家の働きに勝るとも劣らないような、というより、少数の専門家しか擁していない専門治療機関よりも多様にして有効なサービスが提供できる可能性すら宿しているといえよう。この場合、非専門家であるボランティアの成長を促したり、クライエントとの接触から生じる戸惑いや危機に対処するため、専門家によるバックアップ体制を運動内部にビルド・インしておくと、運動が一層有効性を高めることは言うまでもない。というのは、非専門家は、善意の発露として、自分の限界を無視してクライエントの問題に深入りし、自分も身動きがとれなくなったり、ときには、クライエントに不利益をもたらすことにもなりかねないからである。いのちの電話に「スーパーバイザー」として参与している心理臨床の専門家の役割は、可能なかぎり非専門家の潜在力を引き出すとともに、その「副作用」を極小化することにあると言ってよい。

(3) いのちの電話は、事例選択をしない

「だれでも、いつでも、どこでも」というキャッチフレーズが明示するように、いのちの電話は、それがどんな問題であれ、また誰からのものであれ、例外なく受け付けて真摯に対応するのを原則とする。そのうえ電話をかけるかどうか、途中で切るかどうかも、クライエントの意志にゆだねられている。このことは、反面で相談員に多大の忍耐力と受容性を要求することになる。ときには、心理的ストレスや自信喪失の原因となることもある。しかし、いのちの電話のこの姿勢は、クライエントが「たらい回しにされた」という不信と不満を軽減するのに役立つ。とはいっても、このことは、いのちの電話が、万事にわたって究極の解決策を自前で提供できるなどと自負していることを意味しない。それどころか、いのちの電話は、心理社会的問題に行き悩んでいる人たちの援助ニーズに最初に感応できるセンサーであり、さらには、それらに対して救急的に処置をおこなうエイジェントでもあると自らを規定しているのである。これは、専門家たちに特有の「完璧な治療」や「治療の完結」という強迫観念からある程度解放されないかぎり、受け入れがたい立場ではあるまいか。「事例選択をしない」ということは、治癒像よりも過程像に、つまり、問題の解決よりもクライエント自身とのかかわり自体に焦点をあわせようとする基本的態度の顕現といってよい。積極的な意味での粗放性こそ、いのちの電話運動を支えるエートスのひとつと言えるのではあるまいか。

(4) いのちの電話は，他の社会資源と手をつなぐ

　以上 (1) から (3) までに述べた特徴は，いずれも，いのちの電話の提供できる治療・援助のサービスが自己完結的なものでないことを暗示している。いのちの電話は，事例を選ばず，電話という手段の積極的利用をよしとし，24時間サービスの体制をとるなどして，社会に対しその間口を存分に広げているが，これは，ある意味では，地域社会の中の心理社会的問題をもつ人たちに精一杯開かれた「総合受付」の窓口となり，必要とあらば，各種の援助・治療的社会資源に対して橋渡し（委託：リフェラル）をすることを前提としているためである。たとえば，一時期多かった「サラ金」問題なども，最終的には弁護士会の「サラ金110番」に紹介して，即座に専門家とのコンタクトがとれるようにするなどがそれである。いのちの電話は，このように，地域社会資源のネットワークと，悩み・孤独の中にある人びととをつなぐ連結ピンにほかならない。ちなみに，福岡県内の公私の電話相談機関は，1986年秋に「福岡県電話相談事業連絡協議会」をつくり，相談・研修・統計等の面で相互に有機的連携をはかっているが，こうした平素からの交流は各種機関の独自性を活かしつつ，相互補完的にサービスの質を向上させるのに役立っている。

3　この運動をめぐる課題と展望

　この運動に関連する課題として，ひとつは当該運動団体の維持発展に関するものであり，他はそれが提供するサービスの質の向上に関するものである。以下，それについて主なものを箇条書きにしてみよう。

　第一は，マンパワーの問題である。いのちの電話は，無償ボランティアによって支えられることを原則とする。そのため，一般の社会組織の場合のような全面的なコミットメントと忠誠心を，この運動が持続的に調達するのは容易なことではない。建て前論やきれいごとだけでは，運動体の形成も維持もできないのである。そのためには，ボランティアが運動参加の初心を全うし，かつ社会的貢献や自己成長が実感できるように，彼らの研修と参加の機会を保障しなければならない。そうでないと，「運動が人間を疎外する」といった自己矛盾に陥ってしまう。

　第二は，ボランティアの倫理責任の問題である。別の言い方をすれば，もともと善意に発した，素人が主体のサービス活動に責任が問えるのかということである。この問題については，まだ最終的な結論は得られていないが，われわ

れとしては「原則として個々のボランティアには責任は問えないこと」、しかし、「当該の運動体には道義的責任を問うことができる」ことなどを暫定的な答えとしている。いのちの電話では、われわれのサービスは、一応の訓練を受けたとはいえ、素人であるボランティアによって提供されるものであることを、社会や利用者に明言し、周知徹底をはかるとともに、少なくとも「負のサービス」にはならないよう、ある程度厳しい研修の義務を課している。こうした事情のため、月に2, 3度（1回4時間程度）しか執務しないボランティアの人たちにとって研修の負担が不釣り合いなほど重いものに感じられたとしても無理からぬことである。その意味で、研修担当部門とボランティアとの間に一定の緊張関係があるのは至極当然であり、かつ必要なことではなかろうか。

　第三は、ボランティア相談員の補充をめぐる問題である。1日（24時間）を5つの時間帯に分け、1つの時間帯を3人の相談員で担当するとすれば、1日に延15人、1ヵ月で延450人が最低必要となる。もし、1人の相談員に月2回ずつ担当してもらうとすれば、相談員実数は255人ということになり、若干の余裕を見込むと相談員実数は300人を確保する必要がある。

　ところで、一体、これだけのボランティアを供給できる地域社会の人口規模とは、どれくらいなのか。われわれの経験では、いのちの電話が所在する地域エリアの人口が、後背地を含めて200万人を割ると、必要最低数の調達は難しくなるように思われる。少なくとも、応募者の年齢、健康、適性などをほとんどすべて不問に付さないかぎりは、である。したがって、マンパワー確保の観点からするかぎり、地方中小都市での「24時間体制」の実施は、サービスの質に目をつぶるか、あるいは相談員の酷使を覚悟するかしないかぎり覚束ないことといわざるをえない。

　第四は、にもかかわらず、「いのちの電話の基本線」のひとつである「24時間体制」を実現しようとすれば、隣接するいのちの電話とのネットワーキングによって対応するしかなかろう。たとえば、隣接する2つの中都市AとBが人手不足で夜間電話相談担当者の必要数をそれぞれ半分くらいしか充足できなかったと仮定する。その場合、2つのいのちの電話は、週のうち前半の4夜をA、後半の3夜をBというように分担し合うのである。ただし、A、B両センター間は、夜間、転送電話が機能していて、Aセンターが非番の夜は自動的にBセンターにつながるという仕組みになっていなければならない。この転送電話のシステムでは、クライエントがAセンターにダイヤルすれば、自動的にBセンターに転送される。この場合、クライエントはAセンターまでの電話料金を負担するだけでよく、AからBへの転送料金はAセンターの負担となるのである。

そこで，福岡いのちの電話でも，仮に週3夜を転送電話で隣の北九州いのちの電話に依存するという机上のシミュレーションを試みたことがある。まず夜間料金で夜10時から朝6時までの8時間，フルに転送したと仮定すると，自センターが負担すべき転送料金は月当り最高17万円弱，年当りでは最高200万円余りという高額となることがわかった。もちろん，非番の夜，毎回転送電話がフルに使われるということもあるまいから，実際には3分の1くらいと見ておけばよかろう。つまり，「24時間体制」とか「眠らぬダイヤル」といういのちの電話の基本線は，単位となる個々のセンターで拙速に実施すべきものではなく，隣接の電話センターとの相補体制の確立をまち，余力をもって24時間体制に踏み切るべきではないか，というのが筆者の見解である。

4　むすび

　以上，いのちの電話の基本的特色や運営上の諸問題について思いつくままに論じてみた。電話とボランティアをドッキングさせ，地域社会の支援をバックにして，ささやかなりとも心理社会的問題に悩む人びとの「よき隣人」になろうというこの運動も，初期の大都市型の時代が終り，全国の県庁所在地のほとんどすべてに設置される段階を迎えている。こうした過去20～30年あまりの間には，いのちの電話としての独自の理念やノウハウもそれなりに蓄積してはきたが，真に地域精神保健活動の一端を担う運動としての内実を高めるために，革新的アイディアと新たな展開が期待されているように思う。
　いのちの電話において「ケース」とは何か，相談内容にはどのようなものがあるか，運動プログラムの効果の査定や相談内容の社会改革に対するフィードバックはいかにすべきかなど，取り上げるべくして割愛した問題も少なくない。巻末の参考文献を参照していただければ幸いである。

第11章 「ボランティア」の効用と限界

　「いのちの電話」に限らず，一般にボランタリーな市民運動が成り立つためには，その地域社会の中に，一定量以上の「善意」や「ボランティアシップ」の先行ストックがなければならない。これを換言すれば，そうした「善意」や「ボランティアシップ」を保有すること自体，その地域社会が何時でも「人間の顔をした生活環境」に変わりえる可能性を秘めていることの証しである。
　一般にヨーロッパなどでは，小さな地方都市でも教会堂やオペラハウスがあり，都市の品格を保つひとつの風景を形づくっているが，それと同様に，今日，いのちの電話のようなボランティア運動の有無は，その地域の特質を規定する重要なメルクマールと考えてもよいのではあるまいか。
　年に一度「人間ドック」に入院したりすると，日ごろ病院生活に馴染みの薄い人間には，消灯後の病室の侘しさはひとしおである。しかし，そうした病室の窓から眺めてひとつだけ心安まるのを覚えるのは，高層病棟の縦一列に煌々と照明のついたナース・ステーションが並んでいるのを目にした時である。ものみな寝静まった中，入院患者の急変に何時でも対応できるよう，不眠不休で待機している人がいる（あるいは，そういうシステムが作動している）ことが実感できるだけで，こうした安らぎが与えられるのである。
　これと同じように，いずれの地域でも，たとえば「いのちの電話」が，文字どおり「眠らぬダイヤル」として，24時間・年中無休で，善意のサービスを提供していることを人々が知る（あるいは，人々に報らせる）ことは，それだけで地域の人々に心の安らぎをもたらすこととなるだろう。
　本章では，こうした「いのちの電話」に，ボランティア運動の方法論あるいは「効用と限界」という観点から光を当ててみたい。

1　現代の社会状況と「いのちの電話」

　さて，現代の社会状況を表現する主なキーワードに，核家族化や都市化，地

域コミュニティの解体（崩壊），技術革新，情報化などがある．とにかく，社会変化のすさまじい時代であるということである．

1989年6月3～4日の2日間，九州大学で日本家族心理学会第6回大会が開催されたが，そのメイン・シンポジウム「現代家族のゆらぎを超えて」でも，すべてのスピーカーに共通していた認識は，一見豊かで平和に見える状況の下で，それぞれの家族が社会的にますます孤立し，当該家族やその構成員に各種の歪みや問題が噴出してきているということであった。そのシンポジウムの内容については，当日の企画・司会者であった筆者が総括しているので，ここでは繰り返さないが，とにかく，今日，個々の家族や個人が日々直面している社会状況はまさに危機的であると言っても過言ではないのである（安藤，1990）。

では，なぜこのような状況が生まれたのだろうか。先に述べたキーワードのうち，何といっても始めの3つが，今日の人間状況や問題の特性を最も端的に示唆しているように思われる。

まず，「核家族化」の問題から述べる。核家族が急速に増えるのは，昭和30年代の，それも後半以降であった。もともと戦後に日本国憲法や民法の改正などにより，核家族化への下地が出来ていたが，空前の高度経済成長と，それに伴う大規模な社会移動という新たな条件が加わるに及んで，一挙に核家族化が加速されることになる。なお，ここで「核家族」とは，「一組の夫婦（並びに未婚の子女）で構成される家族」のことをいう。それは，例外はあるものの，普通には，おおむね「夫婦水いらず」のリラックスした幸せ一杯の家族生活を想像させるものがある。

しかし，これがいったん裏目に出ると，核家族は，大人が「二人ぼっち」でつくる，ストレスへの抵抗力の乏しい社会単位に過ぎないことが露見する。最近新聞やテレビなどで，びっくりするような夫婦・親子などをめぐる新奇な事件が取り沙汰されているが，それらのかなりの部分は，家族の周辺に人生経験の豊かな人が居さえすれば起こらずに済んだかもしれない。つまり核家族とは，いかなる理由であれ，2人の大人の何れか一方が心身の不調を来たし，あるいは欠損を生じた場合，立ちどころに家族機能に致命的な不全が生じてしまう脆弱な社会システムであると言わざるを得ない。今日，大方の人々は，かつてほとんどの家族が，生老病死を含むかなり厳しい人生試練にも，家族内でそれなりに対処しまたは解決できていたことを忘れている。現代家族が失ったものが何であるかを正しく認識することなくしては，家族や個人の問題についての抜本的かつ有効な支援の方途を見出すことはできないだろう。

第二に，「都市化」と「地域コミュニティの解体」という2つのキーワード

について考えてみる。というより「都市化」の結果として現われて来た物理的・社会的な生活環境について，と言うべきかもしれない。かつての村や町の生活でも困難な問題にはこと欠かなかったはずだが，それらの多くは近隣社会からの，ごく自然な介入と支援によって問題が重大化する前に沈静化され，あるいは解決の糸口が見出されていたように思う。問題なのは，そうした近隣社会の支援が，現代の社会状況下ではほとんど期待できなくなったということである。

　この点については，筆者はかつて，微視的な見地から『西日本新聞』（昭和50年6月9日，朝刊）に「近くの他人におせっかいを」という小文を載せたことがあるので，それを，ここに全文引用してみたい。

　　〈近くの他人に「おせっかい」を〉
　　都市の日本人は，ちょっぴり「おせっかい」になってほしい，というのが，私の第一に言いたいことである。
　　バスや列車のなかに，幼児を抱いたご婦人が乗りこんできたとする。すると，わるびれずに席を譲ってあげてはどうだろう。また彼女がハンカチを床に落としたら，すぐに拾ってあげてはどうだろう。いずれも，気張ってするほどのことではないのだから。だが，現実はどうか。これが全然スムーズにゆかないのだ。他人（ひと）さまのことを言っているのではない。私自身がそうなのだ。
　　このごろの高校生は，重そうなカバンを持ち歩いている。そうした高校生が，満員バス内で自分の座席のまえに立ちんぼうをしている。そんな時，「持ちましょうか」とスムーズに言えるといいのだが，私はついもじもじしてしまう。何回も，そんなことを繰り返している私だ。
　　だが，バスのなかでの観察では，これが私だけではないらしいことに気付かせられる。では，なぜこうなってしまうのか。ひょっとすると，そうした行動の背後には，日本人特有の"はにかみ"があるからではないか。みんながやらない特別のことを自分がするというような場合，それがたとえ「よいこと」であっても，私たちはある種の後ろめたさを感じてしまうらしい。
　　本当なら，身近で困っている人，重荷を負っている人がいるならば，頼まれなくとも気軽に手を貸してあげればよい。なのに，なんだか「おせっかい」と言われそうな気がするのだ。
　　都市の日本人に訴えたいもう一つのことは，自分が困ったときは，身近な他人に「悪びれずに頼る（む）べし」ということだ。わたしたちは，どうも自分のことは自分の力でやり遂げ，人手を借りずにすまそうとする。基本的にはそれでよいのだと思う。というより，そうでなくてはならないと言うべ

きか。だがしかし，自分ひとりの力ではどうにも手に負えないような問題に出くわすことも人生では必ずある。そんなとき，こうした私たちの「自前主義」が禍いして，手助けを求めるのが一コマも二コマも遅れてしまう。

　また，たとえ何かを頼むにしても，近くの他人より遠くの肉親の方が先である。ご近所に「お困りの時は，いつでもどうぞ」と言ってくれる人がいるのだが，「そういう言葉に甘えては気がすまない」という気持ちが先立って，ちょっとやそっとでは頼る気になれないのである。

　私たちの，日常なにげない挨拶言葉のなかに「すみません」ということばがある。これも人の足を踏んづけたとかいうような時ならいざ知らず，「ありがとうございます」の代わりに，これを連発する人も珍しくない。お礼を言うべきこと（親切）を他人からしてもらった時，どうして「すまない」のか，もしそうであれば，私たちの「自前主義」もここに極まったというべきであろう。「すみません」「すみません」を連発されると，「自分の親切が相手に重荷となってしまったのか」という気持ちにふとならぬとも限らない。

　だから，もういちど私は言いたい。困ったときは身近な他人にもっと頼るべし，と。「遠くの親戚より，近くの他人」という諺があるが，こうした祖先（おや）たちの知恵が都市化社会のなかで風化してしまったのだろうか。

　とにかく都市の日本人は，もっとご近所の他人（ひと）に目を向けよ，と言いたいのだ。あるときは「手助けを求められる主体」として，またあるときは「手助けを求める対象」として。手助けは提供するが，手助けを受けるのはまっぴらだ，という人がいるかもしれない。しかし，どうだろうか。他人の手助けを断固として拒む人に，よき手助けの与え手がいるだろうか。どんなに自分が困っても他人の手助けは拒むということは，手助けを本来は「不善のこと」とする暗黙の前提があるからにちがいない。

　要するに「近所の他人」と「私」との間に，手助けのやりとりの関係をつくったらよいのに，というのが私の論旨である。相互交換的あるいはギブ・アンド・テイクの間柄といってもよいだろう。

　小雨のふる夕暮れのバス停で濡れながらバスを待つ人があった。側には傘をさして幾人かが，これまたバスを持っていた。だが，傘をさしかけてやる人もいなければ，「入れて下さい」と頼むわけでもなかった。この光景を見た東南アジアからの留学生が，私にささやいた。「日本人は，不親切ですね」と。私は，「ちがう。日本人は，根は親切なのだ。ただ，それを実行する勇気がないだけだよ」と答えた。

　親切を実行する勇気がなければ，今はやりの「地域コミュニティ」づくりも，単なる掛け声に終わるだろう。

（『西日本新聞』1975年6月9日朝刊に掲載）

要するに，このような「核家族化」と「コミュニティの解体」などの社会状況が互に絡まりあって出現した特異な生活文化や社会的風土のなかで，「豊かな社会」特有の「不幸」や「孤独」が培養され続けているのではないか，ということである。とはいえ，こうした現代の世相を生みだしたのも他ならぬ自身である。したがって，こんどは逆に住みやすい社会環境を設計し，あるいは再生するのが，私たちの新たな課題となろう。「いのちの電話」運動もまた，そうした住みよい社会環境を再生するための革新的な社会実験の一つにほかならない。

2　方法としての「いのちの電話」

　いのちの電話の特色について述べる場合，事業の「目的」と「運営」の両面から取り上げるのが普通である。
　しかし，ここでは，事業の「目的」は「電話による危機介入と自殺予防」にあるというだけに止め，以下では主として運営の問題を中心に考えてみたい。
　まず，いのちの電話は「ボランティアによる運動」であるということである。ここで，「ボランティアによる」とは，「善意」が運動の主要な要因だということである。冒頭でも述べたように，当該地域社会のなかに一定量の善意の先行ストックがなくては，そもそも「いのちの電話」は生まれようがない。また，一方「民間の」とは，運動の主体（性）が国や地方行政府以外の，いわゆる非政府的組織（NGO）に在るということに他ならない。
　言うまでもなく，NGOだけで総ての人間的・社会的問題が解決できるなどと考えるのは現実的ではない。しかし，だからと言って「行政」という「大」が常に「小」を兼ねることができるかというと，これまたそうとも限らないのである。「行政」には，それなりの決まりとか手順があり，そのうえ前例などもあって，折々の住民ニーズや社会状況を鋭敏に感受したり，あるいはそれに即座に，しかも適切に対処するといった小回りのきくサービスは，不得意である。また，行政にはひとつの秩序というものがある。それを敢えて「デメリット」として強調するならば，「行政のタテワリ」などといった批判にも発展しよう。
　しかし，行政のために敢えて弁護するならば，こうした行政における「手続き」や「秩序」の尊重は，行政サービスがすべての住民に対し平等・公正を期する上で止むを得ない必要条件ということもできる。

とにかく，こうした行政の力の及びにくいところを，折々のニーズへの感受性にすぐれ，かつ身軽で小回りの効く民間の市民運動が補完していくことは，「問題解決優先型」のアプローチをとる限り，まことに当然のことである。

こういうことを言えば，「何だ，民間運動や市民運動というのは，行政の下請けをするだけなのか？」とか，「民間運動や市民運動は，かえって行政の怠慢を促す原因にもなりかねない」といった疑問や批判が頭をもたげてくるかもしれない。もちろん筆者自身も，ボランティア運動や市民運動に，そういう危惧すべき一面のあることを全面的に否定するつもりはない。しかし，そういう否定的側面のみを恐れるあまり，「民間運動」や「市民運動」に固有の役割や意義を過小評価することに与するわけにはいかない。神ならぬ身の我々である。全き「無誤謬」を目指すあまり「無為」に甘んじるわけにはいかないからである。

とにかく，民間の市民運動の力で何でも解決がつくなどと考えることはできないとしても，それが欠落することから生じる隙間は，強大な行政の力でも到底カバーし得ないということを確認するだけで十分である。筆者はよく，ボランティア仲間と「たかが，いのちの電話，されど，いのちの電話」などと語り合っている。言うまでもなく，前半部分は運動の「量の面」について，また後半部分は運動の「質の面」について，言及しているつもりである。こういう気持ちや態度で運動を進める方が，社会の側からも，その運動をより一層受け入れて貰えるようになるし，他方，運動をより強かに発展させることにもなるのではないか，と考えている。

さて，「いのちの電話」運営の第二の特長は「24時間・年中無休のサービス体制を原則としている」点にある。ここで「原則とする」というのは，このようなサービス体制は，あくまでも，数多ある各地のいのちの電話の「ネットワーク」によって完結すべきものだ，と考えるからである。

筆者が，個々のいのちの電話センターで「24時間・年中無休」シフトを無理やり実施しようとするあまり，過度に無理をするといった事態を必ずしも手放しで歓迎できないのは，それによって電話相談サービスの質だけでなく，それに関わるボランティアが「燃え尽き」を起こし，その成長や充足感（モラール）を著しく阻害する恐れがあるからに他ならない。

これには，ボランティアの「責任」や「倫理」の問題とともに，運動自体がボランティアに対して負うべき「責任」の問題が絡まってくる。同じく「いのちの電話」にコミットしている仲間たちの間でも，この点をめぐる判断にはかなりのバラツキがあるように思える。たとえば，ボランティアの「責任」「倫

理」の場合は、「善意さえあれば十分」というものから、「結果（またはサービス内容）が良くなくてはだめだ」というものまで、様々に位置づけることができようし、一方ボランティアに対する運動体の側の「責任」「倫理」の問題については、ひたすら「奉仕」「犠牲」の調達をよしとするものから、ボランティアの精神的充足と自己実現を第一義的に優先するものまで、これまたきわめて多様である。

筆者などは、どちらかといえば運動の「結果にもこだわる」（というより、「善意の結果はより良いものに」と希う）タイプであり、また運動体は、ボランティアを「守る」ことに自覚的に取り組むべきだとする立場といえる。換言すれば、いくら民間のボランティア運動であるからと言って、「善意」を担保にして「結果」についての免責を主張することは、社会に対する甘え過ぎといわれてもしかたがない。かといって、ボランティアを犠牲にするような「いのちの電話」になっては、何のことだか理解できないとも考える。

こうした二律背反を克服するために、いのちの電話は意図的かつ機能的なネットワークを創る必要が生じてくる。大都市ならいざ知らず、後背地を含めても人口の少ない地方都市の場合は、直近のいのちの電話センターの幾つかと互いにサービスのネットワークをつくり、そのネットワークが一つの単位となって、「24時間・年中無休」のサービス体制をそのエリアで確保するということなど、である。この点については、すでに前章で、福岡と北九州の両いのちの電話の間に「転送電話システム」を導入するという架空の設定の下、主としてその技術面と財政面のシミュレーションを試みているので、ここでは、これ以上立ち入らないが、とにかく、今後、電話料金の値下げとか、あるいは電話料金の肩代わりをしてくれる別のボランティア組織（たとえば、「いのちの電話支援の会」など）ができさえすれば、十分に実現可能であると思っている。

さて、いままで述べた「ボランティアによる電話相談」の「サービスの質」とは、どのように考えたらよいのだろうか。一般には「ボランティア即ノンプロ」と考えがちである。しかし、ボランティア運動には、各方面の様々な専門家が参画しているのが実状である。むしろ、専門家（プロ）と非専門家（ノンプロ）、あるは分野を異にする専門家同士が、それぞれ各自の持味を生かしながら出会いと協働をする広場がボランティア運動なのだ、と言う方が適切かもしれない。もちろん、個々人がばらばらに、自分一人の善意と決断によって個別的に展開するような活動もあってよいわけである。しかし、一定の広がりをもった地域社会のなかに何らかの「望ましい変革」をもたらし、かつそれを定着させようとすれば、「運動」という形態をとるのが適当であろう。いのちの

電話もまた，解体しつつある地域生活の現状を改善し，新しいコミュニティを再生しようとする運動であるとすれば，ノンプロ・ボランティアの豊かな「善意」と，各分野出身のプロ・ボランティアの「ノウハウ」とをドッキングさせることが不可欠の前提となる。ボランティア運動の「評価」あるいは「査定」においても，そうしたドッキングの良し悪しの問題が避けて通れないのはそのためである。

　もちろんこの点については，ボランティア運動は「ノンプロによる善意の営み」なのだから，善意以外のことは評価・査定の対象とすべきでないとする立場もありえよう。この点は，善意・無償の行為が損害賠償の対象となり得るかどうかという法的な問題とも関連しており，きちんとした考察が必要である。しかし，法的な責任はともかくとして，少なくとも自らの「善意」の行方については，ボランティアたるもの，全く責任を感じないわけにいかないのが人情ではなかろうか。それどころか，自分たちの「善意」がより有効に活かされることを願い，いやしくもそれが裏目に出たりすることのないようにと念じるのは当然であろう。

　さて，ここでの問題は，「サービスの質」の意味をどう捉えたらよいか，ということであった。この場合，専門家や専門機関の提供するサービスの水準に一歩でも二歩でも近づくことが「良質」であるとする立場が考えられる。しかし，このような立場に立つと，えてしてボランティア運動の中に，「プロ・ボランティア」と「ノンプロ・ボランティア」という二重の，しかも多くの場合，上下の階層構造ができることを認めざるを得なくなってくる。あるいは，ノンプロ・ボランティアは，プロ・ボランティアの下請けとして，あくまでプロ・ボランティアの監督下で活動しなければならないということになりかねない。これでは，プロとノンプロの対等な手繋ぎやチームワークは覚束なくなる。

　なおこの点に関連して，かつて日本教育心理学会の年次大会で，電話相談についての「自主シンポジウム」を3年間継続して実施した時のこと，ある参加者から，心理学，精神医学，ソーシャル・ケースワーク等の専門家といえども，それだけでは「電話相談の専門家」とみなすのは正しくない，むしろ「電話相談の専門家」といった専門職は未だ存在しないのだ，というような意見が出たことがある。その言葉は未だに耳に残っているが，それは，この言葉の中にいわゆる「プロ」といわれる人がボランティア運動に関わるときに，それなりの自戒と自制が必要だとする含蓄が込められているからに他ならない（長谷川他，1983）。

　結論から言えば，ノンプロ・ボランティアが前面に出るという方式の市民運

動は，プロ・ボランティアだけで組織する市民運動（こういうのが「市民運動」といえるかどうかは別問題として）とは，運動の最終目標はもちろんのこと，それを評価する際の着眼点も根本的に異なるべきだ，ということである。基本的には，ノンプロが前面に立つ市民運動は，ノンプロならではの独自性がなければならない。あるいは，ノンプロの強みをフルに活かした活動，プロの立場ではなかなかできそうにもないような活動であるべきだ，と言ってもよい。このことを，さらに「いのちの電話」の運動に引き寄せて言えば，たとえばまず，夥しいマンパワーを必要とする「24時間サービス体制」など，これは，プロ・ボランティアの市民運動では，にわかに実現できないものである。また，プロは運動の内容が直接に自分の専門と関わっているため，どうしても治療効果や効率の発想から自由になることが難しい。

　しかし，ノンプロは，文字通り専門職としてではなく，あくまでも善意の営みであるという認識があるので，いのちの電話のように，専門的なサービスの基準からは「不完全」としか言いようのない援助サービスにも，新しい意味や価値を付与することができる柔軟性を有するわけである。この点は，いのちの電話について消極的，批判的な専門家だけでなく，実際にこの運動にコミットしている専門家たちでさえ，ほとんど例外なく，何らかの形で懸念の対象となっているという現実からも，容易に頷ける。つまり，サービスの「不完全さ」に対する耐性（トレランス）という点で，一般にノンプロはプロに優るということである。いのちの電話運動などが，心理臨床家や精神科医などのプロの中からではなく，ノンプロの人たちによって主導される場合が多いという事実が，何よりもそのことを反映しているのではなかろうか。

　この，「サービスの不完全さ」に対する耐性のことで，ひとつだけ付け加えておきたいことがある。それは，「ノンプロの人たちは人生や人間の問題の複雑さや解決の困難さを十分に認識していないために，いのちの電話などのような，本来シリアスな運動を気やすく思い立つのではないか」という疑問や不審についてである。各センターの特質や個々人の違いにより，必ずしも一概には言えないものの，確かにそうした傾向は認められなくもない。

　しかし，「ノンプロの人たち云々」という命題が仮に成り立つとしても，それはあくまでも専門家の「おめがね」を規準とすれば，という条件の下での話だということを，同時に断っておく必要がある。重篤なケースと日夜格闘している専門家の人たちの，人生や人間の問題に対する見方や認識が厳しくなるのが当然であるのと同じように，一般の人々が，日常的に自他について経験している人生や人間の問題は，その大部分が比較的に軽微なもの，したがって彼ら

が，ちょっとした善意や援助でも非常に効果的だと実感しているとしても，これまた当然のことであろう。そこから，プロではないが，自分たちでできる範囲の社会的な支援をしようという強い動機づけが湧いて来るわけであろう。ここに，専門家がほとんど関心を示さないような些細な人生問題や危機の解決にも，ノンプロの人たちがコミットしていく理由の一つがある。つまり，ノンプロの人たちが関心をもつ問題も，専門家が取り扱うシリアスな問題も，当該家族や個人にとっては，それが解決されることの意味や価値に，本質的な違いはないと考えられるわけである。

　ノンプロであるということと直接関係があるとは言い難いが，ノンプロでボランティア運動に参加するような人たちは，多くの場合，予想されるクライエントと，日常的な生活感覚や価値観の面で近似していることが多いことも，見過ごすことのできない重要な強みである。専門的な心理臨床家や精神科医が属する社会階層と，彼らのサービスの潜在的ユーザー（一般地域住民）のそれとの間では，いわゆる一種の価値不適合が生じやすく，これが治療機関や社会資源に対するユーザーのアクセスを妨げる要因ともなりかねないとする指摘が外国の文献にあるが，もしこのことが日本の場合にも当てはまるとすれば，ノンプロによるボランティア運動のサービスは，一般のユーザーにとって，比較的利用しやすい社会資源ということになるだろう。こうした傾向は，人々が窮地に陥る前に社会資源と接触するのを促すことにもなる。このことだけでも，この種のボランティア運動の意義は大きいと言える（安藤，1984）。

　さて，最後にノンプロが前面に立つボランティア運動には固有のデメリットも潜んでいることを指摘しておくのが公正であろう。それらの中には，「善意の押しつけ」とか「善意への自己陶酔」といった比較的罪のないものから，「善意の副作用」といったものに至るまで，様々なものが考えられる。いずれも「善意の……」という修飾語がついていることから分かるように，サービスの主体とその対象との距離のとり方の拙さから生じたデメリットであることが多いので，これらはいずれも研修を通じて次第に改善できるものと考えてよい。また，こうした相互の距離のとり方を改善する上で，専門家（つまりプロ・ボランティア）の果たす役割は小さくない。ボランティア市民運動において，プロとノンプロが出会い，協働することの意義の一つはそこにある，といっても過言ではないだろう。

　以上，主としてボランティア運動一般について述べたが，それらはいずれも，そのままの形で「いのちの電話」運動に当てはまるだろう。要するに，そういう特性をもった市民運動が「いのちの電話」に他ならない。「なぜ，ボランテ

ィアによるのか」「なぜ,市民による民間運動なのか」「なぜ,プロとノンプロの協働が必要なのか」といったことの説明としておきたい。

第12章 社会資源の活用

1 いのちの電話の「基本線」と地域社会

　いのちの電話は,「いつでも」「どこでも」「だれでも」利用できる電話相談のシステムであると定義されていることはすでに述べた。このことは,いのちの電話が,電話のかけ手の抱える「問題」(したがって,ケース)を選別せず,人生の問題と直面しているすべての人に対して等しく開かれたものであることを意味する。
　一般に,医療や心理臨床の領域では,疾病やケースの種類ごとに,それらを引き受ける専門家や専門機関が分化している。このことを考えると,前に述べた「人生のすべての問題」とか「問題に直面しているすべての人」にかかわることを基本とする「いのちの電話」のあり方は,専門家たちから,「素人の浅はかさ……」とか「身のほど知らず」といった批判を誘発することにもなりかねない。
　しかし,そうした批判に対しては,幾つかの点から反論をしておきたい。第一は,従来の医療や心理臨床の常識ともいうべき「専門分化」が,それを利用しようとする者（ユーザー）の立場からみて必ずしも便利ではないということである。つまり,利用者のニーズがサービス提供者側の専門分化に対応して分化しているとは限らないからである。この点は,「タテワリ行政」のデメリットを想起するだけでも十分に理解できるだろう。逆のいい方をすれば,人間の問題,人々の課題というものは,いくつもの要因が複雑に絡まりあって成り立っていることが多く,したがって,これの解決にも,複数の専門分野の努力が有機的に調整されなくては成功しないということである。この考え方からすれば,「いかなる専門分野（あるいは,専門家）を動員し,組み合わせれば問題解決がうまくいくか」を考えるのは,電話のかけ手側ではなく,むしろ受け手（いのちの電話）の側,もっと一般的にはサービス提供者の側だということになる。

第二は，いのちの電話のような「全天候型」の相談機関の方が，危機におちいり，窮地に立たされている人の目には，利用しやすい（アクセシブルな）ものとして映るということである。社会のなかには，各種の公共施設が設置されているが，細分されすぎていて，いざ利用しようという段になると，いろいろ面倒なことが多く，おいそれと利用できないといった場合が少なくない。つまり，ユーザーと公共施設の間の社会的距離が大きすぎるのである。これに対し，「いつでも，どこでも，だれでも，なんでも，受け付けます」といういのちの電話の趣旨は，逆に潜在的な利用者の，サービスに対する近づきやすさ（アクセシビリティ）を向上させるうえで役立つにちがいない。このように考えてくると，いわゆる全天候型を標榜することは，危機状況下の個人や家族との早期のコンタクトと援助を主眼とする「いのちの電話」の基本戦略の一つとして位置づけるべきかもしれない。

　第三は，いのちの電話の活動が，「問題を解決する」こと自体よりも「かけ手と関わる」ことをまず主眼とするという点である。つまり，危機におちいり動転している個人と電話を介して真摯なかかわりをもつこと，あるいはまた誠実な聴き手，親身の協力者となることこそ第一義的な狙いであり，「問題解決」はその結果として発生するという考え方である。つまり，危機におちいり，万策尽きた人にとっては，心温かい隣人の存在を実感できることが先決だとする大前提がある。電話相談員からよく出される疑問の一つに，「相手の話をただ傾聴するだけに終わっているが，それでもよいのでしょうか」といった内容のものがあるが，「誠実な聴き手」の存在意義がいかに大きいかは，相談員自身が体得し実感するのを待つほかはないであろう。電話を介して真の出会いが達成されるとき，絶望は勇気に変わり，無気力はやる気に転じることを経験できないままでは，電話相談に対する相談員のコミットメントは衰弱の一途を辿るにちがいない。

　ところで，もろもろの人生危機に対し，効果的に「全天候型」の取り組みをしていこうとするとき，いのちの電話は，地域社会の人々や諸々の社会資源との幅広い協同関係とチームワークを欠かすことができない。姑息な自前主義は，いのちの電話の掲げる遠大な理想とはもとより相容れないところのものであるからだ。

　つぎに，社会資源の活用をめぐって考えてみたい。

2　社会資源の活用

　いのちの電話の日常活動，さらにはひとつの市民運動という観点から社会資源を考える場合，それらを次の２種類に分けるのが便利であろう。

　第一は，危機状況への関与と援助に直接関わりの深い社会資源である。「日本いのちの電話連盟」に加盟している他の電話センターはもとより，公私もろもろの電話相談機関，たとえば警察に設けられている覚醒剤関係の「ホワイトテレホン」や弁護士会が営む「サラ金110番」など，また救急病院やクリニック，児童相談所，大学などの心理教育相談室，消防関係の救急センター，家庭裁判所の家事相談や調停業務，公立教育センター，都道府県精神保健福祉センター，医師会などがその好例である。いずれも，相談員の養成やいのちの電話が対応する多様な問題の解決にとって，その一端を担ってもらえる可能性（ポテンシャリティ）を秘めた機関であるが，大切なことは，これらの多くが，われわれの積極的な意図と工夫なくしては，文字どおり「資源」のままで埋没してしまうという点である。

　そうした点は，次に述べる第二種の社会資源の場合，一層当てはまることになる。すなわち，新聞や放送局などのマスメディア，都道府県や市町村等の行政機関，YMCA，YWCA，ライオンズクラブ，ロータリークラブ，企業，社会福祉協議会等の民間諸団体などがそれである。これらは主として，いのちの電話の存在や活動内容を地域社会に広報してボランティアの募集や電話相談の利用を助けたり，さらには電話センターの円滑な運営にとっても不可欠な財政基盤の確立に寄与する社会資源である。しかし，これらの有効利用は，当該電話センターの実績と社会的信用ならびにセンターの事務スタッフの実務能力に負うところが大きいように思われる。

　次に，社会資源の活用を，機能分野別に述べることにする。

（1）活動内容の広報

　「いのちの電話」運動の趣旨，相談活動の内容，ボランティアの体験等を広く地域社会にPRすることは，この市民運動を継続・発展させるうえできわめて大切なことである。これについては，テレビ，ラジオ，新聞などのマスコミ媒体が有効なことはいうまでもないが，月刊または月２回の「市政だより」などのようなミニコミ媒体の威力も想像を超えるものがある。この電話の利用を

促すにしても、ボランティアを募り、あるいは社会の浄財を集めるにしても、いのちの電話の PR を常時おこなうことによってのみ可能にさせられるわけであるから、これらの諸媒体との平素からのつきあいを大切にすることも忘れてはならない。

(2) 相談員の選抜、養成、研修

いのちの電話の相談員は、多くが医療や保健、福祉といった領域の専門職でない「素人」のボランティアである。したがって、それらの人たちを、前述したような「全天候型」の相談員に養成することは容易でない。つまり、多くの志願者のなかから慎重に選抜し、効果的に研修をほどこし、さらには相談員自身が出くわす困難な事態に即応した的確なスーパービジョンをおこなう必要がある。いずれも、精神医学や心理学、法律学、社会学、社会福祉学等の広範かつ多数の専門家の助力なしには全うできることではない。

「福岡いのちの電話」の相談員養成講座の場合を例示すると、16回おこなわれる講義の担当者は精神医学5人、心療内科学2人、心理学6人、弁護士1人、家庭裁判所調査官1人、同和人権論1人となっており、これに1泊研修2回を担当する心理学の専門家が延べ4～5人、さらに、講義等は直接担当しないが、訓練委員会委員として関わっている専門家8人、また電話相談の実務を担当している者の継続研修とスーパービジョンに参与している専門家まで含めると、相当な数の専門家の協力を仰いでいることがわかる。（以上の例は、福岡いのちの電話第4期生研修の場合である。）

「日本いのちの電話連盟」が「いのちの電話」名義使用の条件のひとつとして課している「60時間（9か月）以上の相談員養成課程（カリキュラム）」の完全消化は、なかなか容易なことではない。ところで、こうした多様な専門家の協力を集めるのには、運動の趣旨に広く賛同を得るよう努めるとともに、内部では教育（研修）委員会の組織と機能を強化することが大切である。とくに、その委員会を主宰する委員長によき人を得るよう留意することが大切であろう。

(3) 委託・紹介

いのちの電話が、多くの専門的治療機関や他の電話相談機関とは異なり、人生危機のすべてに非選択的に対応することを建前とし、一方では、電話のかけ手の問題やニーズに自力で対処することに固執しないということは、すでに述べたとおりである。このことは、いのちの電話が、救急的なニーズの「総合受付」（インテーク）をすると共に、その解決に最適の治療・相談機関への橋渡

し，あるいは委託・紹介（リファラル）をみずからの重要な機能と自覚していることを意味する。

このようなサービスをスムーズにおこなうため，いのちの電話の各センターは，いわゆる「社会資源台帳」を用意し，それを活用するためのマニュアルも備えているのが普通である。つまり，「餅は餅屋」というように，電話のかけ手のニーズを仕分けし，おのおのに合った機関の利用も促すことになる。

しかしながら，初心者やひどく疲れ切った相談員などがおちいりやすい傾向のひとつとして，相手の話を充分に聴くことなく早々に社会資源台帳に手を伸ばし，他の機関を紹介しようとする場合がある。こうしたことは，ややもすると「たらい回しにされた」，もしくは「自分は受けいれられていない」といった不信感を与えることにもなり，ひいてはいのちの電話に対する社会一般の評価にも悪影響を及ぼすことになりかねない。

いかなる場合も，相手の話にじっくりと耳を傾け，そのうえで適切と思われる社会機関の名称をいくつかあげてみることである。そして，それらを利用する意志があるかどうか，あるいはすでに利用したかどうか，また利用するうえで当方にしてほしいことがあればそれはどんなことか，など聞いてみる。そして仮に，それを利用するとしても，必要ならいつでもこちらに電話してもらってよいこと等を確認しておくとよい。そうすれば，相談員の善意が裏目に出たり誤解されたりすることも少なくなるであろう。

また，委託・紹介が，特定の宗教・政党・利益団体（企業）等への勧誘になることがないよう，きびしく自制することも忘れてはならない。こうした委託や紹介にあたっても，前に述べた「問題解決よりは，問題をもつ人自体に焦点をあわせる」という，いのちの電話の基本線を守ることが大切である。

(4) 浄財源

いのちの電話の運営が，多額の出費でまかなわれる以上，財源確保の努力は各センターの重要課題のひとつである。そうした財源は，特殊な例外を除けば，行政機関の助成金，社会福祉協議会等からの配分金，民間ボランティア団体からの賛助金や寄付金，一般市民からの賛助会費，維持会費などが主なものである。これに若干の事業収入（研修会費やチャリティ行事益金など）が加わることもある。

このようにみてくると，地域社会の公的機関や民間団体，一般有志市民の協賛と善意の活用が，いのちの電話というボランティア市民運動の成否を左右する重要な条件であることは論を待たない。ところで，こうした「協賛」や「善

意」は，先方から名乗りでてくれることは稀であり，多くはわれわれの側の働きかけによってはじめて顕在化する。つまり，「協賛」や「善意」という資源を開発し，それをいのちの電話運動の一翼を担うべく動員するには，われわれの側に綿密な計画と不断の努力が要求されるのである。

　行政機関や民間団体には助成金や配分金，賛助金等に関する独自の基本ルールがあり，申請手続きも一定の形式が決められているので，それらの情報をきめ細かに調べておき，申請方法や締切期限を誤らないことが肝心である。のみならず，常日頃からそれらの機関や団体との情報交換や接触をはかるとか，さらにはいのちの電話の人的資源（たとえば，講師陣）を提供して相手方の事業の運営（特に社会研修など）に寄与するなどの努力も怠ってはならない。

　こうした点は，不特定多数の一般市民や，当該地域社会のなかにまだ顕在化していない「協賛」と「善意」の掘り起こしについても当てはまる。しかし，ここに書かれたようなことは，大概各いのちの電話センターでは一再ならず失敗していることばかりである。赤い羽根共同募金の配分申請の締切日に遅れて1年間無念の思いをしたとか，とにかく先発のセンターには貴重な失敗経験が蓄積されており，その愚をくり返さないためのノウハウも定式化されているにちがいない。新しいセンターは，そうした「遺産」を継承するように努めるべきだろう。

　また，理事会のメンバーには，行政機関や民間団体の基本ルールや慣行に明るい人を加えておくとか，あるいはそれらの機関や団体へのアクセスを媒介してくれるような人（たとえば，OBやOG）に参加してもらっておくのがよいのではなかろうか。

3　社会資源の活用戦略

　これまで見てきたところからも明らかなように，社会資源というものは，もともとは当方の利用に好都合なように配置されているわけではない。それらは，本来いのちの電話とは無関係かつ独立のものとして地域の中に点在しているといったほうが正しいだろう。したがって，社会のなかに点在する数多の「ひと」や「もの」や「かね」のうちのあるものに，「社会資源」という属性を付与しているのは，いのちの電話の側の都合以外のなにものでもないのである。言ってしまえば，当方の「片思い」の所産が「社会資源」なのだという自覚が必要である。

このことは，各いのちの電話センターの事情によって，「社会資源台帳」の内容も自ずから異なることを意味する。この場合，「社会資源台帳」を目に見える形のものに限定する必要はない。一定の形式を整えたリストの体裁にはなっていないが，「暗黙のリスト」といった形のものがあるはずである。ただ，このような暗黙のリストの場合，メンバー一人ひとりの心の中に秘められたままであるということと，各人の主観によりバラエティがありすぎるということに，特に留意しておきたい。

　以上のような事情を考えるとき，社会資源をいのちの電話運動とドッキングさせるということが容易なわざでないことに気づくであろう。「片思い」は多くの場合実らないままに終わるからである。しかし，片思いを相思の仲に発展させる努力と工夫も，やりがいのあることである。次に，2，3のことを摘記してみよう。

　第一は，ＰＲすることである。いのちの電話の趣旨や活動内容，ボランティア研修の今日的意義（たとえば，生涯学習としての意義づけや，いのちの電話運動の地域・家庭への波及効果），訓練された相談員の地域在住がもたらす地域精神保健上の好ましい効果などを，平易にあるいはデータにもとづいて，機関紙や年次報告書，地域ミニコミ紙，放送，新聞などを通して広報することである。さらにまた，ロータリークラブやライオンズクラブ，国際ソロプチミストなどの各種団体の集会に対し，「いのちの電話からみた現代社会」などのテーマで講師派遣の用意があることなどをＰＲするのもひとつの方法であろう。そのような機会には，言葉だけのアッピールでなく，「しおり」などを持参して配布することも忘れてはならない。

　第二は，いのちの電話を含めた地域社会内の医療，保健，福祉等の社会資源の有効なネットワークづくりを推進することである。いのちの電話は，こうしたネットワークづくりの核としての働きを率先して引き受けてみてはどうだろう。いのちの電話には，それを得意とする人材が少なからず参加しているので，大きな展望に立ち，独自のスキルを十分に活かして実践することが，いのちの電話運動への社会の信頼を高めることにもつながるにちがいない。福岡県の場合，「福岡こころの電話」（福岡県精神病院協会運営）との事前の協議が実って，1985年度から「福岡県電話相談事業連絡協議会」の設立準備がはじめられ，1986年10月には正式に協議会が発足している。会長は県医師会長，これに県および政令指定都市の衛生部長と民生部長，いのちの電話等の理事長などで委員会を構成し，その下に現場の責任者等で構成する運営委員会を設け，主として電話相談の統計を総合して行政の施策や地域住民にフィードバックするなど

の事業を始めている。見るべき成果が挙がることを期待したい。

　第三に，他の諸機関との協同や社会資源を調達するに際して心すべき点をいくつか述べておきたい。ひとつは，みずからの運動の意義へのゆるぎない確信である。それには，いのちの電話運動に関する理論化が不可欠である。もうひとつは，みずからの運動の限界を自覚することである。謙虚さといってもよい。こうした確信と謙虚さをあわせもつことなしには，一般の人びとの共感を得ることはできないからである。

　最後になったが，いのちの電話と個々の社会資源あるいは地域社会との間に長つづきのする協働関係を打ちたてるうえでの心構えとして，「ギブ・アンド・テイクの関係」づくりをあげておきたい。互恵的でない連携はやがて破綻するからである。このことは，小は人間関係から大は国際関係にいたるまで，一つとして例外はない。その意味で，いのちの電話は，電話のかけ手と同じく，他の社会資源に対しても「よき隣人」となるべく努力したいものである。

　市民運動としての「いのちの電話」という視点に立つかぎり，社会資源との連携とその活用は，電話センター運営上のやむをえざる「手段」というよりも，「重要な目標」の一つであるというべきである。

第Ⅳ部　学校組織への接近

第13章 学校コンサルテーション

　ケリー（Kelly, 1971）は，「コミュニティへの介入」として，精神保健コンサルテーションと組織変革，地域開発の3つを挙げているし，またコーチン（Korchin, 1977）は，危機介入とコンサルテーション，教育と態度変容，専門家以外のワーカーの活用の4つを挙げている。さらに，マレル（Murrell, 1973）は，コミュニティ心理学者（あるいは地域心理臨床家）に期待される主要な役割のひとつに「コミュニティ問題のコンサルタント」という項目を挙げている。いずれの場合も共通しているように，「コンサルテーション」は，コミュニティ心理学における「介入」の重要な一領域であるということができる。

　本章では，「コミュニティ問題」のひとつとしての「学校問題」に焦点をあわせた専門家の介入，なかでも「学校コンサルテーション」について取り上げてみたい。

1　学校は「コミュニティ」か

　読者の中には，「学校は，コミュニティなのか」という問いを発したくなる向きもあるのではあるまいか。もし仮に社会学者マッキーヴァー（MacIver, 1917）の古典的定義にならって，「コミュニティ」と「アソシエーション」の分類を適用すれば，学校は「アソシエーション」に当たるからである。

　第1章3節「戦略概念としての『コミュニティ』」ですでに述べたように，「コミュニティ」の定義はたくさんある（Hillery, 1955）。しかし筆者は，介入の戦略的な標的としての「コミュニティ」として，社会システム論の立場から定義したマレル（Murrell, 1973）のものを採用したい。すなわち，「コミュニティとは，焦点システムと上位システムに対し，ある種の重要な機能的関係を有する環境（通常それは，「人びと」という環境）である」というのがそれである。この場合，「焦点システム」とは研究もしくは介入の標的たる特定の社会システムのことであり，また「上位システム」とは焦点システムに直接的に影響力

を行使できる一段上位の社会システムを指している。したがって，この両者に対し影響力を行使し得る「人びと」（という環境）が，「コミュニティ」に当たるわけである。

この定義からすれば，「コミュニティ」は必ずしも「地域共同体」のような範域的コミュニティ（regional community）である必要はなく，しかも学校とか職場，社会的ネットワークのような機能的コミュニティ（functional community）も包含させることができるようになる。

以上の説明から，学校がコミュニティ心理学の介入対象として設定されることに関する疑義は，いちおうクリアされたものとして，次に進むことにする。なお，定義の詳細は，本書1章3節や山本（1983）などを参照されたい。

2　「コンサルテーション」の定義

「コンサルテーション」という言葉は，いろいろな意味で用いられている。しかし，第5章「地域メンタルヘルス」でも述べたように，地域精神保健や予防精神医学の有力な技法のひとつとしてこの技法を確立したキャプラン（Caplan, 1970）は，この言葉を特別な意味で用いている。すなわち，コンサルテーションとは，2人の専門職（professional person）の間でおこなわれるある種の相互作用の過程を記述する言葉で，一方は専門家（specialist）としてのコンサルタント，もう一方はコンサルティと呼ばれる。この場合，コンサルティとは，「仕事上の問題（たとえば，自分のクライエントの取り扱い方やクライエントのための対策立案と実施，組織の運営など）で現に困っていたり，あるいは他の専門領域の人の力を必要とし，支援を求めている人」と定義されている。

キャプランの定義では，コンサルティも一方の専門職であるから，コンサルテーションにおける人間関係は対等な関係であり，したがってコンサルタントの与えた助言の採否はあくまでもコンサルティの自己決定に委ねられる。つまり，コンサルタントは，当のコンサルティの行為については一切直接責任を負わない。また，コンサルタントはコンサルティの防衛機制を尊重し，その人の精神内界的諸要因に対しては治療的介入をおこなわないのを原則とする。

こうした精神保健コンサルテーションを，キャプランはさらに4つのタイプに分類している。

(1) クライエント中心の，ケース・コンサルテーション
(2) コンサルティ中心の，ケース・コンサルテーション
(3) プログラム中心の，管理的コンサルテーション
(4) コンサルティ中心の，管理的コンサルテーション

これらの詳しい解説は省くが，ここで取り上げる介入事例は第3タイプに近いということだけを述べておきたい。
このタイプのコンサルテーションには，次のような特色がある。

(1) コンサルテーション関係は，自由意志にもとづいている。
(2) コンサルタントは，局外者である。
(3) コンサルテーション関係には，時間制限がある。
(4) あくまでも課題（問題）が中心である

（以上はコーチン，1977 や山本，1979 などによる）

こうした特色からすれば，コンサルテーション関係は，一般の心理療法やカウンセリングにおけるような治療関係に比べると，主知主義的で平等主義，その上かなりあっさりとした人間関係であることになるが，だからといって一定の訓練やスーパービジョンなしには効果を上げることは難しい。むしろ，伝統的な心理臨床家が一般に準拠している「医療モデル」は，よきコンサルテーション関係の発達を妨げることにもなりかねない。革新的な介入技法の習得には，それなりの研修を必要とする。

3　学校コンサルテーションの一事例

コーチンや山本によれば，普通，コンサルテーションの過程は，(1) 開始，(2) 問題の明確化，(3) 取り得る諸実践の分析，(4) 理解または実践に対する障害への対処，(5) 終結，の各段階から成るとされている。
次に，典型的と思われる学校コンサルテーションの事例を取り上げてみたい。それは，盗み事件の処置と当該生徒の指導に不安をおぼえたある中学校教師へのコンサルテーションである。

(1) 担任教師（K先生）が大学のサイコロジストを訪れる

　ある日，盗み事件の処置と生徒の指導にとまどいを覚える私立女子中学校のK先生が大学の心理教育相談室を訪れた。以下はK先生の話である。S子は，女子の私立名門中学校3年生。3人姉弟の長女で，父母は健在だが，父親の思いがけない失業で家計が不如意の状態となってかなりの時間がたつ。そのためか，雨の季節を迎えたある日，S子はクラスメートのレインコートを無断で持ち出し，ネームを切り取って，何くわぬ顔で着用していた。しかし，ほどなく所有主の女生徒に発見され，これがK先生の耳に入った。とはいっても，このことを知っているのは，その時点で当事者2人とS子のクラスの2人の学級委員（これら2人は，今回の被害者の友人でもある）とK先生だけである。
　そもそもこの学校では，伝統的にしつけや風紀問題に厳しく，生徒が盗み等の不祥事を起こしたことが分かればまず停学処分か，少なくとも謹慎処分は免れないという。そこで担任のK先生は，今回の事件が2，3人にしか知られていないのを幸いなことにして，これを学校管理者に報告する前に，ある程度，実効のある教育的指導を試みたいと考えている。しかし，もしもそれがうまくいかず，再び同じようなことを繰り返すような事態になり，そのうえ今回の事実も学校当局の知るところとなっては，自分の立場がないと不安をおぼえ，いっそのことS子の指導を専門の心理学の先生にお願いしたいと思い，訪ねてきたとの話であった。
　さて，このような場合，一般にサイコロジストが選択できる第一の方法は，K先生に乞われるまま，S子と面接し診断して，心理療法が適応するケースであれば心理療法またはカウンセリングをおこなうか，あるいは然るべき専門家に委託（紹介）するという方法である。いわゆる「医療モデル」とか，従来の「クリニック・モデル」がそれである。第二の選択肢はこれと対照的で，「コミュニティ・モデル」とでも呼ぶことができる。今回のテーマである「コンサルテーション」もまた，このモデルに属する。
　この場合，サイコロジストは，第二の方法を採用することにした。サイコロジストがそのように決めた理由の主なものを挙げれば次の通りである。

(1) K先生がS子の指導に意欲をもっていること
(2) S子の家庭の事情や学校生活の状況，交友関係，性格傾向などについて，K先生がすでに多くの情報をもっていること
(3) S子の盗みは初発であり，かつ出来心によるもののようなので，重い病理性に根ざしているとは思われなかったこと

(4) それが，心理臨床家よりも教師が取り扱う「教育指導」の問題であると思われたこと
(5) この事件を知っている2人の学級委員が，S子の態度・行動の改善にとって有力な「エイジェント」として機能できるかもしれないこと，またそれができれば学級委員自身の人間的成長の機会にもなり得ること
(6) 教師と学級委員の手つなぎは，当該学級全体の「教育力」の向上にも資するかもしれないこと

　この最後の項目は，一般的に言えば，社会システムとしての学級の機能向上に資すると言ってもよい。1章の「4　コミュニティ介入の類型と方略」で述べた「レベル4の介入」）に該当するものである。その上，このサイコロジストは，ずっと以前にK先生の勤務する学校に教師として勤務していたことがあり，学校環境や社会的風土にかなり通暁していたので，コンサルテーション関係がこの問題への対処として最も適当であると判断した。
　こうしてサイコロジストは，「どうしてもと言うのであれば，自分がS子を直接カウンセリングすることもあり得るが，できればこのケースは，K先生自身が指導に当たることを原則とし，自分（サイコロジスト）はK先生の相談役という形でこの問題に関わるという方式で進めてはどうか」と提案し，K先生の同意が得られた。

(2) K先生（コンサルティ）を支えて，アプローチの手順を練る
　K先生がサイコロジストのすすめを受け入れたので，コンサルタントとコンサルティのそれぞれの立場と役割を確認した後，どんな手順で事を運んだらよいかを詳しく検討する段階に進んだ。
　まず，クラスの時間割や1週間の学校生活のサイクルなどを一緒に検討し，さらに指導の終結期限なども考慮に入れて，次のような進め方が現実的で無理がないだろうということに落ち着いた。

(1) S子との接触は主として2人の学級委員が当たる。
(2) 週1〜2回，2人の学級委員がS子と放課後に今回の盗みに至る気持ちの動きや実行直後から現在までの間に感じたことなどを話し合う。
(3) とくに，盗みに対するS子の態度や考え方，「再犯」の可能性等についての級友の立場からの心証を，K先生に報告してもらう。
(4) S子が今回のことの重大性を認識し反省していることが確認された段階

で，今回の出来事の経緯と反省などを本人の直筆で文章化し，これに学級委員2人の所見をつけてK先生に提出してもらう。
(5) K先生は，S子ならびに2人の学級委員と一緒に話し合いをおこない，S子自身に自分の反省文と学級委員の見解を3人の前で朗読してもらう。
(6) 最終段階で，S子の問題は当校の校務分掌である生徒指導委員会に報告されることを，三者（S子，学級委員，K先生）間で確認しておくこと。

K先生は，学級委員2人の協力態勢をつくり，この手順を早速実行に移すことを決め，コンサルテーションの第1回セッションを終わった。

(3) 実施し，終結する

K先生が再来したのは，3日後のことであった。2人の学級委員はK先生の提案を聞き，事件発生以来，級友S子のことが心配だったので，彼女の立ち直りに自分たちが役立つなら喜んで協力したいこと，さらにS子を継続的に見守る事も確約してくれたということである。そこでK先生は，2人の学級委員が自分たちの手にあまると感じたときは，いつでもK先生に申し出てよいし，S子とコンタクトした後は，経過をK先生に報告することなども打ち合せて，早速この問題への取り組みを始めたということであった。

K先生の唯一の懸念は，S子の今回の事件が一連の指導努力を終えて効果を上げる以前に第三者に漏れることであった。しかし，2人の学級委員によれば，被害者の女生徒にも秘匿してもらっているし，今のところこの事件は一般の生徒たちの間でまったく話題になっていないとのことであった。

このように，K先生が2人の学級委員を前面に立てているのは，「教師とS子」というタテ関係では，S子の反省の深さを十分に見定めるのが難しいこと，この点，同年齢者同士のヨコの関係での触れ合いからは，S子のホンネに近いものが，彼女の言葉や行動を通じて表出されやすいと考えたからだ。2人の学級委員は，S子の「変化」を誘発するチェンジ・エイジェントであると同時に，S子の変化を鋭敏にキャッチするセンサーとなることも期待されているわけだ。

こうして，ほぼ一連の手続きが順調に進み，K先生とのコンサルテーションも終結の時期が近づいた。2人の学級委員は，予想以上に，S子の立ち直りに有効に機能したようである。とくに，S子とK先生の間に第三者である2人の学級委員が立ち合っていたことが，S子に対して，盗みをめぐる社会規範を予想以上に顕在化させることにもなり，ひいてはS子の反省を強化して再犯抑止にも有効であるというのが，K先生とサイコロジストの共通の認識となった。

そして，こうした生徒指導に同級生が参加するという方式は，現場では前代未聞のことであったが，自覚のある中学生の段階ではもっと活用されてよい方法ではないかと話し合った。

K先生がはじめて訪ねてきたときから2週間たった頃，S子の気持ちも落ち着き，2人の学級委員は，これからもS子を見守ることを約束してくれたので，この一件を生徒指導委員会に正式に報告する段階を迎えた。ここで，このコンサルテーションは一応終わった。この場合，サイコロジストはK先生に，もし万一S子の件で再び必要が生じれば，いつでも協力できることを確認した。

4　コンサルテーションの評価

すべての介入がそうであるように，学校コンサルテーションもまた，その効果が評価されて，はじめて完結する。一般にコンサルテーションの評価には，「活動」と「効果」の2つの領域があるとされている（山本，1979）。今回もその方式により考察してみよう。

(1) 学校コンサルテーション活動の評価

今回のS子のケースは，K先生の来談を機に，たまたま同校の内情に通じていたサイコロジストとK先生の間でコンサルテーション関係を結ぶことになった。しかし，これは特殊なケースではないことを強調しておきたい。教育現場には，心理臨床家のバックアップがあれば，教師の手で対処する方がむしろ望ましい成果を挙げうるような「教育指導」的諸問題がたくさんあるので，今後は大学などの専門的な心理教育相談室なども，コンサルテーションを重要なジャンルとして確立し，一般の利用を促進する必要がある。

児童・生徒が呈する問題行動の多くは，それに対する対処が適切であれば人格的成長を促進する可能性を含んでいるが，問題児を抱えた孤独な教師や，体面を重視する学校当局などは，この可能性を現実のものにするチャンスを失してしまう。今回のケースからは，大学の心理教育相談施設などが，コンサルテーション・サービスについてもっと広報活動をする必要があることを痛感させられた。

もうひとつは，今回のS子のケースへの取り組みに同級生2人の協力を得るという方式がとられたことである。今回は，たまたまこの2人がS子の事件を知っていたということから，一種の守秘的な効果をねらってチームに参加して

もらったといういきさつがあったが，結果的には予想以上に有効であることが明らかになったので，この種のアプローチを学校コンサルテーションのレパートリーに加えてもよいのではないかと考えている。しかし，一般的に，生徒個人の問題の解決に他の生徒の協力を得るかどうかについては，そのつど慎重に判断すべきであろう。むしろこのことこそ，コンサルティとコンサルタントの重要な検討課題であると言うべきであろう。

(2) コンサルテーションの「効果」の評価，またはコンサルティのスキル・アップ

山本（1979）の挙げる3つの側面について，順に見てみよう。

第一は「コンサルティ自身の変容」であるが，ひとつは生徒指導の新技法を習得したこと（スキル・アップ），もうひとつはそれによって問題生徒の取り扱いに自信を深めたことなどが挙げられる。

第二は「コンサルティ（K先生）の変化がクライエント（この場合はS子）に及ぼす影響」であるが，この介入ではS子に2人の学級委員を関わらせるという一種の「グループワーク」を導入することにより，S子の望ましい変化を持続させ定着させる可能性を高めたようである。

第三は，「コンサルティの変化が彼の属する集団の他のメンバーに与える影響」であるが，これについては今回のK先生のとった方式が，一般生徒の指導や問題生徒の取り扱いに関する新テクニックのひとつとして同僚に普及する可能性が考えられる。しかし，追跡調査が欠如しているので，ここに資料を示すことはできない。K先生が属する教師集団の変革と発達にとって，ひとつの契機となり得ることを期待したい。

5　学校コンサルテーションの意義と問題点

学校を対象としたコンサルテーション活動には，ここで紹介した事例のように，生徒の取り扱いについて困難をおぼえている特定の教師をコンサルティとするもののほかに，公共組織としての学校組織もしくはその管理者，教師集団が平時から専門家との契約のもとでコンサルティとなる場合などがあり，その場合，「専門家」は必ずしも精神保健福祉関連の専門家や心理臨床家に限られるわけではない。

しかし，キャプランの唱えた精神保健コンサルテーションは，その定義で述

べたようにユニークなねらいをもつ心理臨床の革新技術（イノベーション）であることは確かである。とくに，精神保健上の病気・障害（疾病性"illness"とも言う）に対処するだけでなく，その原因となる環境条件の改善による発病（発生）予防をも目指しているという意味では，学校コンサルテーションは，学校という社会システムの機能，さらにはその構造までも変革できるだけのインパクトを秘めているということができる。

このような可能性を秘めた学校コンサルテーションであるが，これの利用者はそれほど多くない。また，心理臨床家の側の取り組みも「未だし」の感を否定できないものがある。ところが，近年の「いじめ問題」への対策として都道府県教育委員会がスタートさせた臨床心理士の学校配置や「スクール・アドバイザー制度」は，学校コンサルテーションの発展を促す契機になろうとしている。

この際，現実の学校問題の解決にコミットするコミュニティ心理学は，心理臨床的専門機関（または専門家）と潜在的な利用者との間の社会的距離を短縮するため有効な手立てを講じることを，ますます期待されるだろう。

さらにまた，心理臨床家を，学校精神保健や学校変革のためのコンサルタントとして再訓練するための効果的なプログラムも用意しなければならない。大学院等の心理臨床家養成機関は，自らのカリキュラムに「コンサルテーション」の授業と実習を必修単位とすべき時期にきている。

コミュニティという日常生活の場面で心理学の果たすべき役割等をつとに論じたサラソンら（Sarason et al., 1966）は，その第5章「学校へのアプローチ」と第6章「教師の仕事は孤独である」において，クリニックと学校とではあまりにも同僚相互の関係が違うことに驚きを示している。そのひとつは，クリニックでは当たり前となっている「ケース・カンファレンス」が学校現場にはないという点である。サラソンらは，この「ケース・カンファレンス」は，ケースについての経験と見方をスタッフ同士が共有するための重要・不可欠の手段だとしており，したがってこれを持たない学校現場では，教師は自分の抱えている諸問題に，やむを得ず独りぼっちで対処しなければならないという。そしてその理由として，教師の伝統的な役割定義の中に，スタッフ同士が臨機に会合をもち，各自の抱えるケースや問題の取り扱い方をめぐって発表し，批判的に評価し合ったりするといった行動様式が含まれていない，と述べている。さらにまた，こうした話し合いにリーダーシップを行使できるような学校スタッフがいないことや，教師が身近で利用できる適切な専門職がいないことなども，その理由だとしている。

今，わが国の学校の実情を思い浮べるとき，サラソンらが指摘した現実とさほど大きな隔たりがあるとは思えない。上下関係に由来する遠慮や気がねもなく，学級の経営や生徒の問題の取り扱いをめぐって，自由に検討できる相手としての「学校コンサルタント」への需要は，ますます大きいものがあるように思われる。

第14章 学校教育組織の変革

　前章で取りあげた「学校コンサルテーション」は，学校内の特定スタッフ（キーパーソン）に対して専門家がコンサルテーションをおこない，それを通じて当該スタッフの教育的・指導的な資質の向上を図る援助サービスであった。その場合，介入の標的は1人または少数の個人であるが，コミュニティ心理学の視点からすれば，それの波及効果が学校という社会システム全体に及ぶことの方をむしろ期待している。そのような意味からすれば，「学校コンサルテーション」もまた究極的には「学校組織の変革」の一端を担う実践であるといってよい。

　そこで，この章では，「学校の計画的変革」(planned changes) について述べる。つまり「学校という社会システム」の構造・機能を「計画的に変革すること」を通じて，当該学校システムとそこに生活する人びととの関係をより適合的なものとする組織的な努力という意味で用いることにする。

1　いま，学校は

　わが国の学校の実態を知ろうと思えば，定期的に発行される『学校基本調査報告書』や『教育白書（のちに『文部科学白書』）』（いずれも，文部科学省編）などをひもとくがよい。それらによると，わが国の就学率は昭和55年度現在で幼稚園64％，義務教育はほとんど100％，高校進学率94％，大学・短大・専門学校（以上まとめて，高等教育）への進学率は38％などと，まことに驚異的レベルに達していることがわかる。しかし，その反面，中学校においては「学校ぎらい」や「校内暴力」など，高等学校においては中途退学者など，また大学においては「留年」ならびに「中途退学」などに代表されるような「教育病理現象」が，今日のわが国学校教育のもう一つの現実として言挙げされている。

　他方，これとほぼ同じ事情が，日本教職員組合とその教育研究機関である国

民教育研究所の『学習と生活，進路選択に関する意識調査』でも明らかにされている。すなわち，中学・高校生約5千人の全国的サンプル調査では，高校生の2人に1人は「高校をやめたいと思った」ことがあり，それは「進学校」でも3割に近いこと，またその理由として「授業についていけない」ことを挙げた者は全体の3割強（「進学校」では半数）に達していること，一方，中学校では7割が「授業が難しい」と訴え，8割が「高校入試を重圧と感じている」ことなどが報告されている（朝日新聞，1985年2月27日，朝刊）。

　このように見てくると，わが国の学校教育には明と暗の両面があることがわかる。日本の近代教育について鋭い評論を数多く発表しているロンドン大学ドーア教授（ドーア，1978）は，明治初期に「殖産興業」「富国強兵」の国策遂行を目指してスタートした国家主導型の日本の学校教育制度を，国家のための教育という観点から見る限り，まれに見る成功例だと評価し，このことを，日本の教育制度は「株式会社日本の人事課としての機能」を効果的に果たしたと述べている。ここでの「人事課としての機能」とは，人材の育成と選別の働きであるが，これが優先したために児童・生徒の可能性や個性を伸ばすという学校本来のもう一つの機能（いわゆる「教育」機能）は衰弱しているという指摘も，ドーア教授は忘れていない。

　以上のことから，わが国の教育は，今や巨視的な制度面でも，また個々の学校現場でも多くの問題が噴出しており，それらが学校という社会システムと児童・生徒との関係を不協和なものにしているということ，したがって「学校組織の変革」はきわめて重要な今日的課題であるということ，などが導き出される。

　以下ではまず，個々の学校現場における変革の取り組みの事例につき取り上げてみる。

2　「学校づくり」への取り組み

　わが国の教育現場では傑出した教師たちが，いろいろな地域で自らの学級経営や教科指導に優れた実践を積み上げてきた。しかし，そのほとんどが，当の教師の個人的資質にもとづく「名人芸」であり「個人プレイ」であるため，実践の一般化は難しく，したがって寄与もまた比較的狭い範囲に限られ，その効果も一時的なものに限定されやすい。

（1）斎藤喜博の「学校づくり」実践

そうした中で，例外的な実践の1つは，斎藤喜博が校長として取り組んだ群馬県の島小学校（児童数約350人）や境小学校（児童数は約千人）での実践である。これらの内容については，『斎藤喜博全集』全18冊（国土社）や『教育学のすすめ』（筑摩書房）などにその一端をうかがうことができるが，彼の実践の焦点は，学校教育の中で中核となるのは授業と学校行事であるとして，これらを的確に質の高いものに仕上げるべく，教師の指導性を発揮させることにあった。その意味では，斎藤の実践は学校組織の「構造」面よりは「機能」面の変革を目指していたように思われる。

斎藤の主張では，学校づくりにおける校長の役割が強調され，オーケストラの指揮者との類比が見られる。これも，学校の機能面に対する関心の強さを物語るものということができる。したがって，実践の効果に関する彼の記述のほとんどが，部下の教師や児童たちの学校場面での行動や態度の変化，並びに児童の学力向上などに関するものであることがうなずける。ただし，こうした校長の個性とは切り離された一般的な「学校組織の変革」のノウハウを求める向きには，斎藤の実践記録から具体的な手立ては，なかなか引き出せないのではあるまいか。というのは，彼には独特のカリスマ性があり，その実践も技術化するにはあまりに「芸術的」でありすぎるからである。

具体的実践を「学校組織の変革の理論や技法」として定式化するには，実践の全過程を綿密に分析して，入力（変革）→ 媒介過程 → 出力（効果）の相互連関を明確にし，そうした知見を精緻化して予測の精度を高め，さらには「望ましくない問題」の発生を未然に防止したり，「望ましい学校組織」を設計したりするところの，いわば「制御」のための知識＝技術の体系化が必要である。わが国では，諸々の民間教育運動がこうした実践を育て，とくに教育科学研究会などは「実践の理論化」を目指してきたが，満足するには程遠いという印象である。

（2）藤原正教の実践

さて，斎藤の「学校づくり」に劣らずユニークなのが，大分県立雄城台高等学校の設立準備から開設・運営にあたった藤原正教校長（1987）の実践である。これは，学校づくりの基本理念と，それを具体化していくプロセスが比較的ていねいに記述されているので，第三者にも，学校づくりの動態がスローモーション・ピクチャを観るごとくに辿ることができる。以下に，かいつまんで紹介しよう。

藤原は,「教育荒廃」の原因を教育の世界だけに求めても改善は期しがたいと述べ, 子どもの教育に直接的, 専門的, 計画的, 組織的に関与している学校としては, 今の教育や学校組織のあり方を率直に反省し, しかるべき手立てを講じるべきだとしている。そして, 学校改革の基本的方向として, (1)「主知主義的指導方法」からの脱皮, (2) 多様化した児童・生徒の実態と要求に対応した教育実践の展開, (3)「戦後社会」の生活環境が生み出した今日の子どもの心理や行動に即応できる望ましい社会人の育成, などを掲げた。そして, これら3つの方向性を具体化するために, (1) 豊かな人間性の育成という教育目標の設定と, それに即した教育方法の確立ならびに学校経営をおこなうこと, (2) 個々の生徒の能力, 適性, ものの考え方に対応した学習指導と生徒指導を工夫すること, (3) 個々の生徒の性格特性を客観的にとらえ, 望ましい行動傾向に改善すること (これを藤原は,「性格教育」とよぶ) などの実践目標を設定し, 一つひとつをさらに細かな実践課題として視覚化し, 教師集団のチームワークのもとで地道な取り組みをおこなった (詳しくは藤原, 1985 を参照)。

　さて, この節で紹介した2人の実践事例は, いずれも特定の学校という個別の社会システムの枠内における特異な実践であり, 当該学校組織内の勢力構造のトップに位置する異色の校長が, 独自の理念と方法によって学校革新 (あるいは新しい学校システムの構築) を企図し実践した点で共通している。そのため, このようなアプローチが当該学校で受容された前提条件とか, 校長のリーダーシップと当該学校もしくは地域の状況との適合性の問題とか, さらには学校変革の普遍妥当的な方策の樹立にとっての, この実践の価値やその限界といったことに関する総合的な考察が明示されていないとしても無理からぬことであろう。

　そこで最後に, 学校組織に関する「計画的変革」(planned changes) の典型事例について略述してみよう。

3　「荒れた中学校」における学校改善の実践

　組織の計画的変革に関する文献では, 学校を扱ったものは割に少なく, そのほとんどは企業組織に関するアクション・リサーチである。つまり, 組織変革の構想や理論は, 産業心理学から発展した組織心理学や, 基礎科学としての実験社会心理学の進歩と呼応して確立されたものである (詳しくは, マレル, 1973; シェイン, 1966, 第1章ないし第13章などを参照)。ところが, 学校組織の計

画的変革の「メニュー」の場合，すでに幾つか提案されているにもかかわらず，それらが今日，必ずしも十分に利用されていない。

こうした企業組織と学校組織のニーズや反応のくい違いは，両者間のエートスの基本的相違に起因するという仮説を立てているが，この問題にはここでは深入りしないでおく。しかしながら，もしこうした学校変革の専門家と学校のニーズが幸運にして結合すれば，次のような劇的効果を挙げることができるのである。

ここで紹介する関文恭（1993）のアクション・リサーチ「荒れた中学校における学校改善の実践」は，まさにその好例である。

関は，福岡市の西部に隣接するある町の中学校（教職員30名，生徒数634名）のT校長から依頼され，「学校アドバイザー」を引き受ける。この中学校は，昭和60年代から生徒の触法行為や反社会的行動が多発していた。たとえば対教師暴力や校舎破壊，上級生による暴力，授業抜け出し，喫煙，万引き，服装・頭髪違反，遅刻，授業妨害，家出など，まことに多様である。

そこで，昭和61年度に着任したT校長は，63年度に新校舎が完成するのを機に，「日本一の学校づくり」を目指すことになった。教職員（校長・教頭を除く）の平均年齢は29歳，経験年数5年以下の者が6割を超えている。そこで，教員のチームワークを保持するため，町の教育委員会の理解を得て，当分の間，教員の異動を最小限にとどめてもらった。

最初におこなったのは，標準服をブレザーに変更したことである。これが思ったより生徒たちに好評で，服装違反や盛り場徘徊が間もなく影をひそめた。

さらに，62年度に福岡県教育委員会の研究指定校，翌63年度には文部省指定中学校生徒指導総合推進校に指定された。それを機に学校としての研究目標を「より良い生き方に向かって〈自己指導〉ができる生徒の育成：学習活動，生徒会活動・学級会活動，クラブ活動を通じて」に定め，この目標を，学力づくり研究部と人間づくり研究部，体力づくり研究部の3つの研究部門に分かれて追求した。

その結果，昭和61年度から63年度までのわずか3年間に，この中学校は次のごとく著しい改善をみた。まず，学力模擬試験の点数（200点満点）は，68点から89点，99点へと順調に向上し，郡内一位校となる。ちなみに歴代の郡内一位校の点数は75点から92点，99点へと推移している。また問題行動では，61年度の78件から22件，9件へと急速に減少しているし，クラブの優勝は，4件から10件，さらに9件へと推移している。とにかく，大変な「改善ぶり」である。

そもそも，この「荒れた中学校」への関の介入は，T校長の要請をもって始まる。関は，この学校には，「校長の知り合い（友人）」ということで出入りした。関によれば，「学校変革」が成功するかどうかは，一にかかって校長のやる気いかんによる，といっている。私はそれに「学校内の問題を外部専門家との協働で解決しようという校長の勇気」を付加しておきたい。多くの学校は，たとえ校内に問題がある場合でも，それをひた隠しにする傾向があるらしい。ましてや，自ら外部の専門家に相談を持ちかけるなどといったことは，学校の恥さらしとして俄かに容認できないかもしれない。もともと学校といえども，困ったことがあったら即刻相談したらよさそうなものだが，現実はそうはいかないようである。こうした事情は，日本の教師や学校に特有の防衛反応によるのだろうが，外部専門家に関する情報不足にもよるだろう。それにまた，声をかけられた外部専門家の方でも，学校システムの中に心から受け入れられるのは容易なことではない。単なる「お客さま」としての短時間の「参観」ならともかく，関は，職員会議やその他の研究，教育，課外活動などにも自由に出入りできたのである。このことは，異例のことである。関は明言していないが，彼のシステム介入者としての卓越した資質に負うところが大きかったと，私は考えている。組織にあれこれ働きかける前に，まずその組織から受容されることが介入の成否を分けるのである。なお，関はその後，福岡県南部の中学校のアドバイザーをも引き受けたと聞く。

4　ウォード高等学校の変革

　ここで，マレルらが手がけたカトリック系ウォード高等学校（以下，W高校と略称）への介入事例を紹介してみよう。
　これは，当時，郡の精神保健センター職員であったマレルが，3人のスタッフと一緒にW高校にアプローチし，同校で生活している「すべての人」（これには，教師や生徒などはもちろん，学校管理者なども含まれる）の心理・社会的協和性を促すための協働プログラムを樹立した実践である。この実践の半ばで，大学に転任したマレルの著書（1973）からもわかるように，彼はコミュニティ（地域社会や公共組織などを含む。定義は，第1章3節を参照）をただ「社会システム」（social systems）として捉えており，したがって当該学校（彼の言う「焦点システム」）への接近法や変革の実施，効果の査定などにおいては，随所に「社会システム論」的な知見が駆使されている。

W高校への介入は,「予備分析」,「プログラムの立案」,「プログラムの実行」,「プロセスと結果についての査定」などからなっている。

(1) W高校の予備分析

　マレルは,『介入のマニュアル』(マレル, 1973, pp.274-275 参照)の最初の項目で, 介入を効果的なものにし, かつ介入者が紛争に巻きこまれないためには,「介入する前に, 対象となる社会システムを熟知しておくように」と書いている。マレルたちのいた精神保健センターには, その地域の青少年が悩みや問題を持って来談していたが, 多くが家族や学校の対応に問題があり, また手遅れというケースもあるのを知っていた。そこで, こうした若者たちのために高校現場でどのような援助ができるかを知るために, そうした問題について意欲と関心があり, かつかなり開放的でもあるW高校と協働関係をつくりたいこと, については, 高校現場の実態に疎いので学校参観を許してほしいこと, などを同校の校長に申し入れた。こうして始めたのが,「予備分析」である。

　予備分析は, 数ヵ月にわたった。その間, マレルら4人は廊下や教室, 職員室, 軽食堂, 大教室などを歩き回りながら観察し, その観察結果を文書にして学校当局に報告したり, それに基づいて小グループでの話し合いをしたりしている。文書の主な内容としては,(1)自分たちの関心事とW高校にアプローチした理由,(2)数ヵ月間の観察結果とそれをめぐる話し合い, ならびにその目的,(3)問題へのW高校の取り組みに感銘をおぼえていること,(4)そのため, 学校理事会や学校当局に関連した問題を, より知的にかつ共感的に理解できるようになったこと, などを前置きした後で, 観察結果を組織的に記述している。

　すなわち,(5)「変革の風土」については, 生徒たちの反応はおおむね肯定的であるが, 教師たちの場合はアンビバレントで, 賛否が二極化する傾向にあること,(6)「教師と生徒の関係」については, 教師に近づいたり, 話したりしやすくなったとする者と, 逆に近寄り難くなったとする者がいて, 生徒たちの意見は様々であったこと, 生徒たちは, ルールや規制が多すぎるし, 懲罰も気まぐれなことがあると思っていること, また教師たちの中には, 生徒指導の今のやり方に疑念をもつ者がいること, 生徒に対する教師たちの感受性にはかなりのばらつきがあるらしいこと, などであった。

　そのほか,(7)「教師と教師の関係」,(8)「教師と理事会の関係」,(9)「生徒と生徒の関係」などについて逐一述べているが, 詳細はマレルの著書(1973)を参照していただくことにして, ここでは割愛する。

　なおこの文書は, 観察の結果として次のような疑問をさらに探求したくなっ

たと付記している。(1) 校内の各部位の間のコミュニケーションを促進できないか，(2) 学校の方針決定に生徒がもっと積極的に参加できるような側面はないか（それとも，今以上の参加は許されるべきでないのか），(3) 生徒を辱しめることなしに断固たる統制を維持できないものかどうか，などがそれである。

　予備分析に対する以上のような取り組みからもわかるように，マレルらのW高校への接近は煉瓦を一つひとつ積み上げるのに似て慎重であり，しかも決して一方的な診断を下したりせず，観察結果を共同で検討するなどして，協働者あるいはパートナーとしての役割を逸脱しないように留意している。

(2) プログラムの立案

　精神保健センターのスタッフが学校側と一緒に活動する場合の可能な3つのやり方を示し，学校側の好むものを選ばせたところ，「グループ討議」ならびに「グループ討議リーダーの研修」を含む一連のプログラムができあがった。ちなみに，センタースタッフの最も好む「エンカウンター・グループ」は，学校側からはいちばん不評だったため，プログラムには盛りこまれなかった。なお，このようなグループ討議法の研修を学校側が選んだのは，彼らが，自分たちの公式的な達成課題（上位の社会体系である学校理事会から公的に割りあてられた課題）にとって，討議の技術が直接関連をもつと認識していたからだ，と説明されている。

　さて，「グループ討議」と「グループ討議リーダーの研修」をめぐり，学校側（管理者，生徒補導職員，教師）とセンタースタッフは会合を重ね，次年度当初に開かれる教師・生徒双方を対象とするオリエンテーションに参加予定のセンタースタッフのためにも計画が練られている。そして，その実施時期やすすめ方，内容などが，校長あてに明示されている。

　このほか，ある生徒補導職員の副リーダーをセンタースタッフの一人がつとめる「グループガイダンス」のプログラムもつくられた。これは，W高校8人の生徒（男女4人ずつ／なお，その半数は謹慎中）でつくられたグループの8つのセッションからなるプログラムであった。さらにまた，W高校の理事会が学校のさまざまな方針とか争点となっている問題について求めたコンサルテーション・プログラムもある。

(3) プログラムの実施

　上記のような2, 3のプログラムが2年あまりの間に実施された。その間，学校側，とりわけ上層部は，センタースタッフの関与に対して受容的であった。

このことは，当該社会システムがセンタースタッフに対し脅威を感じていなかったことを意味している。なおこの事例では，センタースタッフはコンサルテーション料を請求していない。

(4)「介入プロセス」と「介入結果」の査定

まず，効果的な協働関係を確立できたことから，プロセスの面ではW高校という社会システムに所期の入力を与えることができた，と言える。しかし，この研究の報告者たちによれば，介入前に人びとの心理・社会的協和に関するデータをとっていなかったため，介入の前と後との比較による最終効果の評価はできなかった，としている。ただし，たとえそのデータをとっていたとしても，最終効果の解釈は難しかったかもしれないというコメントも付されている。彼らによれば，当時，W高校が所在するコミュニティの外的条件がW高校にも影響を与えつつあったので，たとえ学校組織の内部において介入による望ましい効果がみられても，外部社会の緊張などがそれを相殺してしまったかもしれないと考察している。このことは，社会システムに対する介入の査定にあたって，前後の比較における有意差の有無を，そのまま「介入の成否」と見なすことの危険性を示唆するものである。

以上，マレルらのW高校変革のための介入は，学校組織の機能面の計画的変革を目指しながら，今ひとつその効果が明確でないうらみはあるものの，対象学校組織への入り方や社会システム論的視点の一端について十分にうかがい知ることができるだろう。

なお，このほかにグロスら（1971）による『学校革新への道——教育イノベーションの普及過程』は，学校組織の計画的変革についての全体像を明らかにしてくれるだろう。また，高禎助（1979）による某造船所の災害防止に取り組んだ組織変容の試みがあるが，これらはこの種のアクション・リサーチとしてはドラマチックであり，稀に見るクリアな成果をおさめているので，一読をおすすめしたい。

5 「学校変革」をめぐる諸問題

ここでは，順不同で若干の問題点を取り上げてみる。

第一に，変革が目指すべき普遍的な「理想の組織像」があるかという問題である。これについては，「積極的精神健康」に関するジャホダの考察（Jahoda,

1958）にアナロジーをとったベニス（1968）の「組織の健康度または有効性」の概念がある。すなわち，「健康（有効）な組織」とは，(1) 問題を解決し，環境に柔軟に反応できる，(2) 組織の目標が全員に理解され，共有されている，(3) 環境の真の特色を鋭く知覚し，正しく解釈する能力がある，(4) 組織の各部位が統合されていて，相互に矛盾した働きをしない，などである。こうした条件を満たす学校組織では，公式的な達成課題（学力向上など）が効率的に達成されるだけでなく，その中で生活する子どもにやる気と満足をもたらすと考えられている。

第二の問題は，社会システムとしての学校組織への介入は，たとえば「学力向上」という結果変数の改善を目指した努力が，当初意図していなかった「やる気」などの「媒介変数」（あるいは「モラール」）の食いつぶしという代価を支払わせることがありうるということである。もし，そうした代価を要求するような介入であれば，「学力向上」という結果変数も間もなく悪化するに違いないので，慎重に対応する必要があろう（リッカート，1964）。ちなみに，先に挙げた藤原の実践などでは，知育，徳育，体育の面でバランスのとれたアプローチがなされているのが注目される。

第三は，学校という社会システムの特性と，そこに含まれる個人（子ども）のパーソナリティとの間には相互作用的関係があるということである。これは，ケリー（1968）の生態学的アプローチなどによっても実証されていることで，たとえば高校生の場合，生徒のかなりが転出入する学校環境には，探求心の旺盛な生徒の方がよく適応するのに対し，転出入の少ない学校環境には探求心の乏しい生徒の方がよりよく適応するという。このように考えてくると，同一の社会システムがすべての人に「良好な適合性」をもたらすことは難しいことになる（マレル，1973）。

第四には，客観的に見て「病理性」を呈しているような学校組織が，常に変革の必要性を自覚しているとは限らないという問題である。そうした学校では，内部からと外部からとを問わず，変革の働きかけには拒否的であるのが普通である。このような場合，誰が，いかにして，変革を始発するかが問題となる。おそらく，学校組織の実態についての自主的調査などに，コンサルタントとして寄与することなどが変革への動機づけの契機となるかもしれない（deCharms, 1972）。

第五に，一見学校組織内で生じたかに見える問題行動も，実際には学校を包む外部社会全体に根ざすものであることがある。そうした問題は学校組織の変革によっても根本的な解決をみないことがあるので，学校の上位システムから

の入力（影響）に目をくばる必要がある。本章の当初に挙げたわが国の学校教育の「病理現象」も，多くはこの範疇に入るもののように思われる。
　最後に，こうした学校組織の変革にエイジェント（促進者）として機能するのは，スクリブナー（1968）の言う「第4類型のコミュニティ心理学者」つまりソーシャル・エンジニア型であるということである。社会システムの構造や機能についての知識があり，かつ，システム・アプローチの技法に習熟していることを最低の要件とする。

第15章 学校教育組織へのエコ・システミックな支援

 対象をどう定義するかが，アプローチを左右する。このことは，学校問題へのアプローチにも当てはまる。逆の言い方をすれば，学校問題に関する論説の内容には，論者個々人の学校に関する「暗黙の定義」が色濃く反映されているのである。

 本論に入る前に，こうした「学校教育組織」(以下，原則として「学校」という)の定義を云々するのは，近年の学校問題に関する論説が，「学校なるもの」の定義を明確にしないまま安易になされる場合が少なくないと思うからである。

1 「学校」とは何か

 まず『広辞苑』を見てみよう。「(学校とは)一定の教育目的のもと，組織的・計画的に教育を行う施設」と定義されている。この場合，学校は，特定の目的や機能を担う「施設」としての面から捉えられている。その意味で，「単体としての学校」がとりあげられており，常識的定義の典型と言える。

 次に，これと対照的な視点のひとつが，生態学的心理学者のバーカーによって示されている。バーカーは，編著『大きな学校，小さな学校』(1964)の中で，次のように述べている。

> 子どもや学校，コミュニティなどは，複合した相互依存的システムの一部であり，それゆえ，教育の諸問題が，学校の玄関で始まったり，あるいは，そこで終わったりするものではないという考え方は，これまでもいろいろな形で表明されてきた。学校に関するかぎり，それが，個々の生徒やその教師だけではなく，教育の過程を含めた全体的なものだとする観点がひろく行きわたっている。
>
> (『大きな学校，小さな学校』邦訳書, 1982, p.3)

平たくいえば，バーカーは，学校をモノ・ヒト・コトの総体として，かつ重層的な社会システムとして生態学的に捉えていると言える。つまり，校地・校舎・教育施設・設備などが「モノ」であり，教師（集団）と児童生徒，さらには父母（集団）などが「ヒト」，学校管理や正課・課外の教育学習活動などが「コト」に相当する。さらにまた，個々の学校を「校門の内側」に閉じこめたまま考察してはならないとも強調している。すなわち，学校とは，生態学的心理学の用語によれば，大小さまざまな「行動場面」の集合以上のもの，要するに子ども ↔ 学級 ↔ 学校 ↔ 教育委員会（または学校理事会）↔ コミュニティという「相互依存的な複合システムの一部」に他ならないからである。つまり，学校を「エコ・システミックな視点」から捉えることを主張しているのである。

　さて，学校の現状は，よく云えば「自前主義」，一般的に言って「閉鎖的」，悪く言えば「秘密主義」の嫌いがある。要するに外部からの介入を嫌い，他人のお世話になることなど潔しとしないといった気風が濃厚だとされている。もしそうであれば，何が学校をそうさせたかが問題だが。

　それはともかく，以上のことを確認した上で，学校の本来的目的の達成に一層有効な「新しい支援システム」，つまり「学校教育組織へのエコ・システミックな支援」体制のあり方を提言してみたい。

　なおここでは，多様な「学校問題」のうち，特に「いじめ問題」に焦点を絞って述べるが，その構想はそのまま，他の諸々の学校問題への対応にも準用できる。

2　文部省「いじめ対策緊急会議」の最終報告書について

　愛知県西尾市の中学生のいじめ自殺事件を契機に設置された文部省の「いじめ対策緊急会議」は，平成7年3月13日（月），文部大臣に最終報告書を提出した。

　それによると，(1) いじめる側が悪いという認識に立ち，毅然とした態度で臨む。また，いじめは卑劣な行為であり，それを傍観したり囃したてたりすることは，人間として絶対に許されないという自覚を促すよう指導すること，(2) いじめであるかどうかは，あくまでもいじめられている側の認識の問題であることを銘記すること，(3) 事例研究やカウンセリング演習などの研修を実

施し，教職員の共通理解と資質の向上を図ること，(4) 養護教諭が入手した情報を学校全体が共有し，問題解決に有効に用いること，(5) いじめが一定の限度を超えた場合，いじめ側に出席停止の措置を講じたり，警察などの諸機関の協力を求めて厳しく対応すること，などが提案されている。つまり，いじめる側の責任の明確化を求め，限度を超えた場合は，いじめ側の児童生徒に出席停止などの厳しい措置を講じるよう求めているわけである。さらに，人間としての基本的な生活習慣や態度を身につけさせる第一義的な責任は家庭にあることを強調し，現行の「養護教諭」を新たに「保健主事」とすること，「いじめ問題対策センター」の早期整備（平成7年度）を図ることなどが提案されている。

　上記のような「いじめ対策緊急会議最終報告書」の内容につき，これを一口でコメントするのは容易でない。ただし，現場の教師や教師集団が教育的な専門性と叡知に満たされていないかぎり，このような対策は失敗するか，ありはその副作用のみが顕になる。それは，なぜだろうか。

　第一は，養護教諭制度の重大な変質につながりそうだということである。養護教諭は，これまで授業や生徒指導などの役割からは全く自由な「無任所」の教師であった。だから，学校内では唯一のオアシスとしての地歩を保つことができた。そしてそのことが，「偏差値教育」といわれる現代学校教育の中の児童生徒のストレス解消に貴重な緩衝地帯の役割を可能にしたわけである。養護教諭制度の本来的な狙いがそこにあったかどうかは別として，現実の学校教育の中で果たされている役割からすれば，まことに重要な役割をこなしているといえるのである。今回の「いじめ問題緊急会議」の提案は，このような養護教諭のあり方を大きく変質させるのでなければよいのだが。

　第二の疑問は，保健室にいじめ問題の中核センター的役割を付与しようとしている点である。このことは，いじめ問題への一般教諭の取り組みを後退させかねない。一般教諭がいじめ問題にコミットしなくなり，その分，養護教諭のいじめ問題専従化が進むはずである。また重大ないじめ問題が発生した場合，その手がかりや情報を養護教諭が把握し提供していなかったとしたらどうなるだろうか。「養護教諭がしっかりしていないからだ」と責任の皺寄せが起こりかねない。普段はそれほどでなくても，いじめ問題などで校内の緊張が続くような状況のもとでは，その原因をつい誰かの所為にしたくなるのが人間集団というものの性だからである。「いじめ問題」の専従担当者をおくことにより，「いじめ問題」が学校教育固有の課題であるとの認識は後退し，一般の教師集団を「冷淡な傍観者」にしてしまうかもしれない。

　余談だが，このことで，かつて大学に学生相談制度が導入された頃のことを

想い出す。自殺やノイローゼ，大学紛争，学生の無気力の問題など，いわば大学環境の産出する難問題の解決を，学生相談は期待されたのである。しかし，学生相談はその期待を「十分に満たす」ことはできなかった。もともと，大学キャンパス内で起きた諸問題は，そのコミュニティ全体で取り組むべきものである。当の大学自体（教職員）にその意欲があり，一丸となって当たる時にのみ解決の糸口をつかめるのである。

　第三は，いじめかどうかは，いじめられる側の認識の問題だ，というだけで果たして十分なのかどうかという疑問である。つまり，「被害者」本人の申告だけで一方的に，いじめる側に立たされるというのではたまったものではない。そこに何らかの手立てが介在しなくては，別の意味において「学校によるいじめ」は予防できないだろう。幼いきょうだいを見ていると，大概は「お兄ちゃんがいじめた！」と，下の子が訴える。そしてそのつど，上の子は親から叱られるのである。いじめられたという訴えを100％受けとめつつも，もう一方の当事者を加害者と即断せず，適切に対処することこそ，教師の専門性というものである。多分，この辺りのことは，「カウンセリングや事例研究などの研修」を通じて，重大な過誤を予防するつもりだろうが。とにかく，少なくとも「学校によるいじめ」の芽だけは摘んでおかねばならない。そもそも，学校は本来いじめ撲滅機関ではなく，警察でもない。「学校はあくまでも教育機関だ」というアイデンティティを再確認することなしには，「学校の死」も招きかねないだろう。

　以上の考察から，いじめ問題ひとつをとっても，現実の学校にはバックアップ体制が必要なことがわかる。逆に言えば，学校は，今や自前主義から脱出する必要があるということである。教師たるもの，学校たるもの，外部の支援を求めるなんて恥だ，というような考え方からはぼつぼつ脱出すべきである。それほどに今日の学校は，社会の矛盾や歪みに由来する各種の難問題を抱え込んでいるのである。今後，教師や学校の力量評価は，自己が直面する諸問題を自前で解決できたかどうかではなく，いかに有効に校内外の社会資源を活用できたかによってなされるようになるだろう。そうした風土が育たなくては，ここでいう「学校支援システム」と学校自体とを効果的にドッキングすることなど，できないだろう。

3　学校システムへの介入

　学校教育組織向けには,すでに各種の潜在的な支援サービスがあるが,それらは必ずしも十分に組織化されていない。その上,見えにくい。しかし,たまたま両者がうまく出会えば,望ましい効果を挙げることができる。その好例が,第14章で紹介した関文恭（1993）の「荒れた中学校における学校改善の実践」であることは,前述のとおりである。

　そもそも「荒れた中学校」への関の介入は,T校長の要請をもって始まっている。関はこの学校には,校長の友人ということで出入りしたという。関によれば,学校変革が成功するかどうかは,一にかかって校長のやる気にかかっていると言う。私はそれに,さらに「学校問題を外部専門家との協働で解決しようと決断する校長の勇気」も付け加えたい。

　多くの学校は,校内に問題がある場合,それをひた隠しにするものである。ましてや,外部の専門家に自ら相談をもち掛けるなどといったこと自体,学校の恥さらしとしか考えない向きもあろう。その反面,声を掛けられた外部専門家が,学校の中に入るのも容易なことではない。お客さまとして短時間ならまだしも,職員会議やその他の研究活動にも自由に出入りすることができるなど並大抵のことではない。関は明言していないが,それは彼のシステム介入者としての資質に負うところが大きい。組織にあれこれ働きかける前に,まずその組織から受け入れられる必要があるからだ。

　そこで,もっと顕在的な学校支援のシステムを考えてみたい。しかし,そういうものは現状では寡聞にしてあまり聞いたことがない。むしろ,これからの課題なのであろう。あるいは,先に紹介した「いじめ問題対策センター」（仮称）が,そうした学校支援のネットワークを支えることを予想しているのだろうか。

　そこで,われわれは,次節で架空の学校支援システム（試案）を構想してみたい。

4　学校教育組織へのエコ・システミックな支援

　「いじめ問題」への支援システムを考える上で,第7章で述べた福岡県青少

年問題協議会（1990）の「青少年健全育成のための三層支援システム」の発想が参考になる。同協議会は，平成２年度に『'90年代における福岡県青少年健全育成について』という意見具申を福岡県知事におこない，その中で「三層支援システム」なる構想を提案し，次いでその翌年度には，シンナー問題に絞った「三層支援システム」の実行案を示している。

　ここで「三層」とは，青少年の健全育成上，何らかの課題を抱える個人や家族，関係機関など，いわば青少年健全育成の直接の担い手を中心にして，それからの距離に従い，直近の（1）「コミュニティ・レベル」，（2）「ブロック・レベル」（幾つかの「コミュニティ」からなる，より上位のシステム），（3）「全県レベル」（つまり（1）（2）の上位にある中枢支援システム）の３つの層を指している。そして，それら３つのレベル（層）が提供するそれぞれの支援サービスを有機的にネットワークし，青少年健全育成に一層効果的に対処できるようにするのが「三層支援システム」の基本構想に他ならない。

　こうした青少年健全育成のための支援システムを下敷きにして，次に，「いじめ問題」を睨んだ「学校教育組織へのエコ・システミックな支援」の「二層支援システム」の試案を述べてみたい。

第一次支援システム（最前衛的システム）
- 都道府県教育委員会や政令都市教育委員会の付設コンサルテーション機関である。
- 各教育委員会は，モノ，カネ，ヒトの面で支援するが，この支援システムの管理運営にはノータッチとする。いわゆる「中立性の確保」のためである。
- 専従事務局員（所長と事務員）の配置も，利用者のニーズとコンサルタントの専門性のコーディネーションや，利用者のプライバシー保護の観点から適材を求める必要がある。他の関連機関または委嘱していない他の専門家の情報も提供できる人であればさらに望ましい。
- コンサルタントには，教育や心理，精神医学，法律，児童福祉などの専門家をあてる。教員や校長，保護者，児童本人などが利用しやすいように，教育委員会の職員だけで構成しないよう留意する必要がある。
- 専用電話（できれば，フリーダイヤル）によるホットラインで受け付け，そのまま相談をおこなう場合と，日時を約束して面接相談をおこなう場合の２つのやり方があろう。また，当該学校やその現状，当該児童生徒の状況などの概要は，ファックスでレポートをしてもらうのも，理解の促進と

時間の経済に役立つだろう。秘密保持を第一義的に尊重する。何れの場合も，煩瑣な手続きは要求しない。
・求めがあれば，コンサルタントが直接先方に出向く「出前方式」も実施する。
・コンサルタントには，適任者を当てる必要があるが，その際，地元の大学教員や小中学校のOB教員，医師会員，法務局や家裁の専門職員，弁護士，児童福祉の専門家などを嘱託とする。年間契約とするが，ケースがあった場合にのみ対応してもらう。コンサルタントの氏名公表が支援システムへのアクセスを容易にするなら，差し支えのない限り陣容を公表する。
・必要に応じて，複数のコンサルタントが担当することもある。
・積極的な予算措置を講じておくべきである。

第二次支援システム（第一次支援システムのバックアップ・システム：各種の専門機関や施設のネットワーク）
・大学の「心理教育相談センター」とか，児童相談所，少年鑑別所，保健所，福祉事務所，学校医師会，医師会ホットライン，ヤングテレフォン，いのちの電話，法律相談など，公私の社会資源をネットワークしたシステムである。全国的な視野でネットワーキングする。
・いじめ対策緊急会議の最終報告書にいう「いじめ問題対策センター」（文部省：仮称）も，やがてはこのシステムの構成単位のひとつとなるだろう。
・第一次支援システムを構成するコンサルタントの供給源であり，重度のあるいは難しい問題の解決にとって貴重な社会資源である。特に，コンサルタントとしての機能を担い，問題解決を促進することが期待される。
・ここには，専従の事務局スタッフは不要である。第一次支援システムの事務局が，両支援システムをつなぐリエゾン機能を果たすからである。
・必要に応じて第一次と第二次の両支援システムを有機的に連結するのは，第一次支援システムの事務局である。この意味でも，第一次支援システムの事務局は戦略的部署である。
・適正な予算措置が不可欠である。

以上の学校教育組織の支援システムは「二層支援システム」となるが，このシステムの成否を決定するのは，事務局スタッフの力量であろう。カウンセラー制度を義務教育に導入した初期の頃（昭和30年代末），カウンセラーには退職校長が多く配置されたことがある。専門の心理教育カウンセラーの養成が間

に合わなかったから止むを得なかったとはいえ，結果的にはカウンセリング制度の定着と展開に阻害要因となったことは否めない。ここで，システムを論じながら，あえて人事のあり方まで言及するのは，前車の轍を踏まないことを願うからである。

第16章 大学環境とコミュニティ・アプローチ

　一般的にいって，大学という教育組織はコミュニティ・アプローチに適しているように思われる。

　理由の第一は，大学が「教育の場」であるということである。すなわち，学生に対し，その青年期的な発達課題の達成と成長を促進することは，大学なるものの本来的な目標であるが，その志向するところは，「治療」よりも「予防」や「発達」を目指すコミュニティ・アプローチ固有の特性と基本的に整合しているからである。

　第二の理由は，大学生の時期が「自我同一性の確立」を主な発達課題としているのに対し，実際には同一性の危機に直面するものが少なくないということにある。コミュニティ・アプローチは，こうした学生集団全体に対する早期介入を可能にし，「危機」（クライシス）のもつ成長促進的な可能性を具現するであろう。

　第三の理由は，大学が，その他の学校教育システムや家族，近隣地域，職域などと比べて，利用可能な社会資源にめぐまれているということにある。

　第四は，学生集団が多くの対面的サブ・グループに分かれており，したがってもしそれらが高い凝集性を備えていれば，教育的・治療的エイジェントとして十分に機能しうること（安藤，1980），さらに自ら援助者としての役割を担うことにより，逆に自己啓発や自尊感情の向上がもたらされること，などである。

　そして，何よりも第五の理由は，今日の大学でみられる学業や生活面の諸問題が，学生個人のパーソナリティや個人的能力よりも大学環境の諸要因に原因するものが少なくないこと，あるいはパーソナリティや個人的要因と環境要因との不適合に起因するものが少なくないこと，などである。ここで大学環境の諸要因とは，施設・設備，教職員の陣容，教師集団の価値志向，カリキュラムの特色（画一的か多様か），教授法や評価のスタイル，学生指導の体制などを指す。また，学生の側のパーソナリティまたは個人的要因には，大学進学の動機，価値観，学習方法（how to learn）のスタイル，住生活の形態（下宿・寮か自宅か），問題対処の能力や社会的スキル，性格特性などが含まれる。こう

した「個人と環境との不適合性」が，学業や生活面の諸問題を産みだす主要な原因であるとすれば，それの解決にとって，個人の側の要因の変容や修正だけに焦点をあわせた旧来の治療心理学的アプローチでは十分な効果は期待できないであろう。「個人と環境との適合性」を改善しようとするコミュニティ・アプローチが大きくクローズアップされる所以である。

　このように，大学のキャンパスで見出される心理社会的諸問題は，コミュニティ・アプローチに適しているのみならず，それによらなければ抜本的解決は望みえないような問題が少なくないことが明らかとなった。それにもかかわらず，これまでわが国では，大学におけるコミュニティ・アプローチの試みはほとんど見いだしえないのである。

　理由のひとつは，コミュニティ・アプローチの基本的構想についてはともかく，それの各論ともいうべき実践事例が，大学の内外を問わず，ほとんど報告されていなかったことにある。2つには，そうした事例報告の欠如が，コミュニティ・アプローチの理論と技術の発達を遅滞させたことである。3つには，こうしたアプローチは，従来の心理臨床家の役割モデルには含まれていなかった新しい役割や機能を必然的に要請すること，それにもかかわらず，新しい役割を担いうるワーカーを訓練・養成する体制が，ほとんど整備されていないことである。4つには，上記3つの理由と深い関連をもつものとして，コミュニティ・アプローチが，旧来の治療心理学的モデルに基づく心理臨床家のアイデンティティに重大な危機を招きかねないという事情がある。この点については，他の機会（安藤，1979）に考察しているので，ここでは省略するけれども，とにかく「心理治療者」と「コミュニティ心理学者」との間には，知識や訓練の体系についてだけでなく，もっと基本的なパーソナリティの面でも対照が認められるようである。極言すれば，前者は木を見て森を見ず，後者は森を見て個々の木は見ない，とでも言うべきか。ただし，これからの「コミュニティ心理学」は，森と木の両者を，相互作用の視点から再認識するものでなければならない。

1　九州大学教養部での原級残留者に対する予防対策

（1）コミュニティ・アプローチが「孵化」するまで

　これからは，九州大学教養部での原級残留者に対してなされた予防的アプローチについて報告する。九州大学では，昭和31年に教養課程を担当する2つ

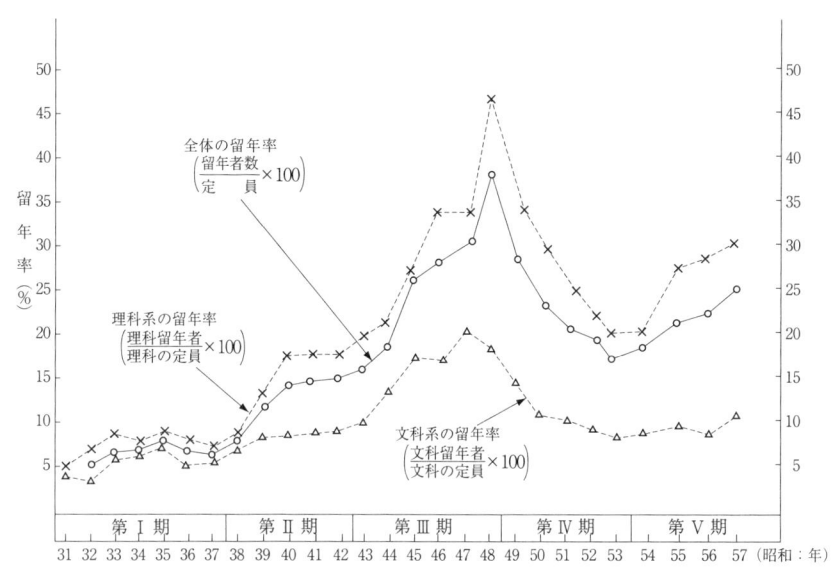

図16-1 九州大学教養部の過去27年間における留年の推移

全体の留年率 $\left(\dfrac{留年者数}{定\ \ \ 員}\times 100\right)$

理科系の留年率 $\left(\dfrac{理科留年者}{理科の定員}\times 100\right)$

文科系の留年率 $\left(\dfrac{文科留年者}{文科の定員}\times 100\right)$

の分校が統合され,以来40年余り「教養部」として大学教育の一端を担ったが,平成6年(1994)に発展的に大学院として改組された。

　ここでは,その教養部の一時代における原級残留現象への取り組みを報告する。図16-1に示すごとく,昭和30年代の末頃になって原級残留発生率(以下「留年率」)が漸増し,40年代の後半以降はさらに急騰し,ついに48年度にピークに達した。その後は次第に下降し,昭和53年ごろには20%の大台を割るまでに至った。これを文科系と理科系とで比較してみると,そのパターンに,微妙な差異がみとめられる。たとえば,(1)留年率の第一次の増大は,理科系が昭和38年度,39年度ごろに発現しているのに対し,文科系は42年度以降となっており,両者の間には3年ないし4年の時間的ズレがある,(2)留年発生率のピークが,理科系では昭和48年度であるのに対し,文科系はその前年度である,(3)昭和51年度の留年率が,文科系ではすでに10%台を割って,昭和40年代初期のレベルに復元しているのに対し,理科系の方はまだ20%台を維持しており,依然として「大量」である,(4)以上のことから,「大量留年現象」は文科系では遅く発現し,かつ早く沈静化しているのに対し,理科系では相対的に早く発現し,かつ長く持続する傾向にある,ということができる。

　さて,ここで用いられる「留年」の語義について述べる。九州大学の場合は

「教養部」と「専門学部」が横割りのシステムになっているため，前者から後者への移行を「進学」とよんでいる。「留年」の呼称は，そうした「進学」が不可能であった者に，理由のいかんを問わず適用される。当然のことながら，専門学部での「卒業延期」についても，同一のことばが適用されるが，その種の留年は，本報告には含ませていない。

さて，こうした「留年」が全国的にも多発し始めたのは，昭和30年代の終わりごろであった。また，これらの問題について大学当局や学生カウンセリング・センターが本気で関心を示しはじめたのは，昭和40年代の初めであり，両者の間には若干のズレがみとめられる。心理学関連諸学会で，研究発表が多くなるのもこの時期であるが，昭和44年の日本教育心理学会第11回総会（広島大学）において，「留年学生の問題」がシンポジウムのテーマのひとつとしてとりあげられたのを最後に，この問題はメジャーな学界の関心の主流から姿を消したと言ってよい。研究テーマとしては著しく「短命」であったと言わなければならない。なお，この間の研究の動向については，筆者のレビュー（安藤，1979）があるので，ここでは割愛する。

しかし，上述したような研究上の関心の移ろいは，当の問題の解決を意味しない。昭和30年代から漸増した留年は，40年代半ばのスチュデント・パワーの爆発と相俟ってさらに急騰をつづけたが，こうした事態に直面した心理臨床家たちの目には，この問題がもはや既成の心理諸科学の対処能力を超えるものに映じた。急激な関心の冷却がそうした事情を反映したとして説明できるのではないか。このことは，大学カウンセラーや大学カウンセリング・センターが「大量留年現象」への積極的関与から手を引いたのちも，なお「個々の留年学生」に対しては相変わらず深い関心を示し，専門的な援助サービスを怠らなかったという一事をもってしても立証できる。心理臨床家たちは，いったんはチャレンジしたものの，自らの既成の技法が「大量留年現象」には有効でないことに気づくや，「伝統的な心理治療者」としてのアイデンティティに回帰することを選びとった，と言ってよい

ところで，九州大学教養部では，この点についてどうであったか。上述したのとほとんど同様の軌跡をたどったと言えるが，昭和40年代後半においても留年率の高騰がつづき，それが教養部の教育・研究の正常な運営に重大な支障をもたらすに至り，また本人や父兄はもとより，部内の教職員にとっても看過できない問題としてクローズアップしてきた点は，他大学に比して，特異的であったかもしれない。九州大学教養部は，自らの責任で，この問題と本格的に取り組まざるを得ない事態に追い込まれたのである。

ここで，特に断っておきたいことは，「留年ゼロ」が，必ずしもこの場合の目標ではなかったということである。いわゆる「価値ある留年」や「積極的なモラトリアム留年」などが，大量の留年者の中に含まれているであろうことは，想像に難くない。それどころか，現代の大学生にとっては，学生生活自体が「モラトリアム」と目されているのである。

　しかしながら，これが無制限に許容されるべきかということになると，諸般の事情からその答えに窮せざるをえない。さらにまた，留年の実態は正確に把握すべきであるが，そうした調査資料も思いのほか入手しがたい。留年の実態はほとんど把握されていないというのが，当時の実情ではなかったろうか。したがって，おおかたの「留年観」は，当該論者の熟知している少数のケースからの過度の一般化か，あるいはまた彼自身の仮説（あるいは，持論）の域を出ないものといっても過言ではないだろう。

　さて九州大学教養部では，昭和48年度に本格的なコミュニティ・アプローチをスタートさせるわけであるが，それの前段階として2つの時期があるので，これについて少し述べておきたい。

　第一の時期は，昭和30年代末から45年ころまでで，これを仮に「個人カウンセリング的対策期」と呼んでおこう。九州大学では，昭和38年度に教養部と専門学部の両キャンパスに，学生相談の施設が開設され，それぞれ1人の専任カウンセラーが配置されたが，さらに教養部キャンパスには，昭和39年度に「学生指導教官」1人が配置された。また昭和42年度にはさらにカウンセラーと学生指導教官が1人ずつ増員されている。教養部におけるこれら4人の学生相談スタッフは，役割の名称こそ違うけれども，主として個人面接法によって，大学生活の前半期に生じる心理・社会的諸問題の解決に専門的援助を提供してきたわけである。強いて両者の違いを言うならば，カウンセラーは「情緒問題」に，また学生指導教官はマスとしての学生の実態調査や来談学生への情報提供サービスに，それぞれ力点をおいたということであろう。「留年対策」という観点にしぼって言えば，それは広義の「カウンセリング的アプローチ」であり，したがってこの段階では，大量化しつつある留年学生の「全体」（ポピュレーション）への「介入」は企図されていない。

　第二の時期は，「コミュニティ・アプローチの模索段階」とでも言うべき時期で，昭和46年度から47年度にかけての，ほぼ2年間に当たる。昭和46年度の留年率は，図16-1に示すごとく，30％になんなんとするものであった。そこで筆者らは，クラス・チューター教官と学生相談スタッフの協働による「留年予防対策」（案）を，教養部長の諒解の下で立案し，それを秋の専門課程

進学査定教授会に提案したのである。この案の内容は、まずクラス・チューター教官が当該クラスの留年学生全員に面接等（方式は自由）による個別接触をおこない，取扱いの困難なケースは学生相談スタッフに紹介（委託）してもらうという内容である。しかし，これは，教授会で見事に否決され，その代りに教養部長の指名による「留年問題委員会（教官8名，事務官3名から構成）」が設置されることになった。この委員会は，以後1年間にわたり数回開かれ，主にデスクワークを通じて九州大学における留年の動態，教養部の教育環境（学生定員，教職員数，施設・設備など），カリキュラムの変遷とその内容や，学生の負担の実態，未修得単位の分析などをおこない，次年度秋までに留年対策に関する提案を，「調査報告書」の形で教養部長に提出している。

この報告書の内容の詳細は省略するが，要するに大量留年の発生は，学生定員の急増（対昭和31年比で2倍），教職員定員の伸びの相対的遅延（非常勤教員への依存率の急上昇），カリキュラムの過密（とくに，理学部と工学部に著しい），授業や試験ボイコットを伴う学生運動などの諸要因のもたらした所産であることが確認された。要するに，これらの原因を根本的に除去することは，きわめて困難であるということを自覚したに止まったのである。

しかしながら，この留年問題委員会の設置とその活動は，コミュニティ・アプローチでいう「コミュニティによるセルフ・サーベイ」に相当するものであることを，ここでとくに注目しておきたい。その効果は，意外に大きかった。とくに学生生活とその生活環境の実態について，教職員が「自己診断」をする機会となったこと，およびそれが契機となって留年問題への教授会メンバーのコミットメントが一気に強化されたこと，結果的にその後の留年予防対策の展開にとって重要な跳躍台になったこと，などがそれである。

こうした経過を辿るうちに，昭和47年2月と昭和48年2月に，「国公立大学学費値上げ反対」を叫んで期末試験ボイコット・無期限ストライキが2年度にわたっておこなわれ，この両年度の留年率はさらに上昇を続けたのである。こうして昭和48年度の留年率は，ついに38％となり，とくに理科系だけを見ると47％という高率を示すに至った。ここでわれわれは留年対策の第二期に別れをつげ，一気に「コミュニティ・アプローチの展開」の段階へと突入することになる（安藤・園田，1982）。

(2) コミュニティ・アプローチの実施と評価

九州大学教養部の昭和48年度専門課程進学査定会議は，重苦しい雰囲気の中で終始した。会議のあと，筆者はその春就任したばかりの教養部長に呼ばれ，

「とにかく留年学生を一人でも減らすような対策を早急に検討し，できればすぐに実施してほしい。必要な人員や資材は可能なかぎり教養部長の責任において調達し，提供するつもりである」といった内容の要請をうけたのである。

早速筆者らは，昭和46年度におけるさきの「留年予防対策（案）」否決の事情を検討し，今回はむしろ留年多発による負担増をもろにこうむる学生関係窓口（教務掛や学生掛）との連係を主とし，有志教官（ボランティア）の参加を従とする，留年学生とその両親の全数を対象としたアプローチを企画し，教授会には報告・説明するだけで議決を求めず，即刻実施に踏み切ったのである。「報告はするが，議決は求めない」というこの方式は，熟慮の末に案出されたものであるが，それについての理由づけは敢えて省略しておきたい。また事務当局への協力要請は，教養部長 → 事務長 → 掛長というラインを通じてなされたし，有志教官への参加の勧誘は，筆者らが個別的におこない，全員を巻きこむことはめざさないことにした。なお昭和48年度後期のそれは，主に「再留年予防」や「再再留年予防」（三留予防）に焦点（したがって，留年経験者全員に焦点）をあわせるものであった。

あくる昭和49年度には，上記の対策に，さらに初回留年予防のプログラムを付加し，4月から5月にかけて実施した。この場合，入学からみて第三セメスターの初頭に，教務掛職員の全面的協力をえて，1年次における単位修得状況に基づき「留年リスク」の高いものを選別し，これに警告や指導・助言を与えるというものであった。また昭和50年度からは，入学前の時点で合格者全員とその父兄（保証人）に対し，教養部長名で，大学教育や大学環境の現状，学生自治のあり方，自覚的な学生生活の勧め，留年の動向，学内の学生サービス機関の積極的利用などについてのオリエンテーションを主目的とする文書を，合格通知書とともに送付するようにした。これは，学生相談スタッフが，学生や保証人との直接接触を通じて，学生たちが大学のカリキュラムや大学環境の実状に対しいかに認識不足であるかを確認したことに基づく意図的な対応策である。これはまた，現状において大学がおこないうる最も早期の留年対策ということができる。

以上が，九州大学教養部での，昭和30年代末から50年代初期までの十数年間の留年予防対策とその推移の概況であるが，これを一括して示せば，次ページの表16-1のとおりである。

表 16-1 介入内容と目的

介入の内容	目的 初回留年予防対策	再(三)留年予防対策	対象	摘要
1. 教養部長の手紙「新入生に与う」「父兄各位」	○		全員	大学生活とその環境の周知、よき学生生活のための保証人の協力など。(昭和50年度新入生から)
2. 休学願出者のチェック	○	○	該当者	真の休学理由のチェック及び指導 (昭和50年から、クラス・チューター)
3. 成績不振者及び履修(受験)届遅延者の指導	○	○	該当者の保証人	取得単位確認遅延者及び履修(受験)届未提出者の本人通知→保証人通知(昭和49年から、ガイダンス教官、教務掛、学生掛)
4. 残留決定者の指導		○	該当者の保証人	保証人への通信(残留通知、未取得単位、次年度進学予想、アンケート用紙、希望者面接)(昭和48年から、以下は同上)
5. 通常のガイダンス面接	○	○	希望者	

2　九州大学における留年対策のコミュニティ・アプローチの内容

　以上では、九州大学教養部でコミュニティ・アプローチが孵化してくる姿を、歴史的文脈において素描した。そこで次に、当時の九州大学教養部で定式化された留年予防対策の内容を、もう少し詳しく述べることにする。前節との多少の重複があるかもしれないことを、お断わりしておく。

(1) 問題発見の段階

　留年問題にいちはやく眼をつけたのが、学生相談関係スタッフやその協力者であったことは前にも触れたとおりである。昭和30年代後半に、当時多発していた学生の自殺と、その背後にある学生たちの不適応を「予防」または「治療」すべく設置された学生相談室や学生カウンセリングの施設は、その設立直後に未曾有の大量留年現象と際会することになった経緯もすでに述べたとおりである。また、この問題に関心を向けた他の一群の人たちは大学の管理運営に携わる立場の人たち（学長や学生部長）であったことも確認しておこう。とくに留年率が10％を超えるあたりから、学内運営の各部門にようやくしわ寄せが目立つようになり、これが大学の本務である「教育と研究」に及ぼすマイナスも看過できなくなったからである。

そうした事情は，昭和40年代に入ってますます悪化する。そして，前にも述べた「留年問題委員会」（昭和46年10月設置）より以前にも，教養部内や全学の精神科医，臨床心理学者，教育心理学者などの研究チームが，他大学の研究者とタイアップして文部省科学研究費の助成を受けつつ留年分析に携わったのである。その間のわれわれの研究は，別に詳しく報告してあるので参照されたい（安藤，1968b）。

　ところで上述の段階では，結果はともかく，意図に関する限り「コミュニティ・アプローチ」の第一段階としての含意を持たなかったことをお断わりしておきたい。したがって，「コミュニティ・アプローチ」の始発は，前述の「留年問題委員会」（昭和46年10月設置，翌年10月報告書提出後解散）を俟たねばならないわけである。なお，この委員会の調査活動が，九州大学教養部教授会による，半ば公式の「セルフ・サーベイ」であり，その後のキャンパスぐるみの取り組みを動機づける決定的要因となったことは，すでに指摘したとおりである。また，もうひとつ，後日ふりかえって思うことは，この委員会の構成メンバーが，本教養部における各部門のオピニオン・リーダーであったということの効果である。とくに事務部門のそれは，いずれも学生関係窓口の第一線監督者（係長）であったことが，やがて展開される新しいタイプの留年対策の企画・運営を促すこととなった。のみならず，教官メンバーも，各学科やセクションの長老的立場の人たちであったことは，その後の学内合意の形成にとってきわめて幸いであった。

(2) 診断ならびに対策立案の段階

　われわれの留年対策では「診断」と「対策立案」の2つの段階が必ずしも分化していないので，ここでは両者をまとめて述べることにする。

　このアプローチの標的となるコミュニティ問題とは，「大量留年問題」であるが，この現象についての先行研究は，かなりの数にのぼっている。筆者（1979）は，これら諸研究を4つの主要な類型，すなわち「調査法にもとづく留年発生規定要因分析」「臨床経験にもとづく背景要因の考察」「留年予測研究」「留年類型化の研究」に分けてレビューしている。ところで，上記分類のごとき諸研究は，現実の「大量留年問題」に大方の関心を喚起することはできたものの，それの診断と，さらには実効ある対策の立案に直接寄与できるだけの成果は収めえないまま，次第に忘却されていくのである。

　したがって，われわれが，この「大量留年問題」について，実践とリンクさせた形で「診断」をし，対策を樹立しようとすれば，従来の諸研究とは非連続

な，革新的視点が必要となるのも当然である。たとえば，それまでの研究が明らかにした留年規定要因に基づいて，多数の学生母集団を対象とする留年予測を試みようとしたとしよう。その場合，まず心理テストやアンケート調査などによらねば収集できない情報が必要になるが，大規模大学という環境，とりわけ留年学生相手の場合は，そのような方式は不適切，かつほとんど無力ということになるからである。先行諸研究は，例外はあるものの，そうした応用面を十分配慮しないまま，予測因子の析出を試みたものが多かった。

そこでわれわれは，「入学後の単位履修・取得行動のパターン」，いわば「行動的指標」のみにもとづき，精度の高い早期予測の新方式を考案したのである。この方式は，すぐれて経験的であり有効でもある。しかし，その粗放性が，あるいは実験心理学者としてのアイデンティティに立脚するこれまでの心理臨床家には，耐え難いものであるかもしれない。しかしこの新方式とて，心理臨床家の熟練が加味されれば，累積された単位履修記録や単位取得行動のような，一見無味乾燥な記録から，当人の生活様態やパーソナリティの特徴まで，かなり的確な推測を可能にするのである。つまり，十分な妥当性と信頼性を兼備した予測方法といえる。

ちなみに，鍵となるサインの主なものをあげれば，既修得単位総数，外国語取得単位数（とくに第二外国語），保健体育実技の単位取得状況などであり，これに理科系学生の場合は，「基礎科目」の単位修得状況などが加わる。これらを，入学第1セメスターから順に調べればよいわけである。しかも，これには学生係・教務係（「学生関係窓口」）のスタッフの全面的な協力が期待できる。これらの資料を総合的に眺めるだけで，早期に的確な留年予測が可能となる。なおこの方式による第一次の選別は，教務関係事務部門が自動的におこない，学生指導担当教官（2名の心理学者）がそのリストを再チェックして，対象者を最終的に選定する。

こうしたわれわれの予測方法を，鳴澤實（1978）は，判別分析法を用いて慎重に吟味し，総取得単位数と外国語単位数の2変数だけからでも，十分に留年予測が可能であることを実証している。なお判別分析法とは一群のデータが2つのカテゴリーに分かれることが分かっているとき，新しいデータがどちらのカテゴリーに属するかを判別する基準（判別関数）を得る統計的な手法を言う。

以上を換言すれば，われわれの留年予測は，第一に行動的指標のみを用いること，しかも入学後の累積記録たる単位履修・取得行動状況のみに立脚しておこなわれること，第二は，方法の簡便なことから，心理臨床家などの特殊な専門家に頼らずとも対象者の選別が容易かつ早期におこなえること，かなりきめ

の荒い方法であるにもかかわらず，その有用性が立証されていることなどが，その主たる強みといえる。要するに，こうした診断（予測）方式を採用したがゆえに，大量の学生母集団に焦点を合わせたアプローチへの道が開けたわけである。

ついでながら，このような対策を「コミュニティ・アプローチ」であるとする根拠は，次の諸点にある。

(1) 学生母集団に焦点をあわせたアプローチであること
(2) キャンパス・コミュニティ内の諸々の資源（とくに教職員，学生，保証人ならびに諸記録など）を掘りおこし，活用をはかっていること
(3) 大学教育サービスの利用者（ユーザー）たる学生やその保証人のニーズに対する大学コミュニティの感受性と責任性を向上させるための一貫した「大学組織の計画的変革」のアプローチであること

(3) 留年対策の実施段階

対策（介入）の内容や目的，対象者，初めて実施された年度，実施の時期などについては，一覧表として先の表16-1に示してある。

すなわち，介入内容5「通常のガイダンス面接」は，伝統的な学校カウンセリング的アプローチにほかならず，この方式は今日においては，かなりなじみ深いものであろう。問題を持つ者が自発的に来談し，主としてカウンセラーや心理治療者との，構造化された，比較的長期にわたる面接を介して，自ら問題解決の端緒を見いだしていくものがそれであり，このことは留年者や留年リスクの高い者たちにとっても有効なことは確かである。しかしながら，この方式が機能するのは，来談への自発性や動機づけを前提とすることができる場合に限られる。したがって，学生生活への意欲減退や大学環境との不適合が重篤であると推定されるケースの自発来談率の低さを勘案すれば，この「通常のガイダンス面接」を補完するアプローチが不可欠となる。

こうしたニーズを充足するためプログラム化されたのが，介入内容4「残留決定者の指導」であり，われわれの初年度（昭和48年度）に初めて組織的に試みたものである。この対策の標的は，残留決定者の保証人（多くは父または母）であり，これらの人々宛に大学側から手紙を出す方式がとられた。同封されたのは，残留（留年）したことの通知書，未取得単位数（種類別），次年度進学可能性の予測（または，留年リスクの予測），「大学への希望事項」などを答えるためのアンケート用紙などである。

このうち，残留通知書は，従来も教養部長名による公文書として保証人宛直接送付されていたものであるが，それ以外の同封物はいずれも昭和48年度秋から始めたものであり，学生のガイダンスを担当する2人の心理学教官連名の手紙も同封された。後者の手紙には，とくに近年の留年動向や当年の状況，大学側において可能な対策とその限界，保証人への協力要請，希望者（保証人でも，学生本人でも可）には，電話相談や面接の機会も設けること，ならびにその利用方法などが盛られている。この主たる目的は，「再留年」や「再々留年」の予防にある。

　介入内容3の「成績不振者及び履修・受験届遅延者の指導」は，再（または再々）留年の予防のほかに，初留年を予防する対策としての意義も大きい。このことは，入学後第1セメスターもしくは第2セメスターの段階で，留年リスクの高い学生に大学側が積極的に介入することをもってしても，自ずから明らかであろう。直接の標的には保証人が選ばれているが，これは，学生本人への連絡にとって保証人がきわめて有効なチャンネルであるという常識に立脚している。言うまでもなく，「保証人への手紙」の発送は最終的な処置であり，それまでは学内掲示板等を通じて再三，学生本人の呼び出しに努めるわけである。この「履修・受験届」は，単位取得上必要な事務手続きにすぎないが，これの提出は当該学期の単位認定にとって不可欠の条件であることに鑑み，不提出や提出遅滞は，学生生活や，履修に対する動機づけや自我関与に重大な問題性のあることをうかがわせるものがある。こうしたサインを示す学生本人や，それをとりまくキーパーソンの一人たる保証人への早期接近は，初留年ならびに再留年の予防にとって，きわめて有効なアプローチと言ってよい。

　介入内容2「休学出願者のチェック」が，初留年・再（再々）留年の予防と関連するのはきわめて部分的であるが，そうした展望と課題意識のもとに主としてクラスチューターがこれと取り組みはじめたのは昭和50年度からである。以後，休学願の受理（許可）には，必ずクラスチューターの所見の記入が必須条件となった。

　最後に，介入内容1「教養部長からの手紙」（「新入生に与う」と「保証人（父兄）各位」宛のもの）がある。この型の介入は，昭和50年度から採用されたものであり，したがって，われわれの構想した総合的留年対策を始めた昭和48年からすれば，3年度目に登場したことになる。

　こうした「新入生」（厳密には，合格発表通知に同封するので，「合格者」と呼ぶべきであるが）とその「保証人」に対する早期アプローチの必要性は，介入内容3や4を実施する中で面接や電話相談に応じるうちに，自然と構想され

たものである。すなわち，新入生にとっては高校生活と大学生活の両環境（カリキュラム，学習方法，人間関係など）の面で著しい格差があること，そこから生じた戸惑いや不適応の克服に失敗しているものたちのなかに，留年や，そのリスクの高い者が多く含まれていること，また，こうした学生本人の生活状況についての理解が，保証人たちにほとんど欠落していることなどが判明したことに基づくものである。

誤解を恐れず言えば，「大学環境」の現実を周知せしめ，むしろ，学生生活に対する幻想を払拭し，一定の覚悟をもって大学生活の第一歩を踏み出してもらうべく方向づけをおこなうことに，この文書送付の主眼がある。合格通知書に同封されたこれら2種類の文書が，学生本人と保証人によって熟読されていることは確かであり，したがってこの文書は，毎年十分な検討を経て作成されるわけである。

以上が，われわれの留年対策の全体像であるが，介入内容5を除けば，「大学の側からの積極的な働きかけ」という点に共通性がある。そのうえ，これら4種類の介入は，従来的な意味での心理臨床家（心理治療者やカウンセラー，ケースワーカー，心理テスターなど）が中心となるものではなく，広く各種の専門職や人的資源の有機的な組織化を通じて展開されている点も，重要な特色である。こうした「非専門家（非心理臨床家）」との協働を促進するうえでの重要な留意点に関しては，「組織化の戦略」（安藤, 1968a; 1979）や「介入のためのガイドライン」（Murrell, 1973），「パートナーシップの確立」（Allen, et al., 1976）などの論題のもとに，すでにとりあげているので，ここでは省略することにする。

(4) 留年対策の評価の段階

留年率の推移を示した図16-1のグラフ（167ページ）からも分かるように，昭和49年度以降は九州大学教養部の留年率に一貫して下降傾向が認められている。

さて次に，表16-2のデータを見てみよう。この表は，初留年，再留年，三留年の出現率を，学生の入学年度別に示したものである。初留率は昭和48年度入学者から急激に減少し，以後もその傾向は一貫している。この昭和48年度入学者は，第3セメスターの始めごろに，「成績不振者及び履修（受験）届遅延者の指導」（介入内容3）の最初の対象学年であるから，初留率の大幅な低減が期待されるものであった。また，再留率では，昭和47年度入学者においてわずかばかりの低下がみられ，以後低減が著しいことが示されている。こ

表16-2　入学年度別の留年率の推移（留年者数／当該入学年度定員 ×100）

入学年度＼回数	初留	再留	三留	%計（延留年率）
44	21.5	6.7	2.7	30.9
45	21.7	5.9	2.6	30.2
46	23.0	6.8	1.5	30.5
47	29.0	6.6	2.0	37.5
48	19.7	5.3	1.8	26.8
49	15.6	4.4	0.8	20.8
50	15.1	4.2		
51	12.9			
52	昭和52年の留年率は17.9%			

　の昭和47年度入学者は，初回留年の決定後に，初めて新たな対策が適用された学年であるから，再留率については低減が期待されるが，初留率に関する限り，低減を期待できない学年である。再々留年（3回目の留年をした者のうち，休学したことのない者は，この時点で所定の在学期間が満了する）については，全体に占める率も小さく，学年度間の比較に耐えうるものかどうか即断しかねるし，結果もまた期待する方向と常に整合しているとは言いがたい。

　なお，入学年度ごとの延留年率についてみると，昭和48年度入学者以降は，それ以前の入学者に比して，一貫して顕著な下降が認められる。

　このほか，本アプローチにおける協働者の一人，園田（1978）の分析によれば，長期留年者（再留・再々留者）のうち，最終的に専門課程（学部）への進学を果たしえたものの比率は，昭和45年度（いずれも進学査定年度）までの間，それぞれ約30％，24％，35％，46％と低いのに対し，留年予防対策が積極的に採られた昭和49年度（進学査定年度）以降は，68％，70％，73％，63％と大幅に改善されていると報告されている。このことは，度重なる留年によって最終的に「中途退学」（ドロップアウト）に至る者が，昭和49年度以降は大幅に減少しているということであり，われわれの留年予防対策の効果の一端をうかがうことができよう。

　ところで，これらの評価データには，厳密な意味での統制群（コントロール群）が欠けていることを指摘しておかねばならない。そのため，留年対策実施前の諸々の指標をもって，統制群のデータに代えることにしたわけである。こ

の点は，評価研究に厳密性を要求する向きには，本研究の最大の瑕疵(かし)として映じるかもしれない。今後の改善に俟つこととしたい。
　また，対策の効果は，「留年したかどうか」といった「結果変数」だけでなく，個人の学習方法や意欲の向上，大学環境への適応の改善などのような，いわば「媒介変数」の面からも検討される必要がある。今後の研究課題のひとつである。なお，これらの対策は，すでに事務部門の通常業務に組み込まれており，毎年定期的に，担当事務部門の主導のもとに展開されたことを付記しておきたい。

第17章 最近の留年問題に関する一考察

「留年」については，これまでも何度か書く機会があったが，そのつどこの問題の取り上げ方について考えさせられた。

第一は，焦点をどこに絞るかということである。留年は教養課程だけでなく，専門課程や大学院にも生じている。さらには，4年制大学だけでなく，短期大学でも，それは存在する。国・公，私立の区別はどうするのか，ということも考えてみないわけにはいかない。そのうえ，留年にはいろいろなタイプがあるようだから，そうしたことも，考察をすすめる前に整理しておく必要がある。

とにかく，いろいろと考えたあげく，多くの場合，自分の経験や手近かな資料でものを言うしかないということになり，いきおい「九州大学教養部において専門課程進学者査定にパスできない者」たちに問題を局限することになるのである。ここでも，基本的には同じスタイルになることをお断りしておきたい。

1 国立大学の留年者数

全国の国立大学における留年に関しては，その全体像を明示してくれるような詳しい分析資料が見当らないので，手元の『学校基本調査報告書』（文部省発行）の幾冊かをひもとき，「最低在学年限超過学生数」から推測するほかはない（表17-1）。

第一は，国立大学（4年制，昼間）で最低在学年限を1年以上超えて在学している者の合計を，いちおう昭和49・50・55年について示したものであるが，これからも明らかなように，この3つの年度を通して，毎年ほぼ18,000名前後の学生（うち男子は17,000名弱，女子は1,000名強）が，最低在学年限を超過して在学しているわけである。これらの「年限超過」が，いずれかの学年で「原級留置」になったことの結果であるとすれば，これらの数値は，当該年度の国立大学の「留年学生数」を示すひとつの指標とみてよいかもしれない。しかしながら，これらの人数に現に教養課程に在籍している者の「年限超過」が

表 17-1　国立大学留年者（最低在学年限超過学生）（4年制のみ）

年　度	男　子	女　子	合　計
昭和49年	16,441 (92.5)	1,330 (7.5)	17,771 (100.0)
50年	16,951 (92.1)	1,445 (7.9)	18,396 (100.0)
55年	16,628 (92.9)	1,271 (7.1)	17,899 (100.0)

表 17-2　超過年数の男女比較（昭和55年度）

性別＼超過年数	1年	2年	3年	4年	5年	その他	合　計（人数）
男　子	65.1 (92.5)	20.9 (93.8)	8.6 (92.7)	4.1 (94.5)	0.8 (90.3)	0.5 (98.7)	100.0 (16,628)
女　子	68.8 (7.5)	18.2 (6.2)	8.8 (7.3)	3.1 (5.5)	1.1 (9.7)	0.0 (1.3)	100.0 (1,271)
合　計	65.3 (100.0)	20.8 (100.0)	8.6 (100.0)	4.1 (100.0)	0.8 (100.0)	0.4 (100.0)	100.0 (17,899)

注1. 昭和55年度の国立大学（四年制）在学者総数は353,413名（内訳：男子276,501名〈78.2％〉，女子76,912名〈21.8％〉）。
2. 文部省『学校基本調査報告書（高等教育機関）』昭和55年度による。

カウントされているかどうかについては，疑問が残る。それはともかくとして，これらの数字から，昭和50年代の初期と半ばごろとでは，留年者数にさほど大きな変動は認められないと主張することは許されるだろう。

　次に，表17-2を見てみよう。これは，昭和55年度の資料により，超過年数別の性別比較のため筆者が作成したものである。これによれば，超過年数のいずれのカテゴリーでも，一貫して男子が9割強，女子は1割弱を示していることが分かる。そのうえ，これらは，男女それぞれの期待出現率（在学者総数の男女比）である78％と22％に比べた場合，男子の留年出現率が女子のそれよりも高いことを示している。言うまでもなく，この傾向は，九州大学におけるわれわれの経験とも一致する。しかし，超過年数の多い者（反復留年者）ほど男子の方により多く出現するかというと必ずしもそうではなく，男女とも，ほぼ一定の傾向を示していることが分かる。反復留年の傾向に有意な性差はみとめられないということである。この点は，筆者の仮説が支持されなかった。

　それはさて，このような全国的統計では，かゆい所に手の届かないという不満を免れえないようだ。そこで，次に手元の資料にもとづいて，留年のタイプ（類型）と，その出現状況などについて考えてみることにする。

2　「原因」からみた「留年」のいろいろ

　留年した学生に数多く接して思うことは，「留年」なるものがきわめて多様性に富む現象だということである。タッチの差で留年した者がいるかと思えば，相当に「重症なもの」，たとえば再三にわたって留年を反復することが決定的と思える者もいるという具合である。また一方には嫌々ながらの留年があるかと思えば，他方には自発的，計画的な留年もある。しかも，こうしたタイプの違いは，少なからず留年の原因の多様性と対応していることが次第に明らかになってきた。

　しかし，そういうことが分かってくるにつれて，留年問題の全体像を論議するのが難しく感じられるようになったことも事実である。つまり留年問題は一筋縄ではいかないぞという気持ちである。筆者の留年問題に関する論述がいつも歯切れの悪いものになりがちなのも，一半の原因は，あまりに多くの留年者とつき合ってきたことにあると言っては不当だろうか。それはともかくとして，少数の留年者にしか触れたことがないとか，あるいは神経精神科や心理教育クリニックの外来でしか留年者とコンタクトを持つことのないままで留年を考察するといった場合，多様な留年問題のごく限られた一面が浮き彫りにされるあまり，そこで形づくられた比較的等質の「留年像」をもって「留年のすべて」と一般化するという過誤を犯しかねないことを自戒しておくべきであろう。

　さて，原因にもとづいて「留年」を類型化しようとしたものには，丸井（1968）や石郷岡（1969），安藤（1971, 1981, 1983）などの考察があるが，ここでは主に筆者の1983年の論文に基づき述べてみよう。

　筆者は，留年の原因を個人的要因と環境的要因の2つに分け，さらに前者を能力・適性，興味・動機づけ，学習方法の巧拙，性格傾向（忍耐力，自主性，自信など），心身の健康などに分け，また後者（つまり環境的要因）は，進級制度面の問題，政治・社会・経済的情勢，学内事情，大学規模などに分けている。詳しくは，拙稿（安藤，1983）を参照していただくことにして，これらの要因は単独のままで留年の原因となることもあれば，幾つかのものが加算的または相乗的に働いて留年の原因を構成する場合もあるということを記すにとどめたい。

　そこで，これらの諸原因に基づいて留年の類型を示せば，次のとおりである。

a 能力型
b 意欲減退型
c 登校拒否型
d モラトリアム型
e 課外活動没入型
f 不健康型
g 環境因型

　これらについての詳論も安藤（1983）にゆずることとして，ここでは，これら諸類型の全留年に対する比率が，大学や学部・学科，時代，社会情勢等によって，かなり変動するだろうということだけ付言しておきたい。
　たとえば，われわれの調査によれば，九州大学（当時の学生定員は約2,300名）の教養部の昭和44年，45年，46年の各年度の留年率は，それぞれ19.9％，22.2％，57.2％であるが，こうした46年度の急激な上昇は，何か特異で強烈な要因が作用したためとしか考えられない。事実，前年度から当年度にかけて，この大学教養部は未曾有の大学紛争に見まわれている。そこで，この増加分である35％ないし37％の大部分は，「政治的，社会的情勢や学内事情などに伴う学生運動・大学紛争が主たる原因となってもたらされた」ところの「環境因型」の留年であると考えることができるわけである。したがって，そうした環境要因が消滅すれば，この分の留年は早晩水の引くが如くに減少し，当該教養部の留年率は再び20％前後の水準に沈静化するだろう，と期待できる。
　本論のテーマは，そうした類型別の比率という観点から，最近の留年問題の特色を考察することが求められているように思われるので，次に九州大学教養部の過去27年間に及ぶ留年率の推移をたどりながら，考えてみることにする。

3　九州大学教養部での留年

　今一度図16-1（167ページ）をご覧いただきたい。昭和31年というのは，九州大学の教養部キャンパスが現在地の六本松地区に統合された翌年にあたり，それから27年間における，文科系，理科系ならびに両者の合計（全体）の留年率の推移を示したのがこの図である。これを眺めていると，大学関係者は，この20有余年間における日本の大学の変貌と，九州大学ならびにその教養部が直面させられた数々の困難が脳裏をかすめることだろう。つまり，巨視的に

見れば，大学の留年現象は，大学という「容れもの」（施設・設備，カリキュラム，教職員などの人的組織を含む）と，そこに居住する「学生たち」との相互作用が生みだす「最終結果」にほかならないのである。

3つの折れ線グラフと，学生定員，入試制度，カリキュラム，非常勤講師担当率，国際的・国内的な政治社会情勢，学内事情（大学紛争を含む）などを多重的にモンタージュすることによって，その27年間を次の5つの時期に分けることにする。

第Ⅰ期（昭和31～37年ごろまで）
これは，35年（「安保改定」の年）に小ピークがあるとはいえ，文科系・理科系ともに10％以下の留年率を保持しつつ推移している。「理高文低」の傾向はすでに仄見えているとは言え，両者の格差はさほど大きくない。後年に見られるような，国際的・国内的情勢の変動と留年率異常高騰との結合は，この時期にはまだみとめられていない。このことは，学生運動の標的が未だ大学当局には向けられていないことと無関係ではあるまい。

第Ⅱ期（昭和38～42年ごろまで）
文科系・理科系のあいだで留年率の格差が急激に拡がり，理科系は，依然として10％以下のレベルにとどまる文科系を尻目に，一挙に20％ラインに迫っていく。40年の「日韓・ベトナム」では急激な上昇がみとめられたあと，いちおう高原状態(プラトー)に入る。文科系と理科系とで留年率のグラフの勾配が異なることは，この時期において理科系にのみ何らかの強力な留年誘発要因が働いたことを暗示している。理科系における急激な学生定員増や，カリキュラムの問題などと関連させながら考察できそうである。マーチン・トロウのいう「マス型大学」への移行の時期に当たると言える（M. トロウ『高学歴社会の大学：エリートからマスへ』東京大学出版会，1976参照）。

第Ⅲ期（昭和43～48年ごろまで）
この時期は，文科系と理科系は，前の時期に生じた留年率の格差を保持しつつも，同じような勾配で上昇をつづけ，48年にはピークに達する。43年の「エンプラ寄港，ファントム九大構内墜落」，44年の「教養部封鎖スト」，45年の「沖縄，安保」，47年と48年の「学費値上げ反対スト，期末試験ボイコット」などの出来事が続発した時期に当たっている。文科系と理科系の間で留年率上昇の勾配がほぼ等しいということは，両者の上に同種の強大な留年誘発要

因が働いたことを示唆している。

第Ⅳ期（昭和49～53年ごろまで）
　文科系・理科系ともに，急速かつ一貫して留年率を低減させ，文科系は第Ⅰ，Ⅱ期とほぼ同じレベル（10％ライン）に下降した。昭和40年代の末ごろから，「ニクソン・ショック」や「オイル・ショック」などがもたらした不景気ムードで，学生たちの意識や行動に強力な歯止めが掛かったこと，昭和48年度からほぼ6年の間，大学側が強力な留年予防対策を実施したことなどが，このような留年率の変動に寄与していると見てよいだろう。

第Ⅴ期（昭和54年ごろ以降）
　前の期の半ばごろから，授業に出席する学生が漸増し，学内外にもようやく平静が戻ってきた。しかし，同じころから，しきりと耳にするようになったのは「学生に覇気がない」とか，「学生の政治ばなれ・学生運動ばなれ」といったことである。また，昭和54年度には「共通一次」（後の「大学入試センター試験」）制度が正式にスタートしている。文科系・理科系とも，留年率が再び上昇の気配を示しはじめているが，このことを，今度の新入試制度の導入と関連させて考えてみたくなるのは，ひとり筆者だけではあるまい。

4　最近の留年

　さて，「最近の留年問題に関する一考察」というタイトルの「最近」を「共通一次以降の時期」（つまり第Ⅴ期）と規定するならば，九州大学教養部に関する限り，政治・経済・社会的情勢や大学内環境の面で著しい変動がみとめられないから，やはり学生集団の側の要因の変化に，こうした留年率変動の主原因を求めざるをえなくなる。
　要約して言えば，学生たちの能力（たとえば「輪切り」など），価値観（アカデミックな価値へのコミットメントの低下，大学の「保養地化」など），動機づけ（単位取得だけが目的となる，いわゆる学習動機の「外発化」）などの諸側面に，「共通一次以降」著しい変化が生じているということである（安藤，1982bなど）。
　しかしながら，われわれは，こうした傾向に対して，いたずらに慨嘆してばかりはいられない。むしろ，かかる学生たちに向かって，積極的にチャレンジす

ると同時に，そうした新しい「顧客」に適合した新しい大学環境を再構築することこそ，文教当局や大学側に課せられた喫緊の課題であろう。

第18章　大学中途退学に関する一考察

　毎年選ばれて入学した学生たちは、その後どのような歩みをするのだろうか。他方、大学の側から言えば、あれほど衆知を集め、多大のエネルギーを投入したはずの入学者選抜は、はたして所期の目的を達成しているのだろうか。

　こうした問いにどう答えるかは、選抜方法の改善や大学教育の刷新を考えるうえで不可欠であるが、意外なほど断片的なデータしかなく、それすらも大学関係者等によって十分に共有されてはいない。

　ここでは、そうしたデータのひとつとして、九州大学入学者の歩みを反映すると思われる昭和54〜58年度入学者の「教養部中途退学者」の実態をレポートしてみよう。

1　教養部段階の中退率は、3.6%

　表18-1は、昭和54年度から58年度までの公立高校からの入学者のうち、教養課程を修了することなく退学した者の人数と比率を、出身高校所在県別に示したものである。ただし、九州各県、沖縄、山口以外は「その他」として一括した。また、この表の入学者数とは、当該入学年度5月1日現在の在籍者数のことであり、一方中退者数は、在学期間満了となる入学後3年半または4年（医学／歯学進学課程の場合）以上経過した段階以降の合計人数である。したがって、この表には、昭和59年度以降のものは含まれていない。

　まず、5つの年度の合計欄から見てみよう。九州大学教養部の中退率は3.6%である。また、各年度別にみても3.1%から3.8%の範囲内、人数にすれば、各年度ほぼ80名前後で、いずれもかなり一定している。ところで、約80名（在籍者数の4%弱）という数値は大きいのか、小さいのか。このことについては客観的な判断規準ともいうべきものがないので、各自の主観的判断に頼るほかはないが、九州大学のような大規模大学の、しかも六本松キャンパスの「マスプロ」的な教育環境という悪条件を考えるならば、この数値を大き過ぎ

表18-1 九州大学教養課程・進学課程における中途退学者数，入学者数の出身高校所在県別比較（54～58年度入学者）

入学年度 県	S.54 (中退者数/入学者数)	S.55 〃	S.56 〃	S.57 〃	S.58 〃	S.54—58 合計	合計比順位
福　　岡	27/904 (人) 3.0 (％)	26/1,000 (人) 2.6 (％)	16/929 (人) 1.7 (％)	28/988 (人) 2.8 (％)	15/1,018 (人) 1.5 (％)	112/4,839 (人) 2.3 (％)	7.5
鹿 児 島	17/241 7.1	11/215 5.1	16/251 6.4	16/209 7.7	14/199 7.0	74/1,115 6.6	2
長　　崎	3/193 1.6	10/175 5.7	11/208 5.3	6/194 3.1	8/213 3.8	38/980 3.9	4
宮　　崎	5/124 4.0	6/125 4.8	10/128 7.8	7/138 5.1	9/119 7.6	37/634 5.8	3
大　　分	2/125 1.6	3/117 2.6	4/119 4.2	7/125 5.6	5/123 4.1	21/609 3.4	5
熊　　本	5/138 3.6	3/129 2.3	6/152 3.9	3/123 2.4	3/101 3.0	20/643 3.1	6
佐　　賀	0/84 0.0	4/85 4.7	1/87 1.1	4/81 4.9	0/79 0.0	9/416 2.2	8
山　　口	5/128 3.9	4/150 2.7	7/127 5.5	0/157 0.0	0/139 0.0	16/701 2.3	7.5
沖　　縄	0/2 0.0	0/4 0.0	1/3 33.3	1/3 33.3	0/0 ―	2/12 1.7	9
そ の 他	16/217 7.4	13/133 9.8	11/153 7.2	8/147 5.4	15/217 6.9	63/867 7.3	1
合　　計	80/2,156 3.7	80/2,133 3.8	83/2,157 3.8	80/2,165 3.7	69/2,208 3.1	392/10,819 3.6	

注 (1) （％は小数第2位四捨五入）
　 (2) 入学者数は当該年度の5月1日現在の実員。

ると，言挙げする気にもなれない，というのが率直な感想である。
　しかし一方，せっかく入学試験に合格し入学した学生であるから，一人でも学業半ばで退学する人がないように，可能なかぎりの手立てを講じるべきだという内なる声も聞こえてくる。それにしても，「中退率ゼロ」を絶対的な目標として掲げることにはそれなりのデメリットもあろう。個々の学生の内面に深く分け入ってみると，進路の選びなおしによってしか彼（彼女）の未来は展開しそうもないといったケースも皆無ではないからである。つまり，ある程度の「モラトリアム」は，今日のような変動社会の青年に対して保障されなければならないのである。
　なお，ついでながら昭和62年1月末現在でみると，昭和59年度，60年度，61年度の各年度入学者の中退者数は，それぞれ24人，15人，3人である。

2　中退率を出身県別にみる

　ここで「出身県」とは，「出身高校が所在する県」のことである。私立の小，中・高校以外の公立校は，当該の各県教育委員会に特有の教育行政的風土の下におかれているわけで，この種の区分にはそれなりの意味があるといってよい。言うまでもなく，これには私立高校出身者は含ませていない。
　出身県によって中退率に著しい変動があることは，表18-1の合計（右側）の列のデータを見るだけでも分かる。「その他（の都道府県）」，ならびに鹿児島と宮崎の各県は，それぞれ7.3%，6.6%，5.8%で，上位3つの出身県カテゴリーを形づくり，いずれも総中退率3.6%をかなり上回っている。のみならず，これら3県は各年度別で見ても，おおむね上位の中退率を示していることから，「中退者が多いということ」がこれら三者にとって特有の傾向であると言ってよいだろう。
　ところで，これら3つに比べると，残りの各県の中退率はかなり低く，沖縄の1.7%は，データ数（N）が少ないため論外としても，佐賀，山口，福岡，熊本，大分，長崎は，2.2%から3.9%の範囲内におさまっている。このことは，これらの諸県が中途退学に関して一定のパターンを共有していることを示唆している。要するに，中途退学の頻度にはそれが相対的に高い県と低い県があるという事実を，このデータは示しているわけである。

3　大学中退率と相関する要因は何か

　では，こうした中途退学という「アウトプット」と相関があるのはどんなこと（もの）であろうか。このことが解明できれば，中途退学の予防もかなり可能となるはずである。

　そもそも相関関係とは，2つまたはそれ以上の変数（または事象）が互いに共変する関係にあることを言う。それには，さらに正と負の2方向がある。正の相関とは，一方の変数の増減が他方の変数の増減と同一方向である場合であり，負の相関とは両変数の変動が互いに逆方向である場合をいう。もっとも，いずれの場合も，両変数間に共変関係のあることを示すだけで，このことからいきなり2つの変数の間に因果関係があると断定することはできない。

　さて，「中途退学」と相関する要因のうち，誰でも気づく第一のものは「留年率」ではなかろうか。ここでは，池水喜義氏（当時，九大工学部助手，後に東和大学工学部教授）の貴重なデータを拝借して考えてみたい。池水氏の場合は，主として九州大学工学部学生に限られているものの，出身県別の留年率や中途退学率を長期にわたって追跡し，貴重な報告をおこなっている。図18-1は，その池水（1986）からの引用であるが，沖縄，山口ならびに「九州・山口県以外」（つまり「その他」）の県を除けば，熊本が例外的とはいえ，留年率と中途退学率の順位は相互によく一致していることがわかる。なお，九州大学教養部では一般に3回留年したものは「在学期間満了」として在学の継続が許されず，退学することになるので，池水氏の留年率と中途退学率とは完全に独立したデータというわけにはいかない点は指摘しておくべきであろう。とはいえ，このような高い相関があることから，中途退学予防策の一つとして「留年」を減らすこと，とくに「反復留年」を減らすことの大切さがわかるのである。池水氏によれば，たとえば鹿児島県出身者の場合，教養部で半数が1回目の留年を経験し，そのうちの約4割が2回目の留年

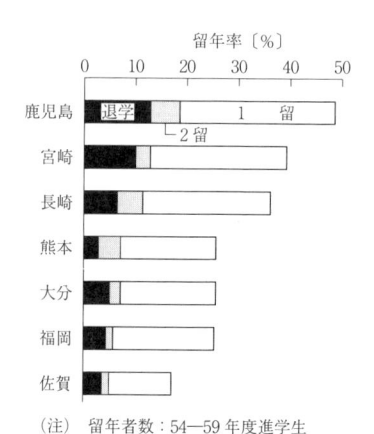

（注）留年者数：54―59年度進学生
　　　退学者数：54―56年度入学生×2

図18-1　**教養部における退学率と留年率**（池水，1986，図2の一部から）

(「再留」) をすること，さらにこれら再留年者の6ないし7割が「中途退学」することを指摘している。

ところで，大学中途退学は上に述べた「反復留年」の最終的な所産として生じるものも少なくないが，他にも理由や原因があることは言うまでもない。そうした事例を，次節以降で取り上げることにしよう。

4　中途退学の時期とその理由（または，原因）

昭和57, 58年度入学者の中途退学の「時期」と，その「時期」と「理由，原因」との関連を出身県別に示したものが，それぞれ表18-2と表18-3である（なお，昭和54, 56年度入学者の分は，未分析のため割愛した）。これらの表では，中途退学の時期を学期（セメスター）単位で区切り，第Ⅰ学期から第Ⅷ学期までの期間における中途退学の出現状況を示している。ここで「理由，原因」とは，本人や保証人とクラスチューター（教官）との話し合いの結果，「公式の届出」に記載されたものをいう。

まず，表18-2の下端のデータから分かるように，中途退学率には2つの山があり，1つは第Ⅱ学期の24%, もう1つは第Ⅶ学期の48%である。

まず第Ⅱ学期であるが，これは大学入試の季節と対応している。表18-3からも分かるように，多くは「九大再受験」とか「他大学受験」を中退の理由として挙げている（41名中32名, 78%）。いわば，自らの大学入試の結果に満足できず，別の学部や他大学を選び直そうとする者たちが多く含まれている。「積極的退学」と言ってもよい。それだけに「就職」とかその他の，いわば大学教育の場から半永久的に退却していくと思われるケースは多くない。

次に，第Ⅶ学期を見てみよう。この時期だけで，全中退者の約半数（48%）に当る72名が退学しており，その前の段階（第Ⅵ学期）の13%（20名）を加えると，実に全退学者の3分の2 (92名) がこの時期に集中している。その「理由」を，表18-3で見てみると，すべて「期間満了」となっている。ただし昭和57年度入学者の当学期退学者に関するかぎり，従来の「理由，原因」区分で分類された記録があるので，この昭和57年度入学者分の第Ⅶ学期中退者40名について詳しく内容を見てみると，第Ⅱ学期の場合と比べて「九大再試験」もしくは「他大学受験」17名（43%）で相対的に少なく，「就職」22名，授業料未納1名というように，大学環境から半永久的に，しかも受動的に脱落してしまう者の数が相対的に多い。いわば「消極的退学」のパターンが多数を

表 18-2 出身高校所在県別にみた中途退学の時期と退学率ならびに累積中途退学率
（昭和 57・58 年度入学者の場合）

県	学期	入学から1年半			留年中			在学期間満了のころ		合計
		I	II	III	IV	V	VI	VII	VIII	（Nはデータ数）
福岡	中退率	4.8	21.4	0	4.8	2.3	11.9	52.5	2.3	100.0
	累積中退率	4.8	26.2	26.2	31.0	33.3	45.2	97.7	100.0	N = 42
鹿児島	中退率	0	6.7	0	0	3.3	16.7	73.3	0	100.0
	累積中退率	0	6.7	6.7	6.7	10.0	26.7	100.0	100.0	N = 30
長崎	中退率	0	40.4	0	0	6.7	20.0	33.3	0	100.0
	累積中退率	0	40.0	40.0	40.0	46.7	66.7	100.0	100.0	N = 15
宮崎	中退率	12.5	12.5	0	0	0	25.0	50.0	0	100.0
	累積中退率	12.5	25.0	25.0	25.0	25.0	50.0	100.0	100.0	N = 16
大分	中退率	0	30.8	0	7.7	15.4	7.7	38.4	0	100.0
	累積中退率	0	30.8	30.8	38.5	53.9	61.6	100.0	100.0	N = 13
熊本	中退率	0	40.0	0	20.0	20.0	20.0	0	0	100.0
	累積中退率	0	40.0	40.0	60.0	80.0	100.0	100.0	100.0	N = 5
佐賀	中退率	0	50.0	0	0	0	0	50.0	0	100.0
	累積中退率	0	50.0	50.0	50.0	50.0	50.0	100.0	100.0	N = 4
山口	中退率									0
	累積中退率									N = 0
沖縄	中退率	0	100.0	0	0	0	0	0	0	100.0
	累積中退率	0	100.0	100.0	100.0	100.0	100.0	100.0	100.0	N = 1
その他	中退率	8.8	34.8	0	4.3	13.0	4.3	34.8	0	100.0
	累積中退率	8.8	43.6	43.6	47.9	60.9	65.2	100.0	100.0	N = 23
合計	中退率	3.8	24.2	0	3.6	6.0	13.4	48.3	0.7	100.0
	累積中退率	3.8	28.0	28.0	31.6	37.6	51.0	99.3	100.0	N = 149

表18-3 昭和57・58年度入学者の中途退学時期とその理由・原因

県＼学期	Ⅰ	Ⅱ	Ⅲ	Ⅳ	Ⅴ	Ⅵ	Ⅶ	Ⅷ	合　計
福　岡	b = 2	a = 4 b = 2 c = 2 d = 1		a = 2	c = 1	b = 1 c = 3 e = 1	f = 22	f = 1	a = 6 b = 5 c = 6 d = 1 e = 1 f = 23
	(2)	(9)		(2)	(1)	(5)	(22)	(1)	(42)
鹿児島		b = 1 e = 1			c = 1	b = 3 c = 2	f = 22		a = 0 b = 4 c = 3 e = 1 f = 22
		(2)			(1)	(5)	(22)		(30)
長　崎		a = 1 b = 5			b = 1	b = 3	f = 5		a = 1 b = 9 f = 5
		(6)			(1)	(3)	(5)		(15)
宮　崎	a = 1 b = 1	a = 1 b = 1				a = 1 b = 2 c = 1	f = 8		a = 3 b = 4 c = 1 f = 8
	(2)	(2)				(4)	(8)		(16)
大　分		a = 1 b = 1 d = 2		a = 1	b = 1 c = 1	b = 1	f = 5		a = 2 b = 3 c = 1 d = 2 f = 5
		(4)		(1)	(2)	(1)	(5)		(13)
熊　本		a = 1 b = 1		d = 1	c = 1	c = 1			a = 1 b = 1 c = 2 d = 1
		(2)		(1)	(1)	(1)			(5)
佐　賀		a = 1 b = 1					f = 2		a = 1 b = 1 f = 2
		(2)					(2)		(4)
山　口									(0)
沖　縄		c = 1							a = 0 b = 0 c = 0
		(1)							(1)
その他	a = 1 b = 1	a = 2 b = 3 c = 1 d = 1 e = 1		b = 1	b = 2 c = 1	b = 1	f = 8		a = 3 b = 8 c = 2 d = 1 e = 1 f = 8
	(2)	(8)		(1)	(3)	(1)	(8)		(23)
合　計	a = 2 b = 4	a = 11 b = 15 c = 4 d = 4 e = 2		a = 3 b = 1 c = 0 d = 1	a = 0 b = 4 c = 5	a = 1 b = 11 c = 7 d = 0 e = 1	f = 72	f = 1	a = 17 b = 35 c = 16 d = 5 e = 3 f = 73
(N)	(6)	(36)	(0)	(5)	(9)	(20)	(72)	(1)	(149)
％	3.8	24.2	0	3.4	6.0	13.4	48.4	0.7	100.0

(注)　表中記号　(1)　中途退学の理由・原因
　　　　a．九州大学再受験，b．他大学受験，c．就職，d．病気・一身上の都合，e．授業料未納，
　　　　f．在学期間満了
　　　(2)　中途退学時期：入学後6ケ月間第Ⅰ学期（略号Ⅰ），以下これに準じてⅡ……とする。

第18章　大学中途退学に関する一考察

占めているわけである。

　なお，言うまでもないことだが，医・歯学部進学課程は第Ⅳ学期末に，またそれ以外の学部の教養課程は第Ⅲ学期末に，それぞれ専門学部進学の合否査定をおこない，そこで留年したものについては，さらに2年間の在学期間が認められる。ただし，休学は2年間に限り認められ，その期間は「在学期間」には算入されないので，仮に2年間フルに休学制度を利用した場合，在学できる期間は最大5年半もしくは6年（医・歯学部進学課程の場合）となるわけである。

　ところで，学期の経過と中途退学率との関係をさらに視覚化し，出身県別の比較をしやすくするため，表18-2の「累積退学率」をグラフにしたものが図18-2である。ここでいう累積退学率とは，各学期の中途退学率とその前の学期までの中途退学率の総和を合計したものである。したがって，たとえば第Ⅱ学期の累積退学率は，入学後1年以内に退学した者が8学期間の全退学者数の何％に当るかを示しているわけである。また，ある県の折線グラフの立ちあがりが早い（つまり，グラフが左寄である）ほど，その県の中途退学者は早期に多く出現すること，また立ちあがりが遅い（グラフが右に傾く）場合は，その逆のことを意味している。

　図18-2で分かるように，「その他（の都道府県）」や長崎県，大分県の各出身者の中途退学は比較的早く出現し，とくに「その他」の場合は，第Ⅳ学期で5割に近く，第Ⅴ学期には早くも6割を超えるというハイペースぶりである。

　これと対照的なのが鹿児島県の場合である。すなわち，他の県のいずれもが最初のスパートをみせる第Ⅱ学期（「合計」のグラフでは28％）において，わずかに7％弱，また第Ⅵ学期（「合計」のグラフでは，51％）でさえ27％というふうに，グラフが著しく右に傾いている。なお，宮崎県と福岡県の出身者の場合は，「その他」や長崎県の示すパターンと鹿児島県の示すパターンとの中間に位置している。

　以上のことから，先にも述べたように，「その他」や長崎県の退学者には，早期の積極的退学型が多いのに対し，鹿児島県の退学者にはそうした早期積極的退学型は少なく，「在学期間満了」をまって受動的に退学するというタイプが多いといえる。このことは，表18-3の退学の「理由，原因」を比べてみればいっそう明確になる。つまり，「その他」や長崎県の場合，積極的な進路変更を意味する「九州大学再受験（a）」と「他大学受験（b）」とを挙げるものが合わせて48％と67％であるのに対し，鹿児島県の場合はわずか13％に過ぎないこと，「期間満了」によるものは，前二者がそれぞれ35％と23％であるのに対して，後者は73％であることなどがそれである。

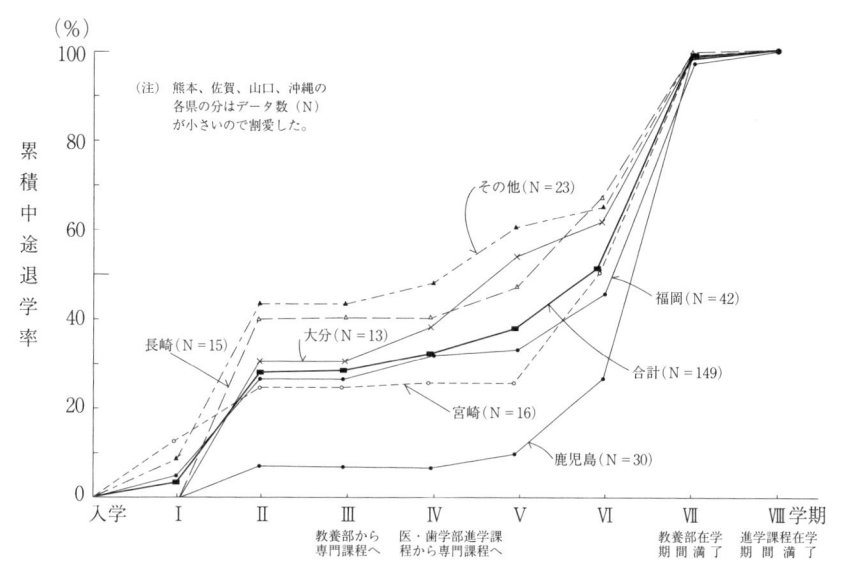

図18-2 学期経過にともなう中途退学の推移（表18-2の資料にもとづいて作成）

　このように，一見同じように退学していく学生にも，大学からの離脱のパターンには多様性が認められるということは，逆に大学側の対応いかんによっては中途退学を予防し，大学への適応と満足度を改善する余地のあることを示唆しているように思われる。とくに，鹿児島県の退学者に典型的とされた「大学からの離脱を逡巡するタイプ」の学生たちには，早期の退学者には比較的無効に近いかもしれない大学側からのガイダンスや情報サービス（学部案内の配布）などが効果をあげる余地があるであろう。その意味で，入学前はもとより，入学当初に学生たちが大学という「全体」のうちの「どの部分」あるいは「誰」と出会うかということが，きわめて重要なことではなかろうか。新入生オリエンテーション・プログラム等のあり方も，こうした大学教育のユーザーたる学生の立場に立って，抜本的に見直されるべき時期が来ているのではなかろうか。

5　おわりに

　以上，九州大学教養部での中途退学者の動向について，教授会資料や学生関係業務の公式記録を整理しつつ考察してみた。ここで2，3のことに触れてお

第18章　大学中途退学に関する一考察　｜　197

きたい。

　ひとつは，昭和54年度といえば「共通一次元年」に当るということである。そこで，共通一次以前と以後とでは，中途退学をめぐってどんな違いがあるのだろうかと尋ねたくなる向きもあるだろう。しかし残念ながら，今回はそこまで手がまわりかねたので，直接お答えすることはできない。ただ，九大の場合，それまでは在学者の「九大再受験」や「他大学受験」には全く寛容でなかったが，共通一次制度の導入を機に，それが容易になったことは事実である。というのは，以前は在学のままでは「（九大内（他学部・他学科再受験））」も「他大学受験」もできなかったが，以後では共通一次試験にかぎり，在学のままで受験ができるようになったからである。このことは，第Ⅱ学期の退学者の出現率の増大に少なからず影響しているのではあるまいか。それを逆に言えば，以前は，表18-2のデータに見られるような第Ⅱ学期の退学率の山が欠落するか，もし仮にあったとしてもそれほど突出していなかっただろうと仮定される。現今の九大生が，以前に比べて大学入試への再挑戦がしやすくなったことがはたして幸いなことかどうかは，学生たちの考えなども直接聴いてみるべきであろう。

　もうひとつは，大学内には学生に関する貴重なデータが少なからずファイルされている。にもかかわらず，ほとんど活用されないまま放置されているということである。こういう状況は，私の寡聞のせいかもしれない。しかし，仮に私の指摘が正しいとすれば，これらのデータを入学者選抜，新入生オリエンテーション，学生の学習指導，適応指導などの基本戦略の策定に活かすためのシステム（仮称「大学教育研究センター」）をつくる必要があるのではないか。やはり定期的に必要なデータを提供できる常設のシステムが必要なように思われる。

　3つには，こうした「退学」とか「留年」とかのような行動面の指標をいかに価値づけるかという問題がある。学生に関する調査データといえば，一般にはアンケートなどによる調査や心理テストから得られたものが念頭に浮かぶかもしれない。しかし，これらのデータの信頼性や妥当性の問題もさることながら，実施に要する時間や経済面のコストがばかにならないこと，そのうえ，いちばん大学側が欲しがっている留年生や怠学者，中途退学者のデータなどは，この方式では入手しにくいことなどを考えると，これらアンケート等の資料のもつ実用価値はそれほど高くはないと言わざるをえない。それと対照的なのが，行動指標または「終末結果変数」（エンドリザルト・バリアブル）としての単位取得状況や留年，退学等の指標である。学生の身上に関する資料も，これに

含ませてよいだろう。とにかく，これらを相応に評価し，かつ必要に応じて検索できるようにしておくことの戦略的意義は小さくないと考えている。

　4つには，今回用いた退学の「理由，原因」に関する記述内容が額面どおり信用できるかどうかという問題について触れておきたい。この問題は，いわゆる資料批判に関するものであるが，率直に言って，吟味を要するものもないわけではないと思っている。しかし，全体の傾向を知るうえでは，それなりに十分利用価値があるという実感もある。一次データが，そもそも自前のものではないのだから，そのデータの微瑕についてあまり神経質になるのはお門違いかもしれない。

　最後に，この5ヵ年度の九州大学入学者の中途退学者の人数から除外しているものに，「死亡」による退学者があること，また病死や自殺のほか，近年とくに交通事故死のケースが目立ちつつあることなどにも，注意を喚起しておきたい。

第V部 行政の政策決定と専門家の役割

第19章 行政の政策決定と専門家の役割

　心理学者にかぎらず，一般に研究者や専門家は，地域社会の諸問題の解決に積極的に寄与することが期待されており，すでにいろいろな仕方で貢献をしている。特に行政の政策決定に対して意見の具申をおこなう「審議会」等に専門家が参画する機会は，今後ますます増える傾向にある。

　こうした行政への参画は，それに当たる者，特に研究者や専門家に，当該問題を解決するための，「インターディシプリナリー」なアプローチの体験と視野を拡大する機会を提供することにもなる。しかし，他方，これに携わることによって，専門家の側が，多大の「コスト」を要求されるとか，あまつさえ関与の仕方いかんによっては，先方のニーズに応えることができず，自らも後味のよくない思いをさせられるなど，難しい問題も発生するであろう。

　そこで，地域社会への介入とその変革を主目的とするコミュニティ心理学の視点から，この種のアプローチを成功させるに必要な理論と「ノウハウ」を定式化することは，今や緊急の課題といわなければならない。

　そうした課題へのアプローチの試みとして，ここでは，主に，福岡県や福岡市等での審議会における筆者の乏しい経験に基づき，行政の政策決定に「専門家」が果たす役割や有効な介入法などにつき，考えてみたい。

1　最近10年間における行政参画の経験

　過去10年間（注：1980年代）に，筆者が関わった行政関係の審議会等を「常設のもの」と「臨時のもの」とに分けて列挙すれば，次のとおりである。

　(1) 常設審議会等（委員には任期があるが，会自体は長期間存続する）
　　　福岡市社会教育委員会議（昭和52年12月〜現在）
　　＊福岡県児童福祉審議会（昭和54年5月〜現在）
　　＊福岡市児童福祉審議会（昭和55年8月〜現在）

NHK 九州地方番組審議会（昭和 54 年 9 月～62 年 8 月）
(2) 臨時の審議会等（1 年前後の期間設置される短期のタスク・フォース）
福岡市青少年対策総合計画起草委員会（昭和 53 年 6 月～54 年 4 月）
＊福岡県青少年健全育成長期プラン策定（昭和 54 年 5 月～55 年 7 月）
福岡市保育所づくり専門委員会（昭和 54 年 9 月～56 年 3 月）
福岡県社会福祉協議会地域福祉専門分科会（昭和 55 年 11 月～57 年 1 月）
福岡市行財政改革専門委員（昭和 58 年 4 月～59 年 3 月）
＊厚生省・福祉コミュニティの整備方策に関する調査（昭和 60 年 6 月～61 年 3 月）
福岡県の高齢化社会対策に関する提言作成（昭和 61 年 11 月～63 年 6 月）
＊福岡県福祉総合施設検討委員会（昭和 61 年 1 月～平成元年 3 月）
＊福岡市総合計画審議会（昭和 61 年 7 月～63 年 3 月）
福岡市の高齢化社会対策専門委員会（昭和 63 年 6 月～63 年 11 月）
＊福岡市市民福祉システム検討委員会（平成元年 4 月～現在）
＊福岡市新図書館建設委員会（平成元年 7 月～現在）
　　　　（注）1. ＊は，筆者が委員長または座長を務めたもの。
　　　　　　　2. 上記審議会等の任期で「現在」とは 1989 年 12 月。

　これらについては，それぞれに喜びや苦労，成功，失敗など，こもごもの思い出があり，自ら学ぶところも少なくなかった。

2　ある政令指定都市の専門委員（会）のこと

　以上のうち，特に福岡市保育所づくり専門委員会（福岡市児童福祉審議会の下部委員会）は，次に述べる 3 つの理由から，今後におけるこの種専門委員会のあり方にとって，ひとつのモデルとも言うべきものではなかったか，と考えている。なお，これに冠せられた名称からも窺えるように，この専門委員会の任務は，当時からむこう 5 年間における要保育児童数の動態と保育所設置の現状とに照らし，保育所整備の短期的な展望を得ることにあった。そのためには，近年における出生率の低下と幼児数の減少，公的保育へのニーズの高まりによる設置定員の当面の不足（ならびに近未来における過剰）等を，いわば「多変量的・複眼的に」吟味し，結論を得なければならない。
　さて，この専門委員会がこの種委員会のひとつのモデルだとする第一の理由は，この委員会では，専門家と行政側スタッフが十全な協働関係を打ち立てる

ことができたということである。もし仮に，専門家の方法論と行政スタッフの経験・情報が激しく交差しつつ，新しい施策を樹立することがこの種委員会の最も望ましいプロセスのあり様であるとすれば，この委員会は，希にみる成功例だったと言ってよい。

行政資料の膨大なストックと行政スタッフの機動力に目を見張ったのもこの時であった。専門家たちは，最初提示された限られた資料という「点」から，次第に，新しい仮説という，いわば「線」を構成し，次の資料の検索・提示を求めるのである。かくて，そうした資料が準備出来る時点に次の会合がセットされるわけである。さて次の会合では，当然のことながら，新資料に照らして当初の仮説を検証・吟味することとなる。あるいは，さらに新しい事実が発見されることもあれば，仮説が修正され洗練されることもある。こうしたプロセスが何度か繰り返され，専門家と行政スタッフの間に新施策を産み出すためのパートナーシップが醸成された。

面白いエピソードを１つ紹介しよう。それは，資料の提示・分析にオーバーヘッド・プロジェクター（OHP）を導入することを専門家側が提案したのに呼応して，行政側スタッフが何枚かの市域地図の上に別々の資料（たとえば，乳幼児数や保育所の措置定員，保育ニーズなど）をプロットし，同時に重複して投影するという方式を工夫したため，討議が著しく促進されたことなどが，それである。とにかく，集団活動の「有効性」（effectiveness）を示す鍵指標が著しく高いことに，この委員会の特徴があったと言えよう。

第二の理由は，重要課題をめぐりかなり効果的な政策案を練りあげることができたということである。上記のプロセスからも容易に想像できるように，当委員会の検討結果は，多彩で柔軟な内容のものとなった。将来の保育ニーズの予測には，庁内の統計課の協力により回帰方程式を適用するなど，知的な遊びも隠し味のように含ませてある。こういうわけで，答申内容には，専門家委員だけでなく，行政側スタッフも，少なからず満足を味わい，自信もあった。委員会の「生産性」はかなりの水準をクリアしているというのが，当時の我々の自負であったと言ってよい。

第三は，専門家と行政スタッフの双方が，きわめて大きな満足感を味わえたということである。こうした短期の委員会では，行政側からの「たたき台」があまりに「完全」にできあがっている（あるいは，そのように思える）場合，専門家たちは，それだけ手抜きができ，楽をするわけである。しかし，これでは，専門家のコミットメントを，政策の策定に向けて十分に調達することは難しい。つまり，彼らの参加感や寄与感はきわめて低い水準に止まらざるをえな

くなるのは当然の帰結だからである。言うまでもなく、専門委員の「士気」または「モラール」を高くすることは、専門家たちの、これからの行政参画を動機づけるうえでも、きわめて重要なことである。

　この点について、当委員会でのひとつのエピソードを紹介してみよう。それは、この委員会の専門家委員の一人が、最終会議の席上で「次の諮問が待遠しいよ」と、冗談半分とはいえ洩らしたので、大笑いになったことである。その時の政策づくりの作業が、専門家たちの目に、彼らのいわゆる「野暮用」とは映っていなかったことを立証する事実ではなかろうか。以上の3つの条件が、何れも充足されるような委員会には、そうそう出くわすものではない。しかしながら、こうしたことも、委員会の構成や運営方法の意図的工夫によって、ある程度は、偶然以上の確率で実現できるのではないかとも考えている。「よき委員会像」とか、「審議会のリーダーシップ像」などの定式化が期待される所以である。

3　もうひとつの経験から

　さて、次に、福岡市行財政改革専門委員（「学識経験者」6人で構成：ただし委員会とは呼ばない）としての経験について述べてみる。

(1) 当時の状況と委員の任務
　「高度経済成長期」から「安定成長期」へと社会経済的な大状況が変化し、あまつさえ日本社会の高齢化が進むにつれ、中央政府ならびに地方自治体の行財政のあり方が根源的に問われるようになった。こうした中で、行政自体も、自らの制度や組織を抜本的に見直し、その構造・機能の適正化と効率化を図るべく、そのための諮問機関を設置することが多くなった。福岡市の「行財政改革専門委員」などもその好例で、諮問者の側に、思い切った答申を期待するという熱意が感じとれたように思う。

　ところで、筆者は、昭和58年～59年にかけ、このプロジェクト・チームの委員を委嘱され、地域経済論や地方財政論、都市計画学、地域社会学、マスコミなどを専門とする他の5人の委員とともに、当市の行財政問題の検討ならびに改革の答申づくりに当たったことがある。その際、見たり、聞いたり、あるいは反省したりしたことも少なくないので、その中から、行政組織に介入し、その変革に参画しようとする場合、特に重要と思われる事項を概説してみたい

と思う。

(2) 答申内容の概略と改革の行方

　福岡市の場合，すでに行政内部でもかなりの改革が進められていたので，同格の政令指定都市との比較では，多くの指標が上位にランクされるまでに至っていた。しかし，内部からの改革には自ずから限界もあるのが常で，そうした限界を乗り越えて行財政改革の総仕上げをするため，敢えて外部の専門家の手を借りたいというのが，こうした専門家によるタスク・フォースを設置した市当局の主な狙いであった。それだけに，会議には筆頭助役，収入役，総務局長，財政局長などがほとんど毎回のように出席し，また最終段階では，市長自らもしばしば足を運ぶという力の入れ様であった。

　こうした雰囲気のなかで，助役定員（3人）の1人削減，一部の局・部の統廃合，事務事業や補助事業の見直し等を含む，かなり思い切った行財政改革の提言を答申書に盛り込むことができた。

　さて，制度や組織の改革を進めるには，来るべき改革を当該社会体系の住人たち（inhabitants）が熟知し，受容し，さらにはそれに協力するという態勢が整えられなければならない。そこで，中間答申の前に各局・部などからヒアリングをおこない，ついで若干の調整をくわえて最終答申に漕ぎつけた。

　まず提言の実施状況を概観すれば，「助役定員の削減」は見送り，「局・部の統廃合」は答申内容を一部修正したうえで実施，各種「事務事業や補助事業の見直し」はほぼ提案どおり実施，といった内容である。

(3) 答申の評価と問題点

　この答申が，福岡市の行財政改革にどのような効果をもたらしたかを捉えるためには，いかなる評価次元を設定すればよいか。効果の評価は，どの時点でおこなうべきか。これらの問は，こうした介入に先立って十分に検討し回答を得ておくべきことである。そもそも「行財政改革が目標だ」といえば，それだけで何を測るべきかは十分明らかなようであるが，しかし，答申内容に即して「機構や業務の改革」を実施したため，関係部署の占有者の拒否を誘発したり，あるいは不満が助長されるなどして，かえって行政サービスの質が低下するという場合もないわけではない。このように，介入効果の評価は，一筋縄ではいかないところがあるのである。

　福岡市の場合，まず答申の内容が一部手直しされたとはいえ，大筋においては，ほぼ専門委員の提案どおり実施されたことは，それなりに評価すべきこと

ではなかろうか。しかし，これだけでは，あくまでも「改革」をインプットしただけに過ぎないのである。こうした「改革」がもたらした最終結果（end-results）としてのアウトプット変数はもちろんのこと，両者の間に介在する職員のモラールややる気などの，スルー・プット（through-put）変数に及ぼすインパクトも，「改革」の評価にとっては見逃すことのできない重要な側面である（マレル，1973）。こういう観点から考察すると，われわれの場合，次の諸点が問題ではなかったろうか。

第一は，クライエント・システム（この場合，福岡市行財政組織）と，それと相即不離のネットワークを構成する他のシステム（たとえば，福岡市議会）との関係が十分に考慮されていなかったし，したがってそれへの事前の対策が，少なくとも筆者の場合，意識の中から欠落していたことは否めない。そのため，局や部の統廃合によって，必然的に議会の常設委員会の構成や数にも波及することを予測するであろう議会側の，潜在的な「変化への抵抗」を前もって慎重に顧慮しなかった恨みを禁じえない。地方議会といえども，勢力構造の面からすれば，それはむしろ行財政組織よりも上位に位置するのである。だから，行財政組織の変革が議会組織の現実の平衡状態を揺さぶったり，少なくとも不利な形でインパクトを及ぼしたりしないよう十分に留意すべきであった。あるいは，仮に不利な波及効果が予想されれば，当初から，「潜在的なクライエント・システム」として，われわれの側が然るべく配慮し，対処しておくべきであったと思う。議会の勢力分野が与党絶対多数であったことも手伝って，少々油断していたのではないか，と言われても仕方のないところである。

第二は，変革の計画が，クライエント・システム内のいずれのセクション（下位体系）からも，自らに決定的打撃をもたらすものと受け取られることのないように，その内容を慎重に構成すべきだということである。しかしながら，この点は，今回のような，いわば「大鉈を揮う」大改革の場合，決して容易なことではなかった。局や部の統廃合はいうに及ばず，事務事業や補助事業の見直し（主に縮小化）は，該当する局・部にとって，「もろに脅威を及ぼすもの」と映るからである。こうした場合，特に変化の大きいことが予想されるセクション（下位体系）は，なるべく早い時期に「蚊帳のうち」に入れ，変革計画を事前にフィードバックすることにより，意見の取り入れと不安や抵抗の除去を図るべきである。われわれの場合は，改革の青写真の輪郭がかなり明瞭になった段階でこれに類することをおこなったのであるが，結果的には，それがやや遅きに失したうらみもないわけではない。

4 機能的な「審議会」・「専門委員会」の要件

覚え書きふうに,幾つかのことを述べてみたい。

(1) 各委員の専門領域の取り合せがよいこと
　このためには,委員のリストアップの段階から専門家(とくにキーパーソンとなるべき人)の考えを聴いて構成することが大切であろう。具体的にいえば,委員長(あるいは座長)に予定されている人が決まってのち,その人の考えを汲み上げて人選するなど,一法である。

(2) 自由に発言できる雰囲気を醸成すること
　それによって,専門家の委員だけでなく行政スタッフの積極的な参加(発言)や寄与が促進される。専門家が仮説をたて,行政スタッフが資料づくりを下請けするというのではなく,共に仮説づくりと資料づくりをおこない,さらには共に討議に与るという方式は,資料の「読み」はもとより,仮説の質をも一層高めることができる。

(3) 「委員会」のアウトプットとしての叩き台は,かなり討議が進んだ段階で,専門家よりも行政スタッフの手で作ること
　これは,答申書等の受け手である首長にとって理解しやすい内容と形式を整えやすいからである。しかし,この場合,「委員会の討議がかなり深まっている段階」ということが必須条件である。言うまでもなく,この叩き台の添削に当たって,専門家は自らの独自の見解を再充填するよう努めなければならない。

(4) 委員会への出席率を高めるため,委員の本務と競合するような会合時間はなるべく設定しないこと
　この場合,夜の時間帯の会合を原則とするのも悪くないが,行政スタッフの普通の勤務時間の枠外にはみ出るのが難点だといえる。しかし,会合の日程づくりは容易になるので,時には考慮してみてはどうだろう。

(5) 専門委員会にとって有効なリーダーは,「エディター」のような役割や機能を果たす人だということ

これは，すべてのメンバーに，それぞれの持味に即した参加と寄与を最大限に発揮させ，それらを一定の主題（テーマ）にまとめ上げていくのに似ている。つまり，外山（1971）のいう「エディターシップ」の機能といえる。彼は，エディターシップを「とり合わせ」「調整」「両性的」「推敲と添削」の4つのキーワーズで説明し，「エディターシップの創り出すおもしろさは，単純の美ではない。異質な要素と要素を混合・調和させた不純一のおもしろさである。あるがままの表現，裸のままの表現ではなく，衣類をまとわせ，ほかのものといっしょにし，加工した表現である。これがしばしば純一な表現よりも高度のおもしろさを生む点は注意を要する」と述べている。そして，これが発揮されるのはひとり印刷刊行物の世界にとどまらず，テレビ，ラジオのプロデューサーや演出担当者，オーケストラの指揮者，映画監督，さらには，職業として必ずしも確立していないが座談会の司会者などの分野である，とも指摘している。

　筆者としては，これらに，さらに「審議会」や「専門委員会」の委員長や座長も含ませてはどうか，と考えている。

附章　わが国のコミュニティ心理学

1　はじめに

　1969年，東京大学で開かれた日本心理学会第33回大会において，「コミュニティ心理学の諸問題」という主題のシンポジウムが企画・実施された。これが，わが国の心理学界への「コミュニティ心理学」のデビューである。このシンポジウムの企画・司会者は水島恵一（非行心理学）であり，他に村瀬孝雄（臨床心理学），山本和郎（地域精神衛生），安藤延男（社会心理学）の3人が登壇した。

　いま仮に，ベネットら（Bennett, et al., 1966）にならって，アメリカのコミュニティ心理学の発祥を1965年の「ボストン会議」に求めるならば，わが国では，アメリカよりもわずかに5年を経てコミュニティ心理学が学界にデビューしたことになる。

　さてその後，日本グループダイナミックス学会の大会企画シンポジウムに関与した安藤と山本と星野命が発起人となり，1975年に「第1回コミュニティ心理学シンポジウム」を九州大学で開いた。このシンポジウムの正規の参加者は30名余りであったが，全参加者は「合宿」で全日程への出席を原則とし，すべての参加者が発表か司会かディスカッサントかのどれか1つ以上の役割を担った。以後，毎年持ち回りで同じ方式のシンポジウムを開催した。1998年3月の第23回シンポジウムでは，70名余の参加者を受け入れるに至った。

　なお，1997年度には『コミュニティ心理学研究』刊行会を同人組織として設立し，創刊号（第1巻1号）が発行された。そして，あくる1998年4月に，「日本コミュニティ心理学会」が発足したのである。

2 わが国のコミュニティ心理学の歩み

　このように見てくると，わが国におけるコミュニティ心理学の歴史は，ほぼ30年余りということになる。その間に，研究者の育成と研究成果の積み上げがなされ，最近では心理臨床系や福祉社会系の大学・大学院において，主要な授業科目のひとつとして公認されている。

　そこで，主として安藤（Ando, 1989）のおこなった史的レビューに基づき，これに星野（1980, 1996a, 1996b, 2005）の論旨を加味しつつ，この間のわが国コミュニティ心理学の歩みを辿ってみたい。

　なお，第1回から第20回までの「コミュニティ心理学シンポジウム」の開催地と発表テーマなどは，星野（1996a, 1996b）や山本他（編）『臨床・コミュニティ心理学』（ミネルヴァ書房，1995）に示されているので，ここでは割愛する。

第1期：胎動期（1960年代後半）

　第1期は，コミュニティ心理学の「胎動期」である。1960年代後半の約5年間に相当する。これは，最初に述べた第33回日本心理学会大会のシンポジウムを含む時期であるが，すでにそれ以前（1967年）には日本地域精神医学会が設立され，『地域精神医学雑誌』も創刊されている。また，1968年には，キャプラン（1961）の『地域精神衛生の理論と実際』（山本訳，医学書院）が，また山本（1968）の精神衛生コンサルテーションに関する論文も公刊されている。同じ時期に安藤（1968b）が，大学での学生相談システムの新しいあり方につき「学校カウンセリングとチームワーク」の主題のもと，大学コミュニティの組織化戦略について考察している。

　一方企業組織への集団力学の応用としては，三隅と篠原（1967）によるバス運転士の事故再発防止に集団決定法を適用したアクション・リサーチが報告されている。

　以上の諸研究は，それぞれが独立におこなわれたものであり，「コミュニティ心理学」という新分野のイメージを共有するまでには熟していない。しかし，そうした動きが次第に凝縮して，1969年度の第33回日本心理学会研究大会（東京大学）のシンポジウムが企画されたと見てよかろう。

第2期：誕生からよちよち歩きの時期（1970年代）

この時期のメインイベントは，前述した1975年春の第1回コミュニティ心理学シンポジウム（於，九州大学）である。4月26日から28日までの2泊3日間，全国から集まった30名余りの者が合宿し，九州大学を会場にして9件の発表を中心に研究討議を深めた。その成果は，安藤（1979）の編著による『コミュニティ心理学への道』（新曜社）として公刊されている。

そもそもこうした合宿方式を採用した直接の動機は，1974年秋に広島大学でおこなわれた日本グループダイナミックス学会大会でのシンポジウム「コミュニティ・アプローチと集団力学」が不完全燃焼に終わったことにある。企画・司会にあたった安藤はもとより，当日ディスカッサントとして登壇した山本や星野も，こうした普通の学会シンポジウムの限界を打破するために，新方式の研究会の採用に踏み切ったのである。つまり，一般の学会シンポジウムでは，トレンディな論題を取り上げはするものの，時間不足のために，多くが「顔見せ興行」に終わってしまう。そのため折角のシンポジウムも新分野の開拓や発展になかなかつながらない恨みがあるからである。

この時期にはマレルの『コミュニティ心理学』（安藤監訳：新曜社，1977）やコーチンの『現代臨床心理学』（村瀬監訳，弘文堂，1980）などが相次いで出版された。また1978年には『社会精神医学雑誌』が創刊されている。山本（1974）による地域精神保健やコミュニティ心理学に関する主要概念の用語解説，安藤（1979）の「心理臨床の展開と使命：地域社会や組織体における活動」（岡堂編『心理臨床入門』所載，新曜社，1979）などの論文も，コミュニティ心理学を心理臨床の分野に位置づけ普及させる上で，啓発的役割を果たした。

第3期：発展の時期（1980年代）

まず，山本（1984）が，第2回と第4回のシンポジウムの成果を『コミュニティ心理学の実際』（新曜社）として編集し出版している。しかしこの時期で最も注目すべきは，山本（1986）によるわが国初の『コミュニティ心理学：地域臨床の理論と実際』（東京大学出版会）の出版である。

そのほか，大学原級残留予防のためのコミュニティ・アプローチとその効果の評価に関する研究が，安藤（1987a，1987b）により報告されている。

一方，コミュニティ心理学の研究方法の一端を担う生態学的心理学に関するバーカーとガンプ（編）の『大きな学校，小さな学校：学校規模の生態学的心理学』（安藤監訳，新曜社，1982）も出版されている。なお，この分野については，その後ウィッカー（1979）の『生態学的心理学入門』（安藤監訳，九州大学

出版会，1994）が，コミュニティ心理学の仲間たちとの共訳で追加された。
　ここまでは，星野（1980）と安藤（Ando, 1989）に準拠して述べた。
　先にも述べたように，23回にわたるコミュニティ心理学シンポジウムの成果は，安藤（編）『コミュニティ心理学への道』(1979)と山本（編）『コミュニティ心理学の実際』(1984)として公刊されたが，その後は，まとまった形では出ていない。しかし安藤編（1989）『コミュニティの再生』（『現代のエスプリ』至文堂）や『臨床・コミュニティ心理学』（ミネルヴァ書房，1995）は，過去のシンポジウムの成果を踏まえたものであり，この分野における実践・研究の発展をそのまま反映している。なお，これと機を同じくして星野（1995a, 1995b, 1996a, 1996b）が，日本精神衛生会編『心と社会』誌上に4号にわたって連載した総説「コミュニティ心理学の現在とメンタル・ヘルス」も，最近20余年のコミュニティ心理学の発展を辿る上で注目すべき文献である。
　この時期に相前後して3つの訳書と2冊の和書が出版されている。すなわち，オーフォード（1992）『コミュニティ心理学：理論と実践』（山本監訳，ミネルヴァ書房，1997），ダッフィとウオング（1996）『コミュニティ心理学：社会問題への理解と援助』（植村勝彦監訳，ナカニシヤ出版，1999），若林佳史（2003）の『災害の心理学とその周辺』（多賀出版），スキレッピ他（2000）『コミュニティ心理学』（植村勝彦訳，ミネルヴァ書房，2005），石隈利紀著『学校心理学』（誠信書房，1999），などである。
　また1997年には，コミュニティ心理学シンポジウム仲間の一人，岡田憲夫の関わる日本・地域と科学の出会い館（編）が『ひまわりシステムのまちづくり』（はる書房）を出版した。これは郵便局と自治体の連携のもと，農協，公立病院，開業医，警察が協力し，鳥取県智頭町という，過疎の中山間地域の老人たちを対象として，思いやりの郵便・巡回システムを展開するという破格の試みである。

第4期：学会発足以降〜現在まで

　こうした経過を辿りながら，わが国のコミュニティ心理学の歴史にも大きな転機が訪れた。まず，コミュニティ心理学シンポジウムの「常連」が一念発起して，外部に開かれた「コミュニティ心理学刊行会」なる同人組織（署名者120名）を結成し，1997年3月に学術雑誌『コミュニティ心理学研究』を創刊したことである。
　過去数年間，学会発足の問題や機関誌発行の是非が繰り返し話題にのぼっていたが，学会の維持運営の困難さなどを理由に，おいそれと踏み切れる雰囲気

にはなかった。しかしそうした「懸案」のひとつがかくも一挙に克服されたのは，長年の「シンポジウム」の蓄積もさることながら，中堅・若手研究者の勇気と決断に負うところが大きい。

　第一世代に属する者たちは「合宿シンポジウム」の長所とその運営の容易さなどの理由で，そのつどの申込みにより年毎に参加者を決める「一期一会のシンポジウム方式」を貫いてきた。それというのも，前述したように既成学会のシンポジウムのあり方と非生産性への疑念から「合宿シンポジウム」方式を選択したという事情からすれば，至極当然のことであり，それなりに有効な選択であったと言うべきだろう。しかし，これではいつまでたっても「コミュニティ心理学」は拡がらないということもまた明白な事実である。研究活動の「質と量」の問題が「運営方式」の選択の問題と絡んだ形で最近10年あまりの間，陰に陽に「話題」としてくすぶり続けたのは，これまた当然のことと言える。

　さて，コミュニティ心理学シンポジウムの一大転機を象徴する第二の動きは，1997年の第22回シンポジウムで設置された「学会設立準備委員会」が学会設立に関する慎重な事前検討に基づき，1998年3月の第23回シンポジウムの会期中に学会設立総会を招集し，「1998年度をもって日本コミュニティ心理学会を発足する件」を提案し，それが可決されたことである。同時に会則や学会組織の決定，学会役員の選任などをおこない，理事会の初会合（組織会）を開き，学会事務局と機関誌編集委員会の組織や初年度学会活動の基本方向などを決めた。なお，「コミュニティ心理学研究刊行会」は，この時点で新学会に発展的に合流する方向で調整することも決められた。

　こうした過程を経て，いよいよ1998年4月，日本コミュニティ心理学会は発足した。そして，4月と5月に常任理事会を開き，平成10年度の事業計画と収入支出予算，機関誌の「執筆投稿・審査規定」，入会案内などの原案をつくり，7月初めの「持ち回り理事会」の承認をへて，いよいよ学会としての第一歩を踏み出した。

　なお，次ページに学会の発足に当たっての会長アピール（『コミュニティ心理学研究』第2巻1号，1998，1頁）を掲げておくことにする。

3　むすび

　以上は，わが国コミュニティ心理学の生成発展史の概要である。
　学会員の研究動向を言えば，精神保健や心理臨床の分野での学校や企業など

〈巻頭言〉　日本コミュニティ心理学会の発足にあたって

日本コミュニティ心理学会会長　安藤延男

　1998年4月，日本コミュニティ心理学会が発足した。目的は，研究活動の活性化と研究成果の発信にある。「人間と環境との適合性の研究と人間福祉の向上」をめざすコミュニティ心理学の発展を促すことができれば幸いである。

　『コミュニティ心理学研究』の本号総説の拙稿「日本コミュニティ心理学小史」でも触れたように，「コミュニティ心理学」がわが国のアカデミックな学界に登場したのは，四半世紀余り前のことである。1975年からは，数十名の同人が回り持ちで年一回，「コミュニティ心理学シンポジウム」を開催し，実績を上げてきた。今年3月には，その「シンポジウム」も第23回を数えたが，その会期中に70余名の参加者たちは「学会創立総会」を開いて，学会の発足を決議したのである。

　そもそも「コミュニティ心理学シンポジウム」は，「参加人数を絞り，しかし来るものは拒まず」という方針をとり，各自の研究・実践課題と生の資料を持ち寄って合宿し，時間をたっぷりかけて討議することなどを，暗黙のルールとしてきた。そのため，学会組織や機関誌発行は意識的に避けてきたのである。それだけに，今回の学会発足は極めて画期的なことと言える。こうした方向転換の背後には，コミュニティ心理学の研究・教育を一層組織化し，併せて研究成果の定期公刊体制を確立したいという悲願があった。

　幸いにして，1997年度に発足した「『コミュニティ心理学研究』刊行会」は，『コミュニティ心理学研究』第1巻（1～2号）を発行した後，自らを新学会に発展的に統合させることを決定した。われわれは，この貴重な流れを継承し，学会創設の所期の目的を達成すべく邁進することを誓うものである。

　ご承知のように，コミュニティ心理学は個人と環境との交互作用や社会システム相互間の複雑な交絡などの研究と，そこで発生する心理・社会的な諸問題の解決を自らの中心課題とするイノベイティブな臨床社会心理学である。従って，こうした重要課題の解決に関心をもつ専門家（または専門職）なら誰でも，コミュニティ心理学の「傘」の下に結集することができる。逆に言えば，そうした多様な専門家（または専門職）の結集を可能にする「傘のような概念」が，他ならぬ「コミュニティ心理学」なのである。

　アメリカにおけるコミュニティ心理学の事実上の旗揚げとなった「ボストン会議」では，集まった人たちの専門分野の多様さ故に「コミュニティ心理学者とは，何か」が改めて問いなおされた。その結果，コミュニティ心理学者について次の4つのタイプが示されている。すなわち「社会運動をする」心理学者，「社会実践をする」心理学者，「社会工学者」，「新しいタイプの臨床心理学者」などがそれである。これらのうち「社会工学者」は，環境設計や都市工学，行政・政策学分野，地域づくり運動などを包含するものであり，狭義の「心理学」と地域社会の課題とを橋渡しする中間項的役割を担うジャンルといえる。

　21世紀の福祉社会をデザインし，そこに住む人々の「健康と自己実現」に寄与せんとする研究者・実践家の出会いの広場となることを切に願っている。

　　筆者所属：（財）福岡人権啓発情報センター館長／（財）集団力学研究所所長

（1998年8月28日　受稿）

に関するアクション・リサーチが進んでいるのに較べると，行政組織や地域づくり(まち)のような複雑な社会システムへの介入は，相対的に立ち遅れていると言わねばならない。

　なお，2008年9月現在の日本コミュニティ心理学会の実勢は，次のとおりである。2007年度の収入支出予算の規模は631万円（予算定員561名），会員数580名である。なお，学会の主要事業としては年次研究大会の企画開催，研修プログラムの実施，機関誌『コミュニティ心理学研究』（年刊2号）の刊行の他，不定期的に『よくわかるコミュニティ心理学』（ミネルヴァ書房）や『コミュニティ心理学ハンドブック』（東京大学出版会）などを刊行している。

文　　献

アギュララ，D. C. & メズイック，J. M.（1974）小松源助・荒川義子（訳）（1978）『危機療法の理論と実際』川島書店．（Aguilera, D. C. & Messick, J. M.（1978）*Crisis intervention: Theory and methodology*, St. Louis: Mosby.）

Allen, G. J. et al.（1976）*Community Psychology and the Schools: A behaviorally oriented multilevel preventive approach*.（Esp. chap.12），New Jersey: LEA.

安藤延男（1968a）「留年研究の新しい視点」『季刊　せいしん』第 1 巻 3 号，32-37．

安藤延男（1968b）「学校カウンセリングとチームワーク：組織化のための戦略を中心に」『教育と医学』第 16 巻 4 号，304-310．

安藤延男（1971）「大学生の不適応」遠藤辰雄（編）『教育心理学年報』第 10 集『学生生活の心理学的研究』pp. 94-103．

安藤延男（1972）「地域精神衛生」星野命・詫摩武俊（編）『臨床心理学』第 8 章 4 節，pp. 233-245，新曜社．

安藤延男（1977）「大学における大量留年の予防：コミュニティ・アプローチの可能性を探る」『教育と医学』第 25 巻 3 号，77-84．

安藤延男（1978）「コミュニティ・アプローチ序説」九州大学教養部紀要『テオリア』第 21 集，27-50．

安藤延男（1979）「心理臨床の展開と使命：地域社会や組織体における活動」岡堂哲雄（編）『心理臨床入門』第 14 章，pp. 290-310，新曜社．

安藤延男（1980）「コミュニティ・アプローチの実際問題」九州大学教養部紀要『テオリア』第 23 集，21-36．

安藤延男（1982a）「行政の政策決定と専門家の役割：ある政令都市児童福祉審議会専門委員としての経験から」九州心理学会第 43 回大会研究発表，大分大学．

安藤延男（1982b）「共通一次以降大学生はどう変ったか」『大学進学研究』第 45 号，10-15．

安藤延男（1983）「留年学生の問題」『社会精神医学』第 6 巻 1 号，13-18．

安藤延男（1984）「都市化時代における相談・助言システム」山本和郎（編）『コミュニティ心理学の実際』第 10 章，pp. 89-98，新曜社．

安藤延男（1985a）「学校教育とコミュニティ心理学（2）学校コンサルテーション」『教育心理』第 33 巻 5 号，68-73，日本文化科学社．

安藤延男（1985b）「学校教育とコミュニティ心理学（3）学校組織の変革」『教育心理』第 33 巻 6 号，68-73，日本文化科学社．

安藤延男（1987a）「行政組織・制度の変革とコミュニティ心理学」日本心理学会第 51 回大会シンポジウム「コミュニティ心理学の展開」報告，東京大学．

安藤延男（1987b）「社会的介入の社会心理学：コミュニティ・アプローチを中心に」三隅二不二監修『現代社会心理学』pp. 499-513, 有斐閣.

安藤延男（1988）「いのちの電話」『季刊 精神療法』第14巻3号，34-39.

Ando, N. (1989) Community psychology in Japan: A historical review. *Applied Psychology: An International Review, 38* (4), 397-408.

安藤延男（1989a）「コミュニティ・アプローチとメンタル・ヘルス」上里一郎他（編）『メンタルヘルス・ハンドブック』pp. 90-98, 同朋舎出版.

安藤延男（1989b）「行政の政策決定と専門家の役割：コミュニティ心理学的考察」安藤延男（編）『現代のエスプリ』269号「コミュニティの再生」pp. 190-199, 至文堂.

安藤延男（1990）「現代家族の揺らぎを超えて：学際的アプローチに期待するもの」（学会記念シンポジウムの総括）日本家族心理学会（編）『現代家族のゆらぎを越えて』（家族心理学年報 Ⅷ）pp. 3-8, 金子書房.

安藤延男（1994）「子育て支援のネットワークづくり」『公衆衛生』第58巻7号，465-468, 医学書院.

安藤延男（1995）「学校教育組織へのエコ・システミックな支援」『現代のエスプリ』別冊「スクール・カウンセリング 要請と理念」pp. 178-187, 至文堂.

安藤延男（1996）「コミュニティへの心理的支援：臨床心理的地域援助」岡堂哲雄（編）『新版心理臨床入門』第14章，pp. 211-226, 新曜社.

安藤延男（編）（1979）『コミュニティ心理学への道』新曜社.

安藤延男・園田五郎（1982）『大学生の原級残留に関する研究と対策：九州大学教養部での十年間の歩み』pp. 1-96, 九州大学教養部.

安藤延男・村田豊久（編）（1989）『これからのメンタルヘルス』ナカニシヤ出版.

青井和夫他（1963）『コミュニティ・アプローチの理論と技法：地区保健福祉計画の手びき』績文堂.

バーカー，R. G. & ガンプ，P. V. 安藤延男（監訳）（1982）『大きな学校，小さな学校：学校規模の生態学的心理学』新曜社．(Barker, R. G. & Gump, P. V. (1964) *Big school, small school: High school size and student behavior*, Stanford, Calif.: Stanford University Press.)

Barker, R. (1968) *Ecological psychology: Concepts and methods for studying the environment of human behavior.* Stanford, California: Stanford University Press.

Bennett, C. C. (1965) Community psychology: Impressions of the Boston conference on the education of psychologists for community mental health. *Amer. Psychologist, 20*, 832-835.

Bennett, C., et al. (Eds.) (1966) *Community psychology.* Boston: Boston University Press.

ベニス，W. G. 幸田一男（訳）（1968）『組織の変革』産業能率短期大学出版部．(Bennis, W. G. (1966) *Changing organizations: Essays on the development and evolution of human organization*, New York: McGraw-Hill.)

Bloom, B. (1971) Strategies for the prevention of mentel disorders. In G. Rosenblum

(Ed.) *Issues in community psychology and preventive mental health.* New York: Behavioral Publications. pp. 1–20.

Bonner, H. (1959) *Group dynamics: Principle and applications.* N. Y. : Ronald.

ボウルビィ，J. 黒田実郎（訳）(1967)『乳幼児の精神衛生』岩崎学術出版社．(Bowlby, J. (1952) *Maternal care and mental health: A report prepared on behalf of the World Health Organization as a contribution to the United Nations programme for the welfare of homeless children*, Geneva: World Health Organization.

キャプラン，G. 山本和郎（訳）(1968)『地域精神衛生の理論と実際』医学書院．(Caplan, G. (1961) *An approach to community mantal health*, London: Tavistock Publications.)

カプラン，G. 新福尚武（監訳）(1970)『予防精神医学』朝倉書店．(Caplan, G. (1964) *Principles of preventive psychiatry*, New York: Basic Books.)

Caplan, G. (1970) *The theory and practice of mental health consultation*, New York: Basic Books, pp. 19–34.

Coch, L. & French, J. R. P., Jr. (1948) Overcoming resistance to change. *Human Relations, 1*, 512–532.

コーニン，R. K. 馬場礼子（監訳）(1989)『ハンドブック　グループワーク』岩崎学術出版社．(Conyne, R. K. (1985) *The Group Workers' Handbook.* Charles C. Thomas Publisher.)

deCharms, R. (1972) Personal causation training in the schools, *Journal of Applied Social Psychology,* 95–113.

ドーア，R. P. 松居弘道（訳）(1978)『学歴社会：新しい文明病』岩波書店．(Dore, R. P. (1976) *The diploma disease: Education, qualification and development.* London: G. Allen and Unwin.)

デュフィ，K. G. & ウオング，F. Y. 植村勝彦（監訳）(1999)『コミュニティ心理学：社会問題への理解と援助』ナカニシヤ出版．(Duffy, K. G. & Wong, F. Y. (1996) *Community psychology*, Boston: Allyn and Bacon.)

Erikson, E. H. (1950) *Childhood and Society.* New York: Norton.

エリクソン，E. (1959) 小此木啓吾（訳編）(1973)『自我同一性』誠信書房．(Erikson, E. H. (1980) *Identity and the life cycle*, New York: Norton.) 5章

江副勉（監修）(1971)『精神科リハビリテーション』医歯薬出版．

藤原房子 (1983)『仲間づくり近所づき合い』新潮社．

藤原正教 (1987)「感動の教育：高校におけるその実践」『教育と医学』第35巻10号，71–77．

福岡県青少年問題協議会 (1990)「'90年代の青少年の健全育成について」福岡県．

グロス，N. 他　河野重男他（訳）(1973)『学校革新への道：教育イノベーションの普及過程』第一法規出版．(Gross, N. et al., (1971) *Implementing organizational innovations: A sociological analysis of planned educational change*, New York: Basic Books.)

羽仁五郎 (1966)「日本におけるコミュニティの概念について」『精神医学』8 (10), 823–836．

原谷達夫(1966)『集団参加のアプローチ』川島書店.

長谷川浩一他(1983)「コミュニティにおける電話相談活動」(自主シンポジウム)『教育心理学年報』第 23 集, 75-78.

Hillery, G. A. Jr. (1955) Definitions of community: Areas of agreement, *Rural Sociology, 20*, 111-123.

Hornstein, H. A. (1975) Social psychology as social interventions. In M. Deutsch & H. A. Hornstein (Eds.) *Applied social psychology*. pp. 211-234, N. Y. : LEA.

星野命(1980)「コミュニティ心理学:その歩みと課題」『社会精神医学』第 3 巻 3 号, 29-37.

星野命(1995a)「コミュニテイ心理学の現在とメンタルヘルス(第 1 回)」日本精神衛生会(編)『心と社会』第 26 巻 3 号, 72-77.

星野命(1995b)「コミュニテイ心理学の現在とメンタルヘルス(第 2 回)」日本精神衛生会(編)『心と社会』第 26 巻 4 号, 90-97.

星野命(1996a)「コミュニテイ心理学の現在とメンタルヘルス(第 3 回)」日本精神衛生会(編)『心と社会』第 27 巻 1 号, 80-86.

星野命(1996b)「コミュニテイ心理学の現在とメンタルヘルス(第 4 回)」日本精神衛生会(編)『心と社会』第 27 巻 2 号, 108-113.

星野命(2005a)「境界を越える心理学:コミュニティ心理学の旅立ち・旅先・道程」『コミュニティ心理学研究』第 9 巻 1 号, 41-59.

星野命(2005b)「コミュニティ心理学史的年表:1963~2004 年」(学会記念講演参考資料).

池水喜義(1986)「大学現場から学校教育のあり方を探る:大学における出身県別留年調査より」『大学進学研究』第 41 号, pp. 33-36.

Iscoe, I. & Spielberger, C. E. (Eds.) (1970) *Community psychology: Perspectives in training and Research*. New York: Appleton.

石郷岡泰(1962)「大学生の生活空間の構造と機能に関する社会心理学的接近」『心理学評論』第 6 巻 1 号, 105-115.

石郷岡泰(1969)「留年の問題」『教育心理学年報』第 9 集, p. 65.

石隈利紀(1999)『学校心理学』誠信書房.

イッテルソン, W. H. 他 望月衛・宇津木保(訳)(1977)『環境心理の応用』彰国社. (Ittelson. W. H., et al. (1974) *An Introduction to Environmental Psychology*. Holt, Rinehart & Winston.)

Jahoda, M. (1858) *Current concepts of positive mental health*. New York: Basic Books.

ジャニス, I. L. 秋山俊夫他(訳)(1984)『ストレスと欲求不満』北大路書房. (Janis, I.L. (1971) *Stress and frustration*, New York: Harcourt Brace Jovanovich.)

懸田克躬・加藤正明(編)(1970)『社会精神医学』医学書院.

Kelly, J. G. (1966) Ecological constraints on mental health services. *American Psychologists, 21*, 535-539.

Kelly, J. G. (1968) Toward an ecological conception of preventive interventions. In J.

Carter, Jr. (Ed.) *Research contributions from psychology to community mental health.* pp. 75–99. New York: Behavioral Publications.

Kelly, J. G. (1971) The quest for valid preventive interventions. In G. Rosenblum (ed.), *Issues in community psychology and preventive mental health.* pp. 109–139, New York: Behavioral Publications.

高積介 (1979)「組織変革におけるコミュニティ・アプローチ」安藤延男 (編)『コミュニティ心理学への道』(第12章) pp. 230–247, 新曜社.

Klein, D. (1968) *Community dynamics and mental health.* New York: John Wiley.

コーチン, S. J. 村瀬孝雄 (監訳) (1980)『現代臨床心理学：クリニックとコミュニティにおける介入の原理』(とくに第5部) 弘文堂. (Korchin, S. J. (1976) *Modern clinical psychology: Principles of intervention in the clinic and community,* New York: Basic Books.)

Lewin, K. (1953) Experiments in social space. *Harvard Educational Review, 9,* 21–32.

リッカート, R. 三隅二不二 (訳) (1964)『経営の行動科学』ダイヤモンド社.

Lindemann, E. (1944) Symptomatology and management of acute grief. *American Journal of Psychiatry,* Vol. 101.

マッキーヴァー, R. M. 中久郎・松本通晴 (監訳) (1975)『コミュニティ』ミネルヴァ書房. (MacIver, R. M. (1917) *Community: A sociological study.* New York: Wiley.)

丸井文男 (1968)「留年学生に対する対策」『厚生補導』第22号, 18–24.

三隅二不二 (1978)『リーダーシップ行動の科学』有斐閣.

三隅二不二・篠原弘章 (1967)「バス運転士の事故防止に関する集団決定の効果」『教育・社会心理学研究』第6巻2号, 125–133.

マレル, S. A. 安藤延男 (監訳) (1977)『コミュニティ心理学』新曜社. (Murrell, S.A. (1973) *Community psychology and social systems.* New York: Behavioral Publications.)

Myrick, R. D. & J. Wittmer (1972) *School counseling: Problems and methods.* Calif: Goodyear.

鳴澤實 (1978)「大学生二年次留年者の予測と単位の取得傾向」『学生相談室レポート』第6号, 54–71.

日本・地域と科学の出会い館 (編) (1997)『ひまわりシステムのまちづくり：進化する社会システム』はる書房.

野田正彰 (1995)『災害救援』岩波書店.

岡堂哲雄 (1972)「エリクソンの発達の理論」星野命・詫摩武俊 (編)『臨床心理学』4章3節, 新曜社.

奥田道大 (1983)「地域調査と専門家参画」奥田道大『都市コミュニティの理論』pp. 196–215, 東京大学出版会.

オーフォード, J. 安藤延男・山本和郎 (訳) (1981)『精神障害の社会心理学』新曜社. (Orford, J. (1976) *The social psychology of mental disorder,* Harmondsworth; New York [etc.]: Penguin Education.)

オーフォード, J. 山本和郎 (監訳) (1997)『コミュニティ心理学：理論と実践』(特に第6章) ミネルヴァ書房. (Orford, J. (1992) *Community psychology: Theory and practice*, New York: J. Wiley.)

Parad, H. J. (ed.) (1965) *Crisis intervention: Selected readings*. New York: Family Service Association of America.

ラファエル, B. 石丸正 (訳) (1989)『災害の襲うとき：カタストロフィの精神医学』みすず書房. (Raphael, B. (1986) *When disaster strikes: How individuals and communities cope with catastrophe*, New York: Basic Books.)

Rappaport, J. (1977) *Community psychology: Values, research, and action*. New York: Holt, Rinehart & Winston.

Rapoport, R. N. (1960) *Community as doctor: New perspectives on a therapeutic community*. Tavistock.

ロジャーズ, C. (2001)「十分に機能する人間：よき生き方についての私見」伊東博・村山正治監訳『ロジャーズ選集 (下)』第27章 pp. 190-204, 誠信書房.

ロジャース, E. 藤竹暁 (訳) (1966)『技術革新の普及過程』培風館. (Rogers, E. M. (1983) *Diffusion of Innovations* (3rd ed.) New York: Free Press.)

斎藤喜博 (1969)『教育学のすすめ』筑摩書房.

斎藤喜博 (1969-1984)『斎藤喜博全集』全18冊, 国土社.

佐治守夫 (1968)「悲哀反応の問題：社会不安としての死に対する反応」日本社会心理学会 (編)『社会不安の社会心理学』勁草書房.

Sarason, S.B. et al. (1966) *Psychology in community psychology: Climinal, educational, vocational, social aspects*. (csp. Chapters 5 & 6) New York: John Wiley & Sons.

シェイン, E. H. 松井賚夫 (訳) (1966)『組織心理学』岩波書店. (Schein, E. H. (1965) *Organizational psychology*, Englewood Cliffs, N.J.: Prentice-Hall.)

スキレッピ, J. A. 他 植村勝彦 (訳) (2005)『コミュニティ心理学』ミネルヴァ書房. (Scileppi, J. A. et al., (2000) *Community psychology: A common sense approach to mental health*, Upper Saddle River, N. J.: Prentice Hall.)

Scribner, S. (1968) What is community psychology made of? APA Devision of Community Psychology, *Newsletter, 2,* 4-6.

関文恭 (1993)「荒れた中学校における学校改善の実証的研究」『実験社会心理学研究』33巻2号, 122-130.

園田五郎 (1978)「学生の修学指導」文部省学生課編『大学と学生』199号, pp.13-18.

ストーン, H. 五島勝 (訳) (1978)『危機におけるカウンセリング』聖文舎. (Stone, H.W. (1971) *Crisis counseling*, Fortress Press.)

杉本照子・中島さつき (編) 1977『心理・社会的問題をもつ患者への援助』医学書院.

武田忠輔 (1973)「組織変容に関するアクション・リサーチ」『福岡大学人文論叢』第4巻4号, pp.1101-1228.

田崎篤郎・児島和人 (編) (1992)『マス・コミュニケーション効果研究の展開』北樹出版.

外山滋比古 (1971)「エディターシップ」外山滋比古『ホモ・メンティエンス』pp. 166-

170, みすず書房.

トロウ, M. 天野郁夫他（訳）(1976)『高学歴社会の大学：エリートからマスへ』東京大学出版会. (Trow, M. A. (1973) *Problems in the transition from elite to mass higher education*, New York: Carnegie Commission on Higher Education.)

植村勝彦他（編）(2006)『よくわかるコミュニティ心理学』ミネルヴァ書房.

若林佳史 (2003)『災害の心理学とその周辺』多賀出版.

Weiss, C. H. (1972) *Evaluation research: Methods of assessing program effectiveness*. Englewood Cliffs, N.J.: Prentice-Hall.

ウイッカー, A. W. 安藤延男（監訳）(1994)『生態学的心理学入門』九州大学出版会. (Wicker, A. W. (1979) *An introduction to ecological psychology*, Monterey, Calif.: Brooks/Cole Pub. Co.)

山本和郎 (1968)「社会不安と臨床心理：産業精神衛生コンサルテーションの試み」日本社会心理学会（編）『社会不安の社会心理学』勁草書房.

山本和郎 (1970)「ライフサイクルにおける人格変化と恒常性」佐治守夫（編）『人格』講座心理学 10，東京大学出版会.

山本和郎 (1971)「クライシス理論について」日本社会心理学会（編）『葛藤と紛争：コンフリクトの社会心理学』勁草書房.

山本和郎 (1979)「コンサルテーションの理論と実際」村上正治・上里一郎（編）『セルフ・ヘルプ・カウンセリング』pp. 171-197, 福村出版.

山本和郎 (1983)「コミュニティの問題」講座『精神の科学』8巻『治療と文化』pp. 183-208, 岩波書店.

山本和郎 (1986)『コミュニティ心理学：地域臨床の理論と実践』東京大学出版会.

山本和郎（編）(1984)『コミュニティ心理学の実践』新曜社.

山本和郎他（編）(1995)『臨床・コミュニティ心理学』ミネルヴァ書房.

Zax, M. & Specter, G. (1974) *An Introduction to community psychology*. New York: Wiley.

初出一覧

第1章 「コミュニティ・アプローチの基礎」安藤延男（編）『現代のエスプリ』269号「コミュニティの再生」pp. 9-21, 至文堂, 1989.
第2章 「コミュニティ心理学の研究法」『福岡県立大学紀要』第6巻2号, 15-22, 1998.
第3章 「コミュニティ・アプローチ序説」九州大学教養部哲学・心理学科紀要『テオリア』第21集, 27-50, 1978.
第4章 「コミュニティ・ケア」氏原寛他（編）『心理臨床大事典』（改訂版）pp. 414-417, 培風館, 2004.
第5章 「地域のメンタルヘルス」山田裕章（監修）『現代健康学』pp. 199-212, 九州大学出版会, 1998.
第6章 「家庭生活と心の健康：子供の精神発達の立場から」日本精神衛生連盟（編）『家庭生活と心の健康』（昭和52年版）8-13, 1977.
第7章 「子育て支援のネットワークづくり：主として行政管理的対策について」『公衆衛生』第58巻7号, 465-468, 医学書院, 1994.
第8章 「心理的危機への介入」岡堂哲雄（編）『新版 心理臨床入門』pp. 193-210, 新曜社, 1996.
第9章 「地域社会における相談・助言システム」安田生命社会事業団（編）『現代幼児教育』第8巻3号, 1-6, 1977.
第10章 「いのちの電話」『季刊 精神療法』第14巻3号, 34-39, 金剛出版, 1988.
第11章 「ボランティアの効用と限界」「方法としての『いのちの電話』」日本電話相談学会（編）『電話相談学研究』第1巻, 27-34, 日本電話相談学会, 1989.
第12章 「いのちの電話相談と社会資源の活用」日本いのちの電話連盟（編）『電話による援助活動：いのちの電話の理論と実際』第6章, pp. 218-227, 学事出版, 1986.
第13章 「学校コンサルテーション：学校教育とコミュニティ心理学（2）」『教育心理』第33巻5号, 68-73, 日本文化科学社, 1985.
第14章 「学校組織の変革：学校教育とコミュニティ心理学（3）」『教育心理』第33巻6号, 68-73, 日本文化科学社, 1985.
第15章 「学校教育組織へのエコ・システミックな支援」岡堂哲雄他（編）『現代のエスプリ』別冊「スクール・カウンセリング 要請と理念」pp. 178-187, 至文堂, 1995.
第16章 「コミュニティ・アプローチの実際問題」九州大学教養部哲学・心理学科紀要『テオリア』第23集, 21-36, 1980.
第17章 「最近の留年問題に関する一考察」文部省学生課（編）『大学と学生』204号, 7-13, 1983.
第18章 「大学教養部中途退学に関する一考察：昭和54～58年入学者の場合を中心に」『九大学報』第1246号, 7-14, 1984.
第19章 「行政の政策決定と専門家の役割：コミュニティ心理学的考察」安藤延男（編）『現代のエスプリ』269号「コミュニティの再生」pp. 190-199, 至文堂, 1989.
附　章 「日本コミュニティ心理学小史：1960年代後半から現在まで」『コミュニティ心理学研究』第2巻1号, 67-72, 1998.

人名索引

あ行
青井和夫　33, 35, 38
アグレア（Aguilera）　89, 92, 93, 95, 108
アレン（Allen）　20, 177
安藤延男　11, 21, 33, 34, 39, 42, 114, 173, 177, 183, 184, 211-214
池水喜義　192
石隈利紀　214
石郷岡泰　183
イスコー（Iscoe）　22
イッテルソン（Ittelson）　27
インゼル（Insel）　27
ウィッカー（Wicker）　213
ウィトマー（Wittmer）　19
ウエイス（Weiss）　31, 39
植村勝彦　214
ウオング（Wong）　214
江副　勉　64
エリクソン（Erikson）　61, 68, 86, 89
オーフォード（Orford）　25, 30, 214
岡田憲夫　43, 214
岡堂哲雄　95, 213

か行
懸田克躬　64
加藤正明　64
ガンプ（Gump）　213
キャプラン（Caplan）　15, 49, 55, 57, 59, 64, 70, 71, 86-88, 90, 136, 142
クライン（Klein）　8-10, 18, 35
グロス（Gross）　153
ケリー（Kelly）　12, 27, 28, 135
幸田一男　23
高　禎助　23, 24, 153
コーチン（Korchin）　3, 5, 12, 25-27, 39, 135, 137, 213
児島和人　31
コック（Coch）　16, 34

さ行
斎藤喜博　147

ザックス（Zax）　6, 9, 25, 26, 39
サラソン（Sarason）　143, 144
シェイン（Schein）　23, 148
篠原弘章　23, 212
ジャホダ（Jahoda）　23, 153
杉万俊夫　43
スキレッピ（Scileppi）　214
スクリブナー（Scribner）　5, 7, 12, 20, 155
スピールバーガー（Spielberger）　22
スペクター（Specter）　6, 9, 25, 26, 39
関　文恭　149, 150, 161
園田五郎　178

た行
武田忠輔　23
田崎篤郎　31
ダッフィ（Duffy）　214
ドーア（Dore）　146
ドシャームス（deCharms）　154
外山滋比古　103, 210
トロウ（Trau）　185

な行
鳴澤　實　174

は行
バーカー（Barker）　27, 157, 158, 213
長谷川浩一　120
羽仁五郎　11
原谷達夫　36
パラッド（Parad）　88
ヒラリー（Hillery）　8, 135
プー（Pugh）　28
藤原房子　52
藤原正教　147, 148
ブルーム（Bloom）　30
フレンチ（French）　16, 35
ベニス（Bennis）　23, 154
ベネット（Bennett）　i, 6, 18, 211
ボウルビー（Bowlby）　60
ホーンスタイン（Hornstein）　12

星野　命　211-214
ボナー（Bonner）　36

ま行

マクマホン（MacMahon）　28
松井賚夫　23
マッキーヴァー（MacIver）　iii, 8, 10, 49, 55, 56, 135
丸井文男　183
マレル（Murrell）　6, 7, 9, 10, 12, 13, 16-20, 25, 29, 98, 103, 104, 135, 148, 150-154, 177, 213
水島恵一　211
三隅二不二　23, 24, 212
ミリック（Myrick）　19
ムース（Moos）　27
村瀬孝雄　211, 213
メシック（Messick）　89, 92, 93, 95, 108

や行

山本和郎　6, 57, 87, 91, 136, 137, 141, 211-214
吉田一郎　75

ら行

ラパポート（Rapoport）　89
ラパポート（Rappaport）　9
ラファエル（Raphael）　85
リッカート（Likert）　38
リンデマン（Lindemann）　58, 61, 86, 87
レヴィン（Lewin）　16, 18, 26
ロジャース（Rogers, C.）　98
ロジャース（Rogers, E. M.）　15

わ行

若林佳史　214

事項索引

あ行

アクション・リサーチ　18, 19
アソシエーション　49, 56, 135
新しいタイプの専門家　103
アメリカの「地域メンタルヘルスセンター法」　56, 58
ある政令指定都市の専門委員（会）のこと　204
荒れた中学校における学校改善の実践　149, 161
いじめ問題　158-161
　文部省「いじめ対策緊急会議」の最終報告書　158, 159
委託・紹介　128
一領域　9
いのちの電話　50, 105, 107, 109, 110, 113, 117-119, 121, 125-128, 132
　——の基本線　107
　東京——　50
　日本——連盟　61, 105, 127, 128
　福岡——　128
　転送電話システム　119
　電話相談　iii
医療モデル　3, 137, 138
ウォード高等学校　150
疫学的研究　25
　——の特異な利点　28
エディターシップ　103, 210
NTL（National Training Laboratories）　9
援助　4
エンゼルプラン　60
応用社会心理学における「社会的介入」　12
『大きな学校，小さな学校』　157
お世話　48

か行

カーチス委員会　47
介護保険法　65
介入　11-14, 17, 30, 135, 169
　——者　13, 17
　——の定義　13

　——の手引　20
　個人指向的——　3
　システム指向的——　3
　組織体への——　22
介入の6つのレベル　13
　レベル1　個人の配置換え　13
　レベル2　個別的介入　14
　レベル3　ポピュレーション介入　15
　レベル4　社会システムへの介入　16
　レベル5　複数システムの間への介入　17
　レベル6　ネットワークへの介入　17
核家族化　69, 76, 113, 114, 117
『学習と生活，進路選択に関する意識調査』（国民教育研究所）　145
家族の力（自助）　51
過疎の山村の地域おこし　43
学校
　——カウンセラー　20, 22
　——カウンセリング　19-22
　——カウンセリングとチームワーク　21, 212
　『——基本調査報告書』　145
　——教育組織へのエコ・システミックな支援　158, 161, 162
　——コンサルテーション　135, 137, 141, 143, 145
　——支援システム　160, 161
　——システムへの入り方　20
　——心理学者　20
　——の計画的変革　145
簡易心理療法　92, 108
キーパーソン　56, 57, 62, 90, 97
機会費用　76
危機　84, 85, 87-90, 108
　——に対する介入事例　95
　——の過程　87
　——の定義　83, 87
　——の2つのタイプ　88
　——への介入　86
　同一性の——　89
危機援助　83, 84, 86, 91

229

──へのニーズ 84
──法 85, 86, 97, 98
危機介入 14, 50, 61, 108, 117, 135
──法 iii, 83
危機への援助 90
　間接的なはたらきかけ 90
　専門家の直接的なはたらきかけ 91
　予防的なはたらきかけ 90
危機療法（危機介入） 91, 92, 97
　──の過程 93
　──の第一段階「個人とその問題の査定」 94, 95
　──の第二段階「危機療法の計画立案」 94, 96
　──の第三段階「危機療法の実施」 94, 96
　──の第四段階「終結の時期」 95, 97
　──の特色 92
危機理論 61, 86
　偶発的危機 61, 88
　発達的危機 61, 88, 89
技術革新 114
機能的な「審議会」・「専門委員会」の要件 209
ギブ・アンド・テイク 22, 101, 132
キャプラン（Caplan）の三部作 59, 64
『教育白書』 145
教育病理現象 145
行政管理的対策 73, 80
行政の政策決定 203
　──と専門家の役割 203
共通の紐帯 8
協働 4, 21, 103
　──者（コラボレイター） 19
共同体感情 8, 10, 56
クライシス（クリーゼ） 87
クライシスへの介入 12
ケア・テイカー 4
ケア・ネットワーク 52
ケアの継続性と一貫性 53
KJ法 24
ケネディ大統領の「精神病と精神薄弱に関する合衆国大統領教書」 58
健康・福祉サービス 3
顕在的な学校支援システム 161
公衆保健学 3
公的な福祉サービス（公助） 51
高齢者核家族 51

コーチン（Korchin）の13個の命題 3
ゴールドプラン 65, 80
国連の「国際障害者年」（1981年） 65
心の保健
　──における第一次予防 71
　乳幼児期における──サービス 70
子育て iii, 75, 76
　──支援 75
　──支援システムづくり 77
　──支援プログラム 75
　──シンドローム 75
　──のエンジョイ体験 75
　──の社会化 77
コミュニティ iii, 4, 6-8, 10, 19, 29, 34, 37, 49, 50, 53, 56, 135, 136, 150
　──（共同体）意識 100
　──介入の類型と方略 11
　──指向的プログラム 4
　──の解体 117
　──の機能的欠損 62
　──の資源 4
　──の主体性 34
　──の創生 99
　──の組織化（コミュニティ・オーガナイゼイション） 50
　──の定義 5, 8-11
　──の道具性 34
　──の負の機能 9
　──への介入 3, 5, 11, 12, 101, 135
　──への介入者の資質や心掛け 20
　──を「機能的に代替するもの」 56
　機能的── iii, 11, 19, 49, 101, 136
　キャンパス・── 21, 22
　近隣── 52
　戦略概念としての── 7
　治療的── 63
　範域的── 11, 136
コミュニティ・アプローチ 6, 8, 9, 11, 33-41, 166, 170, 173, 175
　──の展開 170
　──の特色 34
　──の評価研究 41
　──の有効性 41
　──をめぐる諸問題 39
コミュニティ・アプローチによる介入事例から 41
　行政組織への介入事例 42

混合型の介入事例　43
コミュニティ・アプローチの5段階　35
　1. 問題発見の段階　36
　2. コミュニティ診断の段階　36
　3. 対策立案の段階　37
　4. 対策実施の段階　37
　5. 評価の段階　38
コミュニティ・オーガナイゼーション（コミュニティの組織化）　57
コミュニティ・ケア　47-50, 53
　──の限界　53
　──の効用　53
　──の諸相　49
　──の特色　47
　──の副作用　53
コミュニティ心理学　i, 3, 5-11, 18, 19, 22, 25, 27, 29, 30, 39, 42, 64, 101, 135, 166, 203, 211, 212
　──研究法の4つの範疇　25
　──の訓練　22
　──の研究法　25
　──の定義　5, 6
コミュニティ心理学者　5, 19, 20, 39, 42, 103, 135, 155
コミュニティ心理学者の役割　18-20, 22, 24
コミュニティ心理学者の4つのタイプ　5
　新しいタイプの臨床心理学者　5, 6, 12, 20
　社会運動をする心理学者　5
　社会工学者（ソーシャル・エンジニア）　5-7, 12, 155
　社会実践をする心理学者　5
コミュニティ・モデル　138
コンサルタント　18-20, 56, 90, 91, 135, 136
コンサルティ　56, 57, 91, 136
コンサルテーション　4, 12, 16, 40, 56, 57, 91, 98, 102, 135-138, 141
　──の定義　57, 136
　精神保健──　12, 90, 91, 135, 142
　メンタルヘルス・──　56

さ行

サービスの不完全さに対する耐性　121
サービス・プログラム　102
最初のケア（プライマリー・ケア）　91
雑誌『精神医学』　64
参加的理論構成者　i, 18, 19
産業心理学　23

自我の強さ（精神健康度）　92
自殺予防　61, 117
システム
　──・アサインメント　16
　下位──　11, 27, 33, 43
　クライエント・──　12
　自然発生的な自助──　51
　社会──　i, iii, 11, 13-18, 25, 27-30, 33, 42, 101, 135, 150, 153, 154, 158
　上位──　10, 29, 135, 154
　焦点──　10, 29, 135, 150
　地域内互助──　99
　一般──論　25, 29
　社会──論　9, 10, 25, 135, 150
施設ケア　47, 48, 53
事前ガイダンス　15
事前指導（プレリミナリ・ガイダンス）　93
実践即研究（アクション・リサーチ）　18
児童環境づくり推進協議会　77
児童環境づくり推進対策会　77
児童の健全育成　67
死別　86
社会資源　40, 97, 101, 127, 130, 132
　──台帳　129, 131
　──の活用　126, 127
　──の組織化　21
　──をいのちの電話運動とドッキングさせる　131
社会システムの潜在的な「防衛機制」　15
社会的
　──介入　13, 17
　──距離　4, 91
　──ストレス　5
　──相互作用　8, 10
　──ネットワーク　10
　──有能さ　4
社会福祉　50, 85
社会福祉事業法の改正（平成2年）　51
社会復帰　49
社会文化的な供給　60, 72
集団決定　24
住民全体（ポピュレーション）　4, 40, 70
受益者　104
　──の不満　3
障害者プラン　65
障害児をもつ親の会　51, 52
消極的退学　193

事項索引 | 231

浄財源　129
少子化　75
情報化　114
正味の効果　30, 38, 41
人格成熟度テスト　92
審議会等への専門家参画　203
真の理論的研究者　ii, 18
親身の協力者　126
心理・社会的な供給　60, 72
心理・社会的な発達段階　89
心理・社会的問題への対処能力　100
心理的ストレス　89, 90
スクリーニング　62, 92
すべての人々（population）　57
スワンプスコット会議（ボストン会議）　39
生活の質（QOL）　85
生活の場（ハビタット）　49
青少年健全育成のための三層支援システム　79, 162
　　第一次支援システム（コミュニティ・レベル）　79
　　第二次支援システム（ブロック・レベル）　79
　　第三次支援システム（全県レベル）　80
精神
　　――衛生　65
　　――衛生法（1950年）　64
　　――保健　65
　　――保健福祉法（1995年）　65
　　――保健法（1988年）　65
精神衛生都市宣言（千葉県銚子市議会）　64
精神障害者および精神薄弱者に関する王立委員会報告　47
精神障害者の有病率　49
精神分析療法　92, 108
生態学的アプローチ　5, 27, 41, 154
　　――の中核的強調点　27
生態学的システム（エコ・システム）　27
生態学的な研究　5, 25
成長促進の可能性　87, 89
西部電気株式会社のホーソン工場　22
生理的な早産　68
セカンド・ママ　53
積極的退学　193
積極的な精神健康　23
ゼロ・デフェクト　41
善意　100, 101, 113, 120, 129

――の副作用　122
善意銀行（ボランティア・バンク）　101
全員参画　24
潜在する福祉供給力　51
専門家依存型　99
専門家と非専門家ボランティアの協働　101
戦略的鍵変数　37
早期診断　49, 62
早期治療　49, 62
総合的な地域ケアの体制　63
葬祭業者が果たしうる役割　87
造船所における全員参画方式による職場安全運動　23
相談員の選抜，養成，研修　128
組織心理学　23
組織の有効性　23
組織変革　12, 135
組織変容に関するアクション・リサーチ　23
粗放性への耐性　41

た行

ダーティな研究　19
対処能力　88
他人からの援助を快しとしない心情　100
多変量的事象（現象）　19, 30, 36
地域　8, 49, 55
　　――開発　12, 135
　　――からの支援　76
　　――共同体　iii, 136
　　――コミュニティの解体（崩壊）　113, 114
　　――社会　iii, 132
　　――社会的な諸問題　34
　　――住民　i, 102
　　――住民との協働者（コラボレイター）　102
　　――住民の理解と参加・協力　73
　　――性　8, 10, 56
　　――全体の発病率　60
　　――の有病率　62
地域精神医学　55, 64
　　日本――会　64
地域精神保健　4, 9, 10, 18, 22, 49, 136
地域福祉論　50, 51
地域メンタルヘルス　iii, 55, 57-59, 64
　　――の特色　57
　　医師中心　58
　　地域中心　58
チェンジ・エイジェント　38, 140

近づきやすさ（アクセシビリティ） 126
中間施設 47, 48, 63
中間宿舎 63
昼間病院 48, 63
中途退学（中退） iv, 178, 191-193
　――率（中退率） 189, 191, 192, 196
調整者（コーディネーター） 103
治療 48
東京都社会福祉協議会答申「東京都におけるコ
　ミュニティ・ケアの進展について」 47
同調 21
遠くの親戚より、近くの他人 116
都市化 iii, 56, 113-115
都市の日本人 115
独居老人 51

な 行

ナイトクラブ「ココナツ・グローブ」の火災 86
ニーズと善意の分布 102
日本１／０村おこし運動 43
日本・地域と科学の出会い館 43
乳・幼児期 67, 70, 71
　第１段階：「乳児期」 67
　第２段階：「幼児期」 67, 68
　第３段階：「遊びの時期」 67, 68
人間関係サービス（HRS） 58
人間組織の食いつぶしによるアウトプットの増
　大 38
ネットワーキング 111
ノーマライゼーション 51, 65

は 行

バス運転士の事故防止のための集団決定法の導
　入 23
発達課題 70, 89
パラメディカル・スタッフ 48
判別分析法 174
PM 式感受性訓練 24
PM 式リーダーシップ調査 24
PTSD（心的外傷後ストレス障害） 85
悲嘆作業 86
評価研究 25, 30, 31, 39
風袋ぐるみの効果 30, 38
福岡県児童環境づくり趣意書（案） 77
福岡県電話相談事業連絡協議会 131
福岡こころの電話 131

福岡市行財政改革専門委員 42, 206
福岡市保育所づくり専門委員会 204
副作用 102
複数科学的訓練 22
物質的な供給 60, 72
文脈の中にある人間 29
変革媒体者（介入者）（チェンジ・エイジェン
　ト） i, 12, 18, 37
保育・社会化支援 52
保健主事 159
保護工場 48, 63
ボストン会議 i, 6, 18, 20, 211
ホスピタリズム 62, 63
ポピュレーション 25, 57
ボランティア iii, 79, 98, 102, 103, 108, 109,
　119, 127, 128
　――シップ 113
　――電話相談 84, 85
　――による相談・助言システム 99
　――の効用と限界 113
　――の倫理責任 110
　ノンプロ・―― 120

ま 行

マンパワー 19, 79, 110, 111, 121
ムーニイ式問題チェックリスト 92
メンタルヘルス 59, 62
燃えつき（バーンアウト） 30
モラール 30
モラトリアム 169
問題解決優先型のアプローチ 118
文部省「いじめ対策緊急会議」の最終報告書
　158, 159

や 行

夜間病院 48, 63
役割葛藤 17
有効な組織 23
養育費・教育費の高騰 76
養護教諭 159
よき隣人 132
予防医学 3
予防精神医学 59
予防精神保健アプローチ 59, 70
　第一次予防 49, 59, 70, 73
　第二次予防 49, 62, 70, 71
　第三次予防 49, 62, 70, 71

事項索引 | 233

予防精神保健プログラム　15
予防的介入　6
予防メンタルヘルス　59, 61

　ら行

ライフ・イベント尺度　92
リハビリテーション　62, 63
留年　iv, 167, 168, 171, 181, 183, 192
　——学生　168-171
　——観　169
　——対策　169-173, 175, 177
　——の類型　183
　——問題委員会　170, 173
　——予防対策　169-171
　——率（原級残留発生率）　167-170, 177, 192
　大量——現象　167, 168
　反復——　182, 192, 193
両親の対処メカニズムの評価測定　92
臨床心理学的アプローチ　3, 12
累積退学（中退）率　196
冷淡な傍観者　159

　わ行

わが国における地域メンタルヘルスの展開　64

著者紹介

安藤　延男（あんどう　のぶお）

1929年大分県生まれ。
1953年九州大学教育学部教育心理学科卒業，福岡女学院教諭となる。
1963年九州大学大学院教育学研究科博士課程修了，教育学博士。九州大学講師，助教授，教授を経て，1990年に九州大学を退官，4月に福岡県社会保育短期大学学長に就任。2期（8年）にわたって福岡県立大学学長（初代）を務める。その後，財団法人福岡県人権啓発情報センター館長，学校法人福原学園理事長，財団法人集団力学研究所長を歴任し，2006年からは西南女学院大学学長となり今日に至る。専門分野は，教育心理学，コミュニティ心理学。
その他，九州大学名誉教授，福岡県立大学名誉教授。前教育と医学の会会長や，元日本コミュニティ心理学会会長。財団法人集団力学研究所名誉所長。

編著書，訳書

（編著）『コミュニティ心理学への道』（新曜社）／（編著）『教育心理学入門』（福村出版）／（編著）『人間関係入門』（ナカニシヤ出版）／（編著）『これからのメンタルヘルス』（ナカニシヤ出版）／（編著）『青春からの出発』（アカデミア出版会／（編著）『学校社会のストレス』（垣内出版）／エッセイ集『人間教育の現場から：安藤流コミュニケーション』（梓書院）などがある。また，訳書として，（監訳）『コミュニティ心理学』（新曜社）／（共訳）『精神障害の社会心理学』（新曜社）／（監訳）『大きな学校，小さな学校』（新曜社）／（監訳）『生態学的心理学入門』（九州大学出版会）ほか。

コミュニティ心理学への招待
基礎・展開・実践

初版第1刷発行　2009年3月25日©

著　者	安藤　延男	
発行者	塩浦　暲	
発行所	株式会社　新曜社	

101-0051　東京都千代田区神田神保町2-10
電話（03）3264-4973（代）・FAX（03）3239-2958
E-mail：info@shin-yo-sha.co.jp
URL：http://www.shin-yo-sha.co.jp/

印　刷　長野印刷商工(株)　　Printed in Japan
製　本　イマヰ製本所
　　　　ISBN978-4-7885-1143-9　C1011

―――― 新曜社の関連書 ――――

| 子育て支援に活きる心理学
実践のための基礎知識 | 繁多　進 編 | Ａ５判 216 頁
本体 2400 円 |

| 子どもたちのアイデンティティー・ポリティックス
ブラジル人のいる小学校のエスノグラフィー | 森田京子 | Ａ５判 344 頁
本体 3500 円 |

| 関係性のなかの非行少年
更生保護施設のエスノグラフィーから | 松嶋秀明 | Ａ５判 272 頁
本体 2800 円 |

| キーワード心理学 4
学習・教育 | 山本　豊 | Ａ５判 152 頁
本体 1900 円 |

| 心理学エレメンタルズ
授業を支える心理学 | Ｓ．ベンサム
秋田喜代美・中島由恵 訳 | 四六判 288 頁
本体 2400 円 |

| 心理学エレメンタルズ
心の問題への治療的アプローチ
臨床心理学入門 | Ｓ．ケイヴ
福田周・卯月研次 訳 | 四六判 248 頁
本体 2200 円 |

●組織の社会技術シリーズ　全5巻

| 1巻　組織健全化のための社会心理学
違反・事故・不祥事を防ぐ社会技術 | 岡本浩一・今野裕之 | 四六判 224 頁
本体 2000 円 |

| 2巻　会議の科学
健全な決裁のための社会技術 | 岡本浩一・足立にれか・
石川正純 | 四六判 288 頁
本体 2500 円 |

| 3巻　属人思考の心理学
組織風土改善の社会技術 | 岡本浩一・鎌田晶子 | 四六判 248 頁
本体 2100 円 |

| 4巻　内部告発のマネジメント
コンプライアンスの社会技術 | 岡本浩一・王　晋民・
本多‐ハワード素子 | 四六判 288 頁
本体 2500 円 |

| 5巻　職業的使命感のマネジメント
ノブレス・オブリジェの社会技術 | 岡本浩一・堀　洋元・
鎌田晶子・下村英雄 | 四六判 144 頁
本体 1500 円 |

（表示価格はすべて税別です。）